普通高等学校"互联网+"立体化教材

U0733679

大学体育俱乐部立体化教程

《大学体育俱乐部立体化教程》编委会　编

北京体育大学出版社

策划编辑：王　健
责任编辑：魏国旺
责任校对：吴苗苗
版式设计：李宇霞

图书在版编目（CIP）数据

大学体育俱乐部立体化教程 /《大学体育俱乐部立
体化教程》编委会编 . -- 北京 : 北京体育大学出版社 ，
2018.7（2021.8 重印）
　ISBN 978-7-5644-3031-3

　Ⅰ . ①大… Ⅱ . ①大… Ⅲ . ①体育组织—俱乐部—高
等学校—教材 Ⅳ . ① G807.4

中国版本图书馆 CIP 数据核字 (2018) 第 184581 号

大学体育俱乐部立体化教程　　　　《大学体育俱乐部立体化教程》编委会编

出版发行：北京体育大学出版社
地　　址：北京市海淀区农大南路 1 号院 2 号楼 2 层办公 B-212
邮　　编：100084
网　　址：http://cbs.bsu.edu.cn
发 行 部：010-62989320
邮 购 部：北京体育大学出版社读者服务部 010-62989432
印　　刷：北京荣泰印刷有限公司
开　　本：787mm×1092mm　1/16
成品尺寸：185mm×260mm
印　　张：21.75
字　　数：486 千字
版　　次：2018 年 7 月第 1 版
印　　次：2021 年 8 月第 3 次印刷
定　　价：39.00 元

《大学体育俱乐部立体化教程》编审委员会

前　言

中共中央　国务院第三次全国教育工作会议指出："学校教育要树立'健康第一'的指导思想"，全面推进素质教育，以适应21世纪对人才的要求，加强体育课程建设、提高体育教学质量是推进教育改革和培养人才的重要手段之一。

高校体育课程的发展正处于不断的变革和创新之中，而这一变革的基础是侧重加强课程体系改革，编写与之相适应的新教材。随着高校体育课程改革的逐步推进，普通高校，特别是独立学院的大学体育课程如何真正贯彻"终身体育"的指导思想，如何落实"学生每天一小时校园体育活动"的方针政策，如何实现"以人为本"与体育课程的融合，如何处理学生对体育课程的不同价值取向与学科发展的关系等一系列问题相继出现。面对这些问题，我们经过深思熟虑，决定采用一种新的理念去解决体育课程中传统与现代的矛盾，编写一本具有创新意义的综合性体育教材。

我们组织有关专家、教授，按照教育部印发的《全国普通高等学校体育课程教学指导纲要》的基本要求，遵循体育课程建设的客观规律，在广泛参考众多优秀大学体育教材的基础上，编写了这本集体育、健康理论与实践于一体的《大学体育俱乐部立体化教程》。

本书的指导思想是以育人为宗旨，以增强体育意识、学会锻炼方法、提高运动能力、培养锻炼习惯为主线，体现人本主义特征，将体育、娱乐、健康有机地融为一体，树立健康第一的指导思想，引导青年学生主动接受体育教育，享受体育运动的乐趣，达到身心健康发展的目的。

本书包括体育与健康理论知识及体育俱乐部技能知识两个部分的内容，共28章。体育与健康理论知识主要介绍了大学体育概述、体育课程中的思想政治教育、科学体育锻炼、运动损伤与防护、《国家学生体质健康标准》简介和体育锻炼与健康体适能的相关内容；体育俱乐部技能知识的课程体系更贴近学生的实际情况，充分体现了因材施教的原则；评价体系更具科学性、针对性和可操作性；教学内容更加新颖。在操作过程中，本书既有利于学生学，又有利于教师教；其内容的每个级别既是独立的，又是连贯的，因此，学生可根据自己的实际情况进行学习。本书针对目前体育俱乐部教学改革的实际情况，牢牢把握素质教育、健康第一和以人为本的指导思想，旨在使大学生树立终身体育这一理念。

本书的编写和出版得到了北京体育大学出版社的协助和支持，广东外语外贸大学林少娜教授对本书进行了认真审阅，在此一并表示感谢。

由于编写人员水平所限，本教材中若有不妥之处，恳切希望广大读者给予批评与指正，以便我们对本教材进行修订和完善。

目 录

第一章 大学体育概述 ··· 1

    第一节 大学体育的目标及任务 ··· 1
    第二节 大学体育的开展形式 ··· 2
    第三节 大学体育的教育功能 ··· 4

第二章 体育课程中的思想政治教育 ·· 8

    第一节 体育课程中的思想政治教育概述 ······························· 8
    第二节 体育课程与思想政治教育有机结合 ···························· 9

第三章 科学体育锻炼 ·· 12

    第一节 体育锻炼的形式和项目选择 ····································· 12
    第二节 体育锻炼的原则及方法 ··· 15
    第三节 体育锻炼的常识及误区 ··· 19

第四章 运动中常见生理反应和损伤的处置及预防 ·················· 24

    第一节 运动中常见的生理反应及处置 ·································· 24
    第二节 运动损伤的预防及处理 ··· 29

第五章 《国家学生体质健康标准》简介 ································ 33

    第一节 《国家学生体质健康标准》实施说明 ······················· 33
    第二节 《国家学生体质健康标准》测试方法 ······················· 34
    第三节 《国家学生体质健康标准》测试评分表 ···················· 39

第六章 体育锻炼与健康体适能 ··· 44

    第一节 体适能概述 ··· 44
    第二节 心肺耐力及其锻炼方法 ··· 45
    第三节 肌肉适能及其锻炼方法 ··· 49
    第四节 柔韧性及其锻炼方法 ··· 52
    第五节 身体成分及其锻炼方法 ··· 56

第七章 足 球 ··· 59

    第一节 足球运动概述 ·· 59

第二节　足球基本技战术 ……………………………………………… 60

第三节　足球比赛规则简介 …………………………………………… 68

第八章　篮　球 ………………………………………………………… 71

第一节　篮球运动概述 ………………………………………………… 71

第二节　篮球基本技战术 ……………………………………………… 73

第三节　篮球比赛规则简介 …………………………………………… 82

第九章　排　球 ………………………………………………………… 87

第一节　排球运动概述 ………………………………………………… 87

第二节　排球基本技战术 ……………………………………………… 89

第三节　排球比赛规则简介 …………………………………………… 95

第十章　乒乓球 ………………………………………………………… 98

第一节　乒乓球运动概述 ……………………………………………… 98

第二节　乒乓球基本技战术 …………………………………………… 99

第三节　乒乓球比赛规则简介 ………………………………………… 106

第十一章　羽毛球 ……………………………………………………… 109

第一节　羽毛球运动概述 ……………………………………………… 109

第二节　羽毛球基本技战术 …………………………………………… 110

第三节　羽毛球比赛规则简介 ………………………………………… 118

第十二章　网　球 ……………………………………………………… 122

第一节　网球运动概述 ………………………………………………… 122

第二节　网球基本技战术 ……………………………………………… 123

第三节　网球比赛规则简介 …………………………………………… 131

第十三章　游　泳 ……………………………………………………… 135

第一节　游泳运动概述 ………………………………………………… 135

第二节　游泳基本技术 ………………………………………………… 136

第三节　游泳安全与防护 ……………………………………………… 143

第十四章　武　术 ……………………………………………………… 149

第一节　武术运动概述 ………………………………………………… 149

第二节　武术基本功 …………………………………………………… 149

第三节　24 式简化太极拳 ……………………………………………… 154

第四节　初级剑 ………………………………………………………… 163

第五节　散　打 ………………………………………………………… 171

第六节　八段锦 ………………………………………………………… 179

第十五章　跆拳道 ……………………………………………………………………… 186

　　第一节　跆拳道概述 ……………………………………………………………… 186
　　第二节　跆拳道基础技术 ………………………………………………………… 189
　　第三节　跆拳道提高技术 ………………………………………………………… 201
　　第四节　跆拳道裁判法 …………………………………………………………… 210

第十六章　健身健美 ……………………………………………………………………… 215

　　第一节　健身健美概述 …………………………………………………………… 215
　　第二节　健身健美训练方法 ……………………………………………………… 218

第十七章　形体训练 ……………………………………………………………………… 223

　　第一节　形体训练概述 …………………………………………………………… 223
　　第二节　形体基本技术 …………………………………………………………… 223

第十八章　健美操 ………………………………………………………………………… 232

　　第一节　健美操概述 ……………………………………………………………… 232
　　第二节　健美操基本技术 ………………………………………………………… 234

第十九章　体育舞蹈 ……………………………………………………………………… 239

　　第一节　体育舞蹈概述 …………………………………………………………… 239
　　第二节　体育舞蹈基本技术 ……………………………………………………… 243

第二十章　有氧舞蹈 ……………………………………………………………………… 251

　　第一节　有氧舞蹈概述 …………………………………………………………… 251
　　第二节　有氧舞蹈基础动作 ……………………………………………………… 253
　　第三节　有氧舞蹈提高动作 ……………………………………………………… 260

第二十一章　瑜　伽 ……………………………………………………………………… 264

　　第一节　瑜伽概述 ………………………………………………………………… 264
　　第二节　瑜伽基本技术 …………………………………………………………… 264

第二十二章　高尔夫球 …………………………………………………………………… 272

　　第一节　高尔夫球概述 …………………………………………………………… 272
　　第二节　高尔夫球基本技术 ……………………………………………………… 275

第二十三章　轮　滑 ……………………………………………………………………… 281

　　第一节　轮滑概述 ………………………………………………………………… 281
　　第二节　轮滑基本技术 …………………………………………………………… 282

第二十四章　定向运动 …………………………………………………………………… 287

　　第一节　定向运动概述 …………………………………………………………… 287

第二节　定向运动器材及设备 ································· 291
第三节　定向运动基本技能 ································· 294

第二十五章　攀　岩 ································· 298

第一节　攀岩概述 ································· 298
第二节　攀岩基本技术 ································· 300

第二十六章　龙　舟 ································· 305

第一节　龙舟概述 ································· 305
第二节　龙舟基本技术 ································· 306

第二十七章　拓展运动 ································· 311

第一节　拓展运动概述 ································· 311
第二节　拓展运动基础班 ································· 313
第三节　拓展运动提高班 ································· 318

第二十八章　射　艺 ································· 322

第一节　射艺概述 ································· 322
第二节　射艺基本技术 ································· 324
第三节　射艺基本礼仪 ································· 335

第一章 大学体育概述

第一节 大学体育的目标及任务

一、大学体育的目标

大学体育是我国高等教育的重要组成部分，是国民体育的基础，对培养人才、发展体育事业、提高学生体质健康水平、建设校园体育文化具有重要意义。我国高校体育教育的目标经历了从技能到体质再到健康的演变过程。传统的大学体育教育以运动技术传授为中心，以提高竞技水平的手段来达到"增强体质"的目的。这种目标定位的结果是片面强调促进学生运动技术能力的发展，而忽视了对学生体育意识、体育能力、体育习惯的培养，忽视了体育教学在人的全面发展中的综合作用。随着《全民健身计划纲要》（以下简称《纲要》）的颁布和实施，再次为各高校的体育教育提出并重申了新的学校体育教育的任务和目标。《纲要》提出的总目标和对高校体育教育的要求、高校体育任务是：增强学生体质，提高健康水平，培养学生对体育的兴趣和掌握体育知识、技能和培养学生良好的品德、行为和发展学生的个性，提高部分有竞技才能学生的运动成绩等。体育教学指导思想的原则将朝着"育身"与"育人"的双育方向发展。因此，高校体育教学的目标由传授运动技能向促进学生身心健康方向发展。

大学体育是大学教育的重要组成部分。实践证明，我国大学体育在增强学生体质、增进健康、培养高水平运动员等方面做出卓越的贡献。但随着我们对教育、体育认识的加深，加上诸如教材老化、课程设置不当、师资短缺等矛盾日益尖锐，使我国大学体育现状不容乐观。使学生充满生机、充满活力，是大学体育的职责。面对新世纪的严峻挑战，大学体育应积极探索，勇挑重担。在经济高速发展的今天，物质生活丰富起来的同时也带来了一些文明病，人类健康受到极大威胁，健康已经成为世界各国关注的焦点，青少年是社会的希望和未来社会的建设者，青少年的健康及意识关系到整个社会的发展，从小养成锻炼身体的习惯和终身体育的意识十分重要。教育部在第八届全国大学生运动会上提出了"每天锻炼一小时，健康工作五十年，幸福生活一辈子"的响亮口号，不仅为大学生锻炼身体提出要求，也为全民健身提出了目标。大学阶段是学生形成较成熟的

1

思想、意识的重要阶段，也是学生终身体育兴趣、意识、习惯和能力形成的关键时期。大学体育是学生接受体育教育的最后阶段，是人生体育的中间环节，具有承前启后的作用。大学时代受到良好的体育指导和培养，特别是对体育的本质与价值有积极和正确的认识，会对学生享受运动的权利意识、对运动快乐的体验有重要的指导意义，能使学生成为主动从事体育运动的实践者，从而为终身体育打下坚实的基础。大学生精力旺盛，除了上好体育课，还需要各种有益身心健康的文体活动来满足其爱好与需求。大学生对课外体育活动的认知程度对于大学生参加体育活动有着重大的意义。

二、大学体育的任务

（1）提高身体和心理素质，增进身心健康。增进身心健康是大学体育的首要任务。这项任务体现国家对各类专门人才的基本要求与期望，也是大学生顺利完成学业的保证。大学生正处于青年时期，其生长发育日趋完善和稳定，生命力旺盛，生理机能和适应能力均发展到较高水平，是生理与心理发展的关键时期。通过体育过程来增强体育意识和健康意识，积极参与体育锻炼，全面提高身体与心理素质，提高对社会的适应能力和增强对疾病的抵抗能力，从而提高身体健康水平。

（2）学习和掌握体育的基本知识，培养体育能力和运动习惯。大学阶段注重体育知识和体育理论的学习，强化能力和习惯的养成，这是对大学生的基本要求。大学生要培养和增强自己的体育意识，发展自己的体育能力，提高参加锻炼的自觉性、积极性和实效性，掌握科学锻炼身体的原理、原则、方法和手段，促进身心健康的发展和综合素质的提高，增强终身体育意识。

（3）发展体育才能，提高运动技术水平。充分利用大学的有利条件和大学生体能和智能上的优势，对部分体育基础较好，并有一定专项运动才能的大学生进行有计划的、系统的科学训练，不断提高其运动技术水平。这样，既可为大学培养体育方面的骨干，又能进一步推动大学体育活动的开展，也可丰富校园文化生活。

（4）培养良好的思想道德品质和体育道德风尚。体育本身具有教育功能，是对学生进行思想教育的重要手段。正是体育的这一特点，使其在完成教育的使命中可以发挥特殊的作用。

第二节　大学体育的开展形式

党的教育方针是使学生成为德、智、体、美、劳等诸方面全面发展的高素质人才。体育课很早就被各校列为必修课，但就目前来看不过是在形式上解决了在校学生最基本的体育锻炼和体育知识、技能的传授。大学生作为此纲要实施的重点对象，他们的健康成长关系到国家未来的富强和民族的昌盛。普通高校体育的开展形式一般分为：体育课教学、课外体育活动、课余体育训练和体育竞赛。

一、体育课教学

体育课教学分体育实践课和体育理论课，随着科学技术的发展、社会的进步，人们的思想观念也发生了深刻的变化。以健身为主、娱乐为主、休闲为主、兴趣为主的多种课余体育活动逐渐成为当代大学生追求自我健身的时尚。随着高校改革的不断深入，我们可以在教学内容中把终身体育思想贯穿其中，注意培养学生的体育意识和体育文化素养。要以充分提高学生心理健康为原则选择教学内容。教学内容的选择要能满足学生的需要，使学生在运动中能发挥自身的价值和对成功的体验。近年来，围绕着课程设置、课程类型、课程内容、教学定位、教学大纲、教学模式和教材体系等内容进行的改革，已成为促进高校体育教学发展的核心动力。在课内外一体化、加强体育理论课、实行体育俱乐部制等方面提出了不少有创新价值的理论。例如，增设选项课；学校体育部提供各种可能的组合，学生可以根据自身的能力、兴趣和基础选取不同的组合以适应自身发展的需要；把体育与健康教育结合起来，增加身体锻炼的知识和方法，增加保健学、心理健康学等现代社会最基本的知识和技能等。

二、课外体育活动

课外体育活动是高校体育的重要组织形式，是高校体育课程教学的延续和补充。《学校体育工作条例》规定，普通高等学校除安排有体育课外，每天应当组织学生开展各种课外体育活动。根据各校实际情况和传统特点，因人、因时、因地制宜地开展多种多样的课外体育活动，这对增强学生体质、丰富校园文化生活、促进精神文明建设等方面均会起到良好的促进作用。

三、课余体育训练

课余体育训练是指高校利用课余时间，对部分身体素质较好并有一定体育专长的学生进行的系统的专门教育过程。课余体育训练是实现高校体育目的的重要组织形式，是学校贯彻普及与提高相结合的一项重要措施。搞好课余体育训练对全面贯彻党的教育方针和发展我国体育事业，为国家培养优秀运动员和优秀的体育后备人才，具有十分重要的意义。

四、体育竞赛

体育竞赛是推动高校体育活动广泛开展，促进运动技术水平提高，实现高校体育目的的一种重要组织形式。高校开展体育竞赛，对于检验体育教学和训练效果、交流经验、促进运动技术水平的提高，对丰富大学生课余文化生活，开展宣传教育，增强体育意识，培养勇敢顽强、团结友爱、遵纪守法等优良品质和集体主义精神，建设校园精神文明等方面都有重要作用。

第三节　大学体育的教育功能

一、体育教育的历史溯源

体育的教育功能是其最本质的功能。从原始社会出现体育的萌芽时期起，体育一直是作为教育手段之一流传下来的。原始社会儿童就已经从他们父兄那里得到劳动教育和体育教育。他们为猎取野兽和防止外来侵略，就要学会准确地投枪和投掷石块，这是当时人类生存的需要。在现代竞技体育中，跑、跳、投等项目仍留有这一教育的痕迹。能动地改变自然界是人与一般动物的最显著的区别。改变自然界在原始社会主要靠本身的体力和智慧以及一些简单的劳动工具，因此增强体力和掌握劳动技能就必然带有体育教育的性质。早在公元前300多年，古代希腊哲学家亚里士多德的教育思想中就认为体育、德育、智育互相联系。智力的健全依赖于身体的健全，因此体育应先于智育，由此出现了"德智皆寓于体"的至理名言。我国周代制定了较完整的教育制度"六艺"（礼、乐、射、御、书、数），其中，射、御均有体育教育的显著内涵。我国伟大的思想家、教育家孔子在他的教育实践中不仅提倡"六艺"，而且身体力行，不但擅长射、御，而且还带领弟子进行游泳、登山、钓鱼、田猎等有益于身心健康的户外活动。今天，世界上任何一个国家或地区无不强调德、智、体的全面教育，或称为完人教育。

尽管不同社会制度对教育的内容有所差异，如西方称为德、智、体、美、群（团体精神），我们称作德、智、体、美、劳，但体育总是教育不可缺少的组成部分。现代体育教育的意义已不仅是促进生长发育、增强学生体质，也不仅是锻炼身体、提高素质、掌握运动技能，而且需要培养终身从事体育的兴趣和习惯，改善生活方式、提高生活质量，以适应现代社会的需要。体育的教育功能，在有关教育的经典著作中，已无数次被论及。体育是教育的一部分，是培养全面发展的人的重要方面之一。各国都把体育纳入教育体系之中，从儿童和青少年时代就不断地通过体育教育来促进人的全面发展。在我国也把学校体育作为教育的重要部分，并在实践中认真贯彻执行。

二、体育教育的意义

在现代社会中，体育运动深入社会每个阶层，直到家庭和个人。这是因为市场经济的发展带动着社会生产力的发展和物质生活条件的改善，也加大了社会的竞争力。人们在享受生活水平提高的同时不得不面对更大的压力，更紧张的工作，更为严酷的现实。因而更多的人在现实中逐步认识到知识的增加可以提高一个人在社会中的某一方面的竞争力，但不能提高一个人全面的竞争力，全面素质的提高才是现代社会所需的。而体育活动大多是集体的对抗性活动，在活动中人们加强了对集体、团体和家庭的信赖感和安定感。又因为体育运动总是在一定的道德约束下进行的，使竞技者必须用公正竞赛、团结拼搏的体育道德规范自己的行为，并在成功与失败、荣与辱、竞争与退缩、爱情与事业、个人与祖国乃至生与死之间选择和定位。这些体育与生俱来的特点使其成为现代社会中的现代人能够不断完善发展自我的手段和方法。此外，体育运动中升国旗、奏国歌这种崇高、特殊表示胜利者荣誉的形式，最能激发人们的情感，最能增强民族自豪感。由此可见，体育作为一种将体质、意志和精神的教育有机地融为一体的综合教育手段，已成为提高全民族现代人素质的催化剂。古往今来，任何一项活动还从未像体育这样拥有如此广泛的参与者和长久不衰的民众热情。随着现代奥林匹克精神深入人心，亿万人健身强体，自我发展完善的参与意识，从来没有像今天这样强烈。各种体育比赛能培养人们的顽强意志、竞争创新意识、协作精神、奋进拼搏精神以及责任心、使命感和爱国心，并因此产生巨大的凝聚力、吸引力和感召力。

正是体育运动的群众性、国际性、技艺性和礼仪性等特点，使它不仅能激发人们的爱国热情，振奋民族精神，而且教育人们保持与社会的一致性，具备团结、友谊、拼搏的精神，从而使其超越了本身的价值范畴，产生了不可低估的社会教育作用。因此，体育的教育功能不仅局限于学校教育，而是早已扩展为对于各阶层、各行业乃至整个社会的教育。可以说，体育社会化是社会主义市场经济发展的要求，是生产力发展到一定阶段的必然结果，也是体育事业自身发展内在规律的体现。在体育运动中，人们可以通过各种活动学习了解社会，学会适应社会，使自己成为一个生动的社会角色。随着社会的发展，各行业各学科之间呈现出纵横交错、互相渗透的趋势，体育已逐渐成为最富有社会价值的事业。

三、体育教育的作用

21世纪将是一个充满机遇、充满竞争的世纪，竞争的焦点是人才，而人才竞争的实质又是人才素质的竞争，素质的高低则取决于教育。因此，素质教育的程度决定了人才的质量。各级各类学校如何全面提高学生素质是世界各国的当务之急。体育教学中的素质教育内容丰富，它包括对人的思想政治素质、身体素质、心理素质、审美素质和创造性思维等的教育和培养。

（一）培养思想政治素质

高校体育教育具有培养良好的思想政治素质的教育功能。德育的主要任务是对学生进行思想教育、政治教育和道德品质教育，提高社会主义觉悟；智育的主要任务是使学生掌握系统的文化科学知识和基本技能，开发智力，培养能力；体育的主要任务是指导学生锻炼身体，增强体质，掌握体育的基本理论知识和运动技能，学会科学锻炼身体的方法，养成经常锻炼的习惯等。三者各有其不同的本质特征，但三者之间互相联系，互相渗透，互相促进，构成了我国学校教育的一个有机整体。体育活动能规范学生的道德行为，通过体育教育培养热爱党、热爱祖国、热爱社会主义的情感和意识；培养高度自觉的组织纪律和集体主义精神，养成团结紧张、严肃活泼的好作风；培养勇敢、顽强、机智、果断、勇于克服困难、不怕苦累等良好思想品质；培养良好的体育道德和社会行为；培养正确的体育价值观念、人际关系、竞争意识等。另外，体育教材蕴涵着丰富的思想品德教育因素。

（二）培养身体素质

体育不是单纯地学习科学知识和理论、技术、技能、技巧的掌握。运动能力的形成、体质的增强和身体素质的提高等，都需要经过各种身体练习和竞赛等实践活动来完成，具有多样的实践性。通过各种身体练习和竞赛，可以全面锻炼学生的身体，促进其身体形态结构、生理机能和心理发展，提高身体素质和人体基本活动能力，提高对自然环境的适应能力；基本知识、技术和技能的掌握，又使学生学会科学锻炼身体的方法，养成经常锻炼身体的习惯，提高自我锻炼的能力，使之终身受益。

（三）培养心理素质

开展体育教育有利于培养学生的学习动机、兴趣和态度。众所周知，除了智力因素以外，非智力因素也是影响学生学习的一个重要因素。经研究发现，影响学生学习的非智力因素依次排序为求知欲望、学习兴趣、学习动机和学习态度。因此，在现实教学中，有意识、有目的、有计划地培养学生的求知欲望、学习兴趣、学习动机和学习态度这些非智力因素，可以极大地促进学生智力因素的发展，提高学生的整体素质，真正实现由应试教育向素质教育的转变。体育教学对培养学生的学习动机、兴趣和态度可以说是得天独厚的。全面推进素质教育是我国教育领域的一场深刻的变革，同样也是体育教育思想观念上的一场变革，学生的学习动机、兴趣和态度是素质的一个重要方面。在体育教学中从以运动技术为中心，向以增强体质为中心改革。体育活动是群体活动，竞赛对抗比较多，这对培养他们的良好心理素质是极为有利的。另外，学校体育活动具有很强的实践性，因此，对培养学生的学习动机、学习态度和学习兴趣是行之有效的好方法。

（四）培养审美素质

高校体育对学生进行美育教育。具有理想素质的人才应是审美趣味健康而高尚的人。审美教育，就是要培养受教育者正确的审美观、审美能力，提高他们热爱美、鉴赏美、表达美、创造美的能力。美育教育要求人们形成对美的渴望和追求，从而感受生活的乐趣，提高生活的情趣，进而美化和改造主观世界和客观世界。审美观是人们在社会实践特别是在审美活动中形成的对美、审美和美的创造发展等问题所持有的基本观点，它是世界观、人生观的重要组成部分。体育教育本身就是一种健与美的统一活动。体育教育不仅能促进学生体魄健康，体型匀称，姿态端正，动作矫健，这既是健康的标志，也是人体美的体现，更重要的是体育教育能涵养道德，陶冶情操。审美者与美虽然有一定的距离，但这并不排除美作用于审美主体的重要作用。在体育教学中有许多丰富多彩的内容和独特的形象，它们可以涵养人的道德，陶冶人的情操，净化人的灵魂，提高人们的思想境界。例如，体操项目中的徒手操、器械体操、韵律操等，有的重在培养学生的健美姿态，有的重在协调和节奏，有的重在力量，但都有利于培养学生的审美情趣和克服困难的品质。此外，还可以通过审美能力的培养，激发学生的求知欲望。我们知道，正确的审美观能够引导人们发现各类知识体系中的审美价值，从而集中触发人的兴奋点，使之对知识产生强烈的探索欲望。在这一过程中，如果没有审美活动的参与，将会变得机械呆滞，缺乏感情，难以取得良好的教育教学效果。

（五）培养创造性思维

高校体育教育有利于创造性思维的发展。思维是对客观现实间接的反映，间接主要是指通过其他事物的媒介来反映客观事物，借助语言和已有的知识经验，来理解或把握那些没有直接感知过的、预见或推知事物发展的过程，并有赖于人脑对一类事物的共同的本质特征和事物之间的规律进行概括的反映。体育运动对心理健康可以产生积极的影响。心理疾病最重要的治疗手段是行为疗法。体育运动由于本身的特点决定了其在增进心理健康方面具有巨大的效应。

学校体育凭借独特的学科特点和学科优势，在教书育人、培养全面发展人才的过程中发挥着巨大的作用。我们应该清醒地看到，随着社会的发展，学校教育对学校体育提出了更高的要求，学校体育也不断地被赋予新的历史使命。我们要深刻地认识到这一点，以更加积极的态度充分挖掘学校体育的学科优势，积极优化教学环境、教育方法和教学手段，使学校体育在未来育人教育中发挥更加积极的作用。

第二章 体育课程中的思想政治教育

第一节 体育课程中的思想政治教育概述

一、体育课程与思想政治教育融合的必要性

2016 年，习近平在全国高校思想政治工作会议上强调"使各类课程与思想政治理论课同向同行，形成协同效应"。高校的各类课程都要发挥课程的思想政治教育作用。2020 年 5 月，教育部颁发了《高等学校课程思政建设指导纲要》，要求高校要结合各专业的特点，全方位推进各类专业课程思想政治建设工作，构建促进各类课程思想政治建设的人才培养、教学制度、课程内容和目标体系，深入挖掘课程育人价值。"课程思政"成为新时代教育领域实现"立德树人"根本任务的重要抓手和着力点，也是课程与教学领域开展综合改革的重点方向和指南。

大学体育课程是高校促进大学生身心和谐发展，寓思想品德教育、文化科学教育、生活与体育技能教育在身体活动中有机结合的教育过程，是高校实施素质教育、贯彻落实立德树人根本任务和培养全面发展的人才的重要途径。

为了贯彻和落实国家的相关文件精神，加强高校体育课程的"课程思政"建设，推进体育课程与思想政治教育的融合，具有很强的必要性。

二、体育课程蕴含丰富的思想政治教育资源

众所周知，体育教学和体育竞赛活动蕴含着人文关怀、进取精神、团队意识和健康向上的文化追求。对于高校思想政治教育来说，这些都是独特的隐性资源。体育追求更

快、更高、更强的奥运精神。体育锻炼鼓励学生学会挑战自我，追求卓越，塑造自强不息的人格品质。体育竞赛需要参与者遵守一定的竞赛规则，这有助于培养学生自律自制的习惯和按规则行事的规则意识。体育竞赛还需要参与者与他人形成或合作、或竞争的关系。正确地处理好人际关系，可以培养学生的集体主义精神和团结合作意识。此外，体育文化中倡导的身心和谐发展、健康养成的生活理念，胜不骄、败不馁的生活态度，以及乐观向上、积极健康的生活方式等，对培养学生形成正确的世界观、人生观和价值观具有很好的导向作用。立德树人是高校教师的首要责任，是高校教育的中心环节。我们应推进高校体育课程的思想政治建设，不断挖掘体育课程和体育教学过程中的思想政治元素，强化体育课程的育人作用。

第二节　体育课程与思想政治教育有机结合

一、培养大学生的爱国主义精神

民族精神贯穿于每个民族的发展历史，维系着一个民族的生存和发展。一个民族如果没有以爱国主义为核心的民族精神和坚定的民族志向，就不可能凝聚力量、成就伟业，更不可能屹立于世界民族之林。中华体育精神是中华民族精神的重要组成部分，是爱国主义最具活力的载体和最鲜明的表现。无论从刘长春形单影只远渡重洋代表中国队参加1932年的洛杉矶奥运会，还是到中国人在自己的土地上成功举办北京奥运会，都是中国人民爱国强国梦想不断外化为具体实践的过程。体育精神有着深厚的民族历史情结，沉淀为国民的集体记忆而具有强化国家认同感的意识属性。在现代社会中，体育表现的不仅是一种竞争手段，还具有一定的社会性功能，已经成为向世界展现国家力量、民族意志的一种方式，其所代表的不是个人，而是国家和民族。以奥运赛场为代表的的国际竞技舞台所展现出的强大的感召力、民族的荣耀和利益是爱国主义精神、民族凝聚力和向心力的黏合剂。体育是物质和精神层面的结合体，是一个国家强盛的重要标志之一。国人的体魄、意志和品质就是国家竞争力的重要内容。当今的竞技体育包含了爱国主义的厚重价值，与中华民族的伟大复兴和爱国主义使命紧密地联系在一起。体育强国梦是实现中国梦的有力支撑，是中国人民顽强拼搏的光荣传统的体现，也是为国争光的崇高荣誉感和责任感的具体寄托。

在一些有中国运动员参加的大型比赛中，无论是参与者还是欣赏者，当看到我国运动员站在高高的领奖台上，赛场上奏响起中华人民共和国国歌时，都会感到无比的激动和自豪，为自己是中国的一员而骄傲，从而激励自己在以后的学习和工作中，努力做出新的贡献。

二、对大学生进行理想信念培育

习近平强调："理想信念就是共产党人精神上的'钙'，没有理想信念，理想信念不坚定，精神上就会'缺钙'，就会得'软骨病'。"马克思说：人"具有自然力、生命力，是能动的自然存在物。"理想信念首先是一个思想认识问题，然后是一个实践问题。实践活动中目标的实现很大程度上取决于实践主体的态度和意志决心。只有树立远大的理想、坚定必胜的信念、坚持科学的态度，才能使人的潜能最大限度地激发出来，超越自我。

毛泽东曾提到："体育之效，至于强筋骨，因而增知识，因而调感情，因而强意志。"体育通过持之以恒的锻炼和锲而不舍的挑战来突破人的客观界限，使人在身体和精神上不断趋向完善、完整和完美。超越梦想、超越极限、超越当下，体育为人生理想设定了无限的可能性，成为塑造自我、完善自我的实践途径。人生的价值体现在生活之中就是不断超越自我、创造未来。世界上不存在任何永恒的东西。在对事物肯定的理解中也包含着对事物的否定，并通过否定之否定规律揭示事物变化的方向和道路。竞技体育运动的根本宗旨是为了追求"更高、更快、更强"的目标。人类虽然已经创造了众多的世界纪录，但是仍然在不断地否定自我、超越自我和挑战极限。

三、塑造大学生的职业精神

职业生活是人类社会生活中普遍、基本的活动方式之一。我国当前正处于社会转型期。随着现代社会分工的发展和专业化程度的提高，人们对职业观念和职业态度的要求越来越高。体育为大学生职业精神的内化起到了巨大的引导和塑造作用。

不断的身体锻炼和竞争去挑战自我和发展自我，能使自身的意志和精神得到升华，将"运动精神"转化为"职业精神"。体育运动的目的就是在通过实践来培养和锻炼这种基本精神。把这种精神贯彻到一个人的生活和工作中去，使他所处的社会能得以健全和发展。体育精神强调的强壮体魄只是生命意义中的一部分，不怕挫折、勇于拼搏的精神是更深层次的精神意蕴。敢于拼搏、善于拼搏、争取胜利是职业生涯中必备的职业素养。在职业生活中充分发挥自己的潜力，创造超越自我的奇迹，对个人和社会都是有积极意义和价值的。

四、提高大学生的规则意识

大学生在高校受教育的时间只有四年。大部分人毕业后将进入工作岗位，在工作中的交往将日益增多。学生不仅要在课内相互比赛，还要在课外参与一系列比赛。只有了解运动竞赛规则，才能在运动中遵守规则，并在规则的允许下更好地应用规则，从而在比赛过程中享受到更多的乐趣。在比赛过程中，参与者必须遵守规则，如果违反了竞赛规则，就会受规则的处罚。学生在运动中通过不断地犯规、受罚、纠正，他们就会减少犯规，遵守规则，服从裁判。经过在体育竞赛中反复学习和体会，可以培养他们遵守规则的意识。他们在运动中养成的遵守规则的习惯也会迁移到社会生活中。因此，规则意识的提高将会使大学生更快地适应以后的社会工作。

五、培养大学生竞争与合作的意识

在一些大型的集体性运动项目中，竞争与合作意识被表现得淋漓尽致。在 2004 年雅典奥运会女子排球比赛的决赛赛场上，中国女排在 0 ∶ 2 落后的不利情况下，通过队员与教练组之间的相互合作，相互交流，本着永不放弃的精神，最终获得比赛的胜利，站在了最高的领奖台上。同样，在体育课程中，竞技水平低的学生有超越竞技水平高的学生的愿望，竞技水平高的学生也经常感到被超越的压力，从而增加了他们的竞争意识。学生在体育运动的游戏、比赛中不仅能享受到运动带来的乐趣，还能体验到比赛时的各种心理感受，体验到体育运动的竞争与合作的关系，从而能够产生竞争与合作的意识，能够达到提高个人心理素质的作用。因此，体育运动对大学生竞争与合作心理素质的提高具有很好的促进作用。

六、提高大学生的公平意识

体育竞赛其实就是一场公平的竞争。参赛选手都要遵守同样的竞赛规则。例如，100米跑比赛要求所有运动员在同一起跑线起跑，到同一终点线结束，确保了比赛的公平性和公正性。在跳高、跳远比赛中，必须在同等的条件下，比赛谁跳得更高、更远。在大型的体育赛事中，组委会要对运动员是否服用兴奋剂进行检测，目的就是规范大家在公平、公正的条件下进行比赛，保证比赛结果的真实性和公平性。

七、培养大学生顽强拼搏、永不言弃的奋斗精神

无体育不顽强，无拼搏不体育。体育是一种永不言败、永不放弃的活动。在我国体育领域，有奥林匹克精神、体操精神、乒乓精神，而尤以女排精神最为振奋人心。女排精神不仅是中国体育的一面旗帜，更是整个中华民族锐意进取，昂首前进的精神动力。女排精神的核心是顽强拼搏、永不言弃。在参加体育运动的过程中，通过不断的尝试、奋斗、失败与成功的体验，可以培养出大学生顽强拼搏和永不言弃的奋斗精神。例如，在长跑训练中，提倡的是尽自己最大能力去跑，关键时刻就是对意志和耐力的考验。要敢于战胜自我，战胜自我就是胜利。

第三章　科学体育锻炼 ✏️

第一节　体育锻炼的形式和项目选择

一、体育锻炼的形式

体育锻炼的形式是多样的、丰富的，而每位锻炼者的锻炼条件又是不同的。因此，每个人进行运动时必须进行有针对性的选择，方可达到锻炼健身的目的。

（一）按不同的锻炼目的和要求分类

（1）健身运动。健身运动主要是指可以促进身体正常发育，身体各部分协调发展，增强各器官系统的功能，提高身体素质和基本活动能力的体育活动。其内容可以从竞技体育和民族体育项目中选用，以增强心肺功能的项目为主，如健身走、跑、健身操、武术、骑自行车、游泳、滑冰及各种球类活动。

（2）健美运动。健美运动是指人们为形体的健美而进行的体育活动，健美运动在促进形体健美的同时，还可以培养审美能力和身体的表现能力，全面提高健康水平。随着锻炼者的增加，健美运动普及率逐年大幅度提高，并逐渐成为人们所喜爱的锻炼项目。例如，为使肌肉发达，人们进行器械体操、俯卧撑、仰卧起坐、原地纵跳等简便易行的练习；为形成良好的形态和姿势进行的舞蹈、健美操、艺术体操等身体练习。

（3）休闲运动。娱乐性体育是指为调节精神、丰富文化生活、增进健康而采用的体育活动，如活动性游戏、渔猎、体育舞蹈、高尔夫球、保龄球、台球、门球、爬山、郊游、划船、钓鱼等。

（4）搏击格斗运动。搏击运动是指掌握和运用格斗的攻防技术，通过锻炼能达到强身、健体、自卫的体育活动，如擒拿、散打、拳击、跆拳道等。

（5）医疗与康复体育。医疗与康复体育是指为预防和治疗某些疾病而进行的体育锻炼活动，如散步、慢跑、太极拳、按摩、保健操等。这种活动必须在医生或专业教师的指导下进行。实践证明，体育锻炼对心血管疾病、糖尿病、高血压等疾病的治疗能起到辅助作用。

（二）按竞技项目分类

竞技体育的项目有田径、游泳、球类、体操、举重、摔跤、滑冰、滑雪等，绝大部分项目在学校体育课程中开设。

（三）按不同身体素质的要求分类

身体素质主要包括速度、力量、耐力、灵敏和柔韧等素质，其中力量、速度、耐力是发展体能的主要素质，锻炼时要根据发展不同素质的要求，选择相应的锻炼内容。

二、体育锻炼的选择

（一）正确选择日常锻炼时间

1. 时　间

在一天中选择合适的时间进行体育锻炼是非常重要的。要根据每天的学习、工作时间来安排身体锻炼，还要考虑到当时的天气和环境情况。在紧张的学习之余，只有合理地利用业余时间进行锻炼，才会使生活变得更加绚丽多彩。由于大部分高校上午开始上课的时间一般安排在 8 点钟，下午下课的时间安排在四五点钟，因此大学生除了在学校安排的体育课和课间进行锻炼外，也可利用业余时间（主要是清晨和下午课外活动时间）进行锻炼。如果学校课程排不满，还有其他的时间可以选择。

清晨是一天的开始。如果有的学生晨练后，上午犯困想睡觉。这是由于锻炼中没有考虑自己身体的实际情况，盲目增大运动量，使身体消耗过大，身体恢复的时间过长造成的。晨练后，也不要回宿舍睡"回笼觉"。这样既无益于健康，也会削弱锻炼效果。另外，锻炼时要选择比较开阔的地带，远离污染源。

对大学生来说，最好的锻炼时间是下午的课外活动时间。专家研究证明，下午的空气质量较清晨好。人体经过一天的学习、工作后，无论在生理和心理能力上都进入了最佳状态，适合进行负荷较大的体育活动。

2. 周频率

周频率是指每周锻炼的次数。根据国家体育人口标准，大学生在教师的指导下，坚持每天 1 小时的体育活动者为一个体育人口。是否每日都参加运动最好视情况而定，只有小运动量或次日不留有疲劳的运动才是可取的。如果疲劳持续积累，运动效果就会降低。因此，不同的人要根据自身的身体状况和运动习惯来选择适合自己的锻炼次数，但每周不应少于 3 次。

（二）合理选择运动项目

运动项目种类繁多，具有不同的锻炼价值。锻炼者中找到适合自己的运动项目是科学锻炼的基本要求之一。在选择项目时，要注意以下几点。

1.根据自身的生理特点来选择运动项目

在不同的年龄阶段，各项身体素质增长的速度是不同的。某项身体素质增长速度快的年龄阶段，称为该项身体素质发展的敏感期。大学生正处在青春发育期，要根据身体素质的发展敏感期，有计划、分步骤地进行体育锻炼。在青春发育中期，要选择一些速度力量为主的运动项目，如短跑、短距离游泳等，以增强肌肉活动的强度。青春发育后期，身体各器官、系统的发育水平接近于成年人，体育锻炼可增加一般耐力、速度耐力等力量性练习，如长跑、各种球类、俯卧撑、仰卧起坐、引体向上等，发展心肺功能。另外，大学生也可选择一些伸展性项目，如健美操、广播操、跳绳、跳皮筋、体操等练习，以发展机体柔韧、协调素质。

2.在全面发展身体素质的基础上，根据兴趣来选择运动项目

参加体育锻炼时，要尽量采用多种形式、手段、内容与方法进行全面锻炼，包括各器官、系统的速度、力量、柔韧、协调等各项素质的协调发展。由于每个人都有自己所喜好的运动项目，在同一类项目中可以根据自己的兴趣来进行重点选择。

3.根据自身的体质情况和锻炼基础来选择运动项目

发育正常、身体健康的人，可选择一些激烈、运动量较大的运动项目，如球类和各种跑的项目。如果身体有残疾或其他运动障碍的人，可参加运动量较小的运动项目，如慢跑、太极拳、太极剑等项目。另外选择锻炼项目时，还要考虑到对该项目是否了解，是否有一定的锻炼基础。实践证明，大学生选择锻炼项目时，往往对自己有一定锻炼基础的项目更感兴趣。

4.根据学校的学习生活状况和锻炼环境来选择运动项目

大学生学业负担重，经常采用坐姿进行学习。时间久了，就会出现腰酸背痛、疲劳乏力、视力下降、学习效率不高等现象。大学生要在实践中针对自己的学习生活状况，利用学校现有的体育设施，有目的地选择适合的锻炼项目。在学习一定的时间后，可以通过一些体育活动来进行积极性的休息，如做课间广播体操、眼保健操、游戏、舞蹈及慢跑等，有助于消除学生在学习中产生的疲劳，使原来持续兴奋的大脑细胞得到完全、充分的休息，防止身体畸形，提高视力与学习效率。如果长时间采用坐姿进行学习，做一些大运动量为主的项目如各种跑类、跳类、球类等练习，有助于血液循环。

（三）科学把握适宜的运动负荷

运动负荷包括负荷强度和运动时间。在锻炼时，如果运动负荷过大，会使锻炼者过度疲劳甚至造成运动损伤，影响身体健康。如果运动负荷过小，对身体机能起不到锻炼作用。因此掌握适宜的运动负荷，对提高锻炼效果、增强体质具有非常重要的意义。

1.负荷强度

在练习中，以周期性动作为主的项目，如跑、游泳等，其负荷强度往往以跑速或游速来表示。而非周期性的练习，如举重等，以负重大小来表示负荷强度。

怎样控制锻炼时的运动强度？下面介绍两种方法。

（1）测定 10 秒钟脉搏来控制运动强度。用手指触摸颈动脉或桡动脉，在运动中或运动后 5 秒内即刻进行测定。判定标准：10 秒钟脉搏在 30 ～ 35 次，属于大强度运动；在 25 ～ 28 次，属于中等强度运动；在 20 次以下，属于小强度运动。

一般认为，体育锻炼中 10 秒钟的脉搏在 25 ～ 28 次为适宜运动强度。同时在运动中，我们也可以采用靶心率法或运动适宜心率来确定适宜运动强度。

（2）主观运动强度法（RPE）。这是由美国运动医学会于 1990 年推出的表示运动强度的分类系统。"主观运动强度"是指由自己来判断运动时身体负担度的方法，并把这些自我感觉进行量化，把量化值扩大 10 倍，来推算即时心率，从而可以推算运动强度和掌握体育锻炼的负荷量。例如，进行某运动感到"稍费劲"时，主观运动强度值在 12 ～ 13，即可得到当时运动的心率在 120 ～ 130 次/分之间。

2. 运动时间

运动时间是每次持续运动的时间。每次运动持续时间的长短要依负荷强度的高低而定。强度大，时间短一些；强度小，时间长一些。特别指出的是，耐力练习产生效果的时间，应是呼吸系统和血液循环系统功能的适应过程所需的时间（表 2-1-1）。因此，运动持续时间要不少于 5 分钟，一般应控制在 15 ～ 30 分钟。

表 2-1-1　运动时间与强度组合

运动强度	运动时间（分）				
	5	10	15	30	60
小强度	70	65	60	50	40
中强度	80	70	70	60	50
大强度	90	80	80	70	60

第二节　体育锻炼的原则及方法

大学生是祖国的未来、社会的栋梁。建设伟大的祖国，完成党和国家交给的任务，实现中华民族的复兴和中国梦，不但需要他们掌握先进的科学文化知识，而且要求他们要有强壮的身体。要达到强健身体的目的，必须讲究科学锻炼身体的原则和方法。如果只凭主观热情，盲目锻炼，不仅不能取得良好的锻炼效果，有时还会损害身体健康。

一、体育锻炼的基本原则

体育锻炼原则是体育锻炼客观规律的反映，也是锻炼者安排锻炼计划、选择锻炼内容、运用锻炼方法时必须遵循的基本准则。以下 6 项原则是人们在体育锻炼实践中总结出来的经验，为锻炼者达到理想的健身效果提供了科学的指导。

（一）自觉积极性原则

自觉积极性原则是指锻炼者要有明确的健身目标，充分认识体育锻炼的价值，自觉积极地从事体育锻炼活动。体育锻炼的积极性是锻炼者进行自主锻炼的重要前提，是由被动锻炼转为主动锻炼的"催化剂"，是推动自我体育锻炼不断深入的内在动力。

（二）实效性原则

实效性原则是指体育锻炼时应根据锻炼者的年龄、性别、健康状况、运动基础、职业特点等实际情况，合理地选择锻炼内容、方法和安排运动负荷，科学地进行体育锻炼，以取得最佳的锻炼效果。

（三）经常性原则

经常性原则是指应长期地、不间断地进行体育锻炼。长期的体育锻炼能使人体的结构和机能产生适应性变化，增强体质，提高机体免疫力。短时间的体育锻炼能对身体产生一定的影响，但一旦停止体育锻炼，这种良性影响很快会消失。因此，体育锻炼贵在坚持，不能期望在短时间内取得明显效果，要想保持旺盛的体力和精力，就必须长期坚持体育锻炼。

（四）循序渐进原则

循序渐进原则是指体育锻炼必须遵循人体自然发展、逐步适应的基本规律，从实际出发，合理安排运动负荷，渐进提高锻炼水平。在体育锻炼的过程中，运动技能的学习应由易到难、由简到繁，运动量的安排应由小到大、逐渐提高。运动负荷的大小因人、因时而异。运动负荷是否适宜，对锻炼效果有很大影响。即便是同一个人，在不同的机能状态、不同的时间段，对负荷的承受能力也不尽相同。因此，进行体育锻炼时应循序渐进，随时调整运动负荷，逐步提高自己的锻炼水平。

（五）全面性原则

全面性原则是指体育锻炼必须追求身心的全面和谐发展，使身体形态、机能、身体素质及心理素质等方面得到全面协调的发展。人体是由各器官、系统构成的一个整体，各器官、系统均按"用进废退"的规律发展，体育锻炼能促进机体的新陈代谢，使各组织、器官和系统协调发展，达到身心均衡发展的完美状态。

（六）安全性原则

从事任何形式的体育锻炼都要注意安全，如果体育锻炼安排得不合理，违反了科学规律，就有可能引起伤害事故的发生。安全性原则要求锻炼者在体育锻炼的过程中始终注意保护自己，做到安全第一。

二、体育锻炼的方法

体育锻炼的方法是根据人体的发展规律，运用各种身体练习手段和自然因素来发展身体的途径和方法。体育锻炼方法是贯彻体育锻炼原则，达到体育锻炼目的的桥梁。在运用过程中，应从实际出发，灵活应用，并注意它们的互补性，交替结合，有主有从。

（一）重复锻炼法

重复锻炼法是指按一定的负荷标准重复进行某项练习的方法。重复锻炼的次数和时间是决定健身效果的关键。确定和调节重复的次数和时间时，应考虑项目的特点和锻炼者的身体状况。

采用重复锻炼法时应注意以下几点。

（1）合理确定重复练习的要素。其中包括：重复练习的总次数，每次重复练习的距离或时间，每次重复练习的强度（如速度或重量等），每次重复练习之间的间歇时间等。

（2）切实保证每次重复练习的质量。不能因重复次数多而降低动作要求，也不能因为疲劳的出现而减少锻炼计划中规定的练习数量。

（3）克服厌倦情绪，防止机械呆板。在采用重复锻炼法时，一方面要加强意志力锻炼，克服由于重复练习造成的枯燥感；另一方面可安排调整措施，例如，在练习前后穿插轻松活泼的辅助性练习等。

（二）间歇锻炼法

间歇锻炼法是指重复锻炼时在上下两次练习之间进行合理休整，它是提高锻炼效果的一种常用的锻炼方法。间歇锻炼的间歇时间的长短，主要以运动负荷价值阈为准。一般来说，运动负荷超过上限时，间歇时间应长些，以防止运动负荷继续上升，引起过多的体力消耗；运动负荷在下限时，间歇时间应短些，密度应大些。后次锻炼应在前次锻炼的效果未减退时进行，倘若间歇时间过长，在前次锻炼的效果消失后再进行下次锻炼，就失去了间歇的意义。

体育锻炼有效价值范围的心率为 120 ～ 140 次/分，运动中此心率至少应持续 5 分钟以上才能达到健身效果。

采用间歇锻炼法时应注意以下几点。

（1）正确确定间歇时间。间歇时间的长短要根据锻炼者的身体状况和锻炼水平来决定。锻炼水平较差，承担的生理负荷较大，则间歇时间应长些。反之，间歇时间应短些。

（2）要在间歇时安排轻微活动。在间歇期应该进行积极性休息和放松，如进行慢跑、按摩肌肉和做深呼吸运动等，以此来促进静脉血流回心脏，保证机体的氧气供给。

（3）间歇锻炼法对机体承担负荷的能力要求较高，要加强对负荷承担情况的监测，如有不适，应及时调整锻炼方案。

（三）变换锻炼法

变换锻炼法是指在体育锻炼过程中，采用变换条件、变换环境、变换要求等来提高锻炼效果的一种锻炼方法。采用变换锻炼法可以有效地调节运动负荷，提高锻炼情绪，强化锻炼意志，克服疲劳和厌倦情绪。运用变换锻炼法时，常采用各种辅助性、诱导性和转移性练习，配合乐曲，还可以利用日光、空气和水等外界条件。

采用变换锻炼法时应注意以下几点。

（1）要以锻炼的实际需要为前提。运用变换锻炼法时容易打破原有的锻炼习惯和行为定势，机体对此要有一个适应的过程。要根据长远计划的安排采用变换锻炼法。

（2）要灵活掌握变换锻炼的计划，注意积累有关材料和反馈信息。变换锻炼法由于改变了常规的锻炼方式，具有尝试性，因此，必须加强锻炼过程的自我监督，视身体反应随时加以调整。要对新的锻炼方式及时进行总结，为制订新的锻炼计划提供依据。

（3）在采用变换锻炼法时，要把注意力集中到所要解决的任务上。

（四）循环锻炼法

循环锻炼法是指把多种类型的动作和具有不同练习效果的手段组成一组锻炼项目，按照一定的顺序循环往复地进行锻炼的方法。

采用循环锻炼法时应注意以下几点。

（1）循环锻炼法所布置的各个练习点，内容搭配要选用已经掌握的简单易行的动作，同时要规定好练习的次数、规格和要求。

（2）初次锻炼者或体弱者，练习的时间不宜过长。

（3）根据自己在练习中的体力状态和身体反应，及时调整运动强度和练习方式，以防止运动损伤和过度疲劳。

（4）强调每组动作的质量，防止片面追求运动密度和数量的倾向。

（五）综合锻炼法

综合锻炼法是指在进行身体锻炼的过程中，为促进身体的全面发展，把能对身体相关部位起到不同健身效果的几个或更多的运动项目联系起来，形成一个可影响身体数个部位乃至全身所有部位的运动方法，如慢走—跳绳—立卧撑—引体向上—立定跳远等综合锻炼法。

采用综合锻炼法时应注意以下几点。

（1）根据身体锻炼的任务，选定练习组合的各项内容，使之相互配合，取长补短。

（2）合理确定各项练习的数量和次序。采用综合锻炼法时，既可将各个练习平均分配，求得均衡发展；也可确定一个中心项目，其余项目围绕此项做出适当安排。

（3）合理掌握练习间歇。综合锻炼法有两种间歇：练习间间歇和组合间间歇。练习间间歇时间较短，既是上一项练习后的休息和体力恢复，又是为下一项练习做准备；组合间间歇则可稍长，以保证机体能得到较充分的休息。

第三节　体育锻炼的常识及误区

一、体育锻炼的常识

（一）体育锻炼的时段

一天中选择什么时间运动效果最好，是体育锻炼者应该关注的问题，可以选择自己喜欢和习惯的时间去运动，当然还要在你允许的时间里运动。因为选择什么时间运动并不重要，只要运动，就比不运动好。只要科学运动，就能安全有效。

1. 早晨运动

许多人喜欢选择在早晨运动健身。人体经过一晚上充足的睡眠，身体得到充分休息，早上的体力和精力都比较充沛。但在早晨运动时，运动强度不要太大，这是因为清晨刚起来，身体机能并未处于最佳状态，需要有一段适应时间。因此，不太适宜接受大强度运动刺激。另外，在早晨运动时，多为空腹运动，强度过大、时间过长的运动可能会出现低血糖症状。因此，在早晨运动时，可以选择一些中小强度的有氧运动，如健身走、慢节律健身操等，也可以进行太极拳、健身气功等中国传统运动健身方式。（图3-3-1）

图 3-3-1

2. 上午运动

一些中老年人常选择这个时间段进行运动，但上午真正能用于体育活动的有效时间并不长。因为早饭后1小时内、午饭前1小时内一般不安排运动健身，以免影响胃肠的消化、吸收。如果要进行大强度运动，则应该在早饭后2小时，显然，在这个时间不宜安排大强度运动，可以进行中小强度运动。

3. 下午运动

下午是较为理想的运动时段。上班族和学生多选择下午作为体育锻炼的时间段。因为这段时间相对较长，体育锻炼者可以选择自己喜欢的运动方式，进行各种强度的体育锻炼。运动后，特别是剧烈运动后，不要马上用晚餐，运动与用餐时间至少有1小时的间隔，运动后切不可暴饮暴食。

4. 傍晚运动

晚饭后选择一些中小强度运动，可取得较好的健身效果，运动后洗澡休息，还有利于睡眠。晚上运动结束至上床休息的间隔时间至少为1小时。晚上不宜进行剧烈运动，晚饭后、睡眠前不适宜安排剧烈运动。晚饭后剧烈运动，会影响胃肠的消化、吸收，而睡前进行剧烈运动和比赛后，机体处于相对兴奋的状态，会直接影响入睡时间和睡眠质量。

（二）体育锻炼的服装

在运动健身时，穿着合适的运动服装非常重要。不同的运动方式对运动服装有不同的要求。选择合适的运动服装不仅有助于发挥运动技能，提高运动效果，而且可以有效预防运动伤害的发生。

1. 选择合适的运动鞋

运动鞋要专业，即在选择运动鞋时要考虑运动项目的特点，许多运动项目都有自己的专业运动鞋，如跑步鞋、网球鞋、篮球鞋、足球鞋、高尔夫球鞋等。这些专业运动鞋更符合运动专项特点，运动效果好。如果没有运动项目的特定要求，则可以选择跑步鞋或一般运动鞋。（图3-3-2）

图 3-3-2

选择运动鞋时，一定要试穿，以确定鞋的大小、松紧度。穿上运动袜试鞋，要感到舒服，做一些行走和跳跃等动作，感受运动时是否舒适。

运动鞋最好是布面或皮革面，这样有助于透气、排汗，尽量不要选择橡胶（塑料）材质的运动鞋，因为其透气性差。运动鞋也不要太重，过重的运动鞋会增加额外的运动负担。

2. 运动服装要舒适

运动服要相对宽松，这样会使身体在运动过程中感到舒服，有利于血液循环，确保运动器官的氧气供给和代谢产物排出。有些青少年喜欢在运动时穿一些紧身运动服，这固然可以使身体显得健美，但在长时间重复性运动时，紧身运动服可能会导致皮肤摩擦受伤。

在运动过程中要及时更换服装。人体运动时排汗量增加，要及时脱去外衣。运动后，要更换被汗水浸透的服装。天气较凉时，运动后要增加服装。因此，在参加体育活动时，最好多穿或多带一些备用服装，以便及时增减。

运动时要选择透气的运动服装，这样有利于运动时热的散失。我们在运动场上经常看到一些俊男靓女穿着不通风运动服装，以便增加排汗量，通过出汗进行减肥。如果这些人是为了参加有严格体重控制的比赛项目而不得已通过排汗减体重，是可行的。如果要通过这种方式减肥则大错特错了，这样不仅不能达到减肥的效果，而且容易引起脱水、中暑等运动伤害。

（三）体育锻炼与气温

气候是影响体育健身效果的重要因素。在天气过热或过冷的环境下进行体育锻炼，要遵循科学健身原则，预防运动伤害出现。

热气候对运动健身有很大影响。因为人体运动时体温上升，身体通过排汗等方式散热，以保持热平衡。在热气候条件下运动，热天气本身就会引起排汗增多，加上身体运动，排汗会进一步增多，会造成汗液流失过多和体内水盐代谢失调。在潮湿、闷热的环境中运动，会影响人体的排汗，可能会引起中暑。对于没有锻炼习惯，或体质较弱的人，最好不要在闷热天气进行体育锻炼，或避免剧烈运动。

冷环境对运动也有一定影响。在冷环境中运动时最容易出现的问题是肌肉拉伤和体温过低。人体在冷环境中运动，体温过低，肌肉黏滞性大，运动中出现肌肉或韧带等软组织拉伤的可能性增加。在冷环境下运动时，体温过低，可能导致感冒、运动中哮喘等。

在冷环境中运动的另一个严重问题是冻伤。在冷环境中运动时，冻伤早期并无明显的疼痛感，因而增加了冻伤的可能性。因此，不要在冷环境，特别是有冷风的环境中运动。

（四）体育锻炼与空气质量

随着工业化进程的加快，大中城市汽车数量的激增，造成部分地区空气质量下降，空气污染已经成为体育锻炼中不能回避的问题。

空气污染物可增加呼吸道阻力、影响机体氧气运输能力。在高污染环境下运动不仅会影响运动效果，而且有害于健康。人体在污染环境下运动对身体的影响程度取决于污染物浓度、在污染环境的持续时间，在运动过程中呼吸交换率增高，吸入的污染物将增加，对身体的危害性更大。因此，应该尽量避免在空气质量差的环境运动。

空气质量可以用空气质量指数评价。0～50为优，可进行正常活动和体育锻炼；51～100为良，可进行正常活动和体育锻炼；101～200为轻度污染，正常人群有刺激症状，仍可进行体育活动，体质较弱的人、有心肺疾病的人应减少体育活动；201～300为中度污染，正常健康人群普遍有反应，应减少或限制体育活动，体质较弱和有心肺疾病的人群应停止户外体育活动；300以上为重度污染，对人体健康有明显影响，应停止一切户外体育活动。

二、体育锻炼常见的误区

（一）体重越轻越好

认为体重越轻越好的观念是错误的。

以瘦为美、瘦代表时尚是现代很多人的观点，特别是很多女生，有些身材很匀称，甚至已经偏瘦了，还是要减肥。科学的观念是提倡健康体重，既不是越瘦越好，也不是越胖越好。目前，人们已经认识到肥胖的健康危害。这是因为人体内过多的脂肪（肥胖）可引起人体的生理和心理上的一系列变化，带来许多健康危害。我们也应该知道，脂肪组织是人体必需的成分，有很多重要的生理功能。脂肪的作用主要有：保护和固定器官；皮下脂肪有保温作用；供给必需脂肪酸；携带脂溶性维生素并促进其吸收利用。对于青春发育阶段的女生来讲，脂肪尤为重要，如果体内脂肪积累不足体重的17%时，就很难形成月经初潮，不利于生殖系统的发育和功能的完善；对于育龄女性来说，体内一定的脂肪含量也是必需的。因此，不能简单地认为脂肪含量越少越好，而是应该保持在正常范围内。

（二）减肥就是降体重

人们往往把降体重和减肥混为一谈，这种认识是不准确的。

减肥是指减去身体多余的脂肪，而降体重可能是脂肪的减少，也可能是身体瘦体重的减轻，后者不是科学的减肥方法。

人体体重包括了 50%～60% 的水分、15%～30% 的脂肪和 15%～30% 的肌肉和骨骼。女性体脂控制在 25% 以下为宜，如果低于 10%～12%，可能出现月经紊乱、缺铁性贫血和免疫力降低等一系列问题。

因此，在决定是否要减肥之前，应测量身体成分，特别关注体脂百分比，如果体脂百分比超过了正常的范围，则可通过运动加饮食控制的方法来降体重，减少体内的脂肪含量；如果体脂百分比并不高，即使体重大，也不必减肥。这是因为肌肉等瘦体重较大，是身体机能好的表现。

（三）跑步、游泳是有氧运动，力量练习是无氧运动

很多人认为跑步、游泳就是有氧运动，而力量练习、球类运动就是无氧运动，其实这种观点是错误的。

有氧运动、无氧运动的区分不在于运动的形式，而在于运动时的能量代谢方式。从能量代谢的角度讲，有氧运动主要是指运动时人体的能量供应以有氧代谢的方式进行，此时，人体吸入的氧气可以满足机体对氧气的需要，氧气的供应达到了供需平衡。区分有氧运动和无氧运动以运动强度为标志。同样是跑，如果跑的速度慢，运动强度属于中小强度，此时机体的供能以氧代谢的形式为主，就是有氧运动；而跑速快，如 100 米、200 米短距离的比赛（全速跑）就是无氧运动，此时的机体供能主要以无氧糖酵解的形式为主。其他的运动方式，如球类、力量练习都如此，当运动强度小，以有氧代谢的方式供能就是有氧运动。

因此，不能根据运动的方式简单地归纳有氧运动与无氧运动，而是根据运动强度，同一种运动方式，强度大，激烈就可能是无氧运动，而强度小，运动比较舒缓就是有氧运动。

（四）运动强度越大越好

体育锻炼要因人而异。运动强度要根据每个人的锻炼目的、体质状况和运动习惯而定。既不是运动强度越大越好，也不是运动强度越小越好。

运动量过小达不到锻炼目的，运动量过大易引起过度紧张和过度疲劳，反而对健康产生危害。过度紧张往往在一次大强度的训练或者比赛后即刻或短时间内发生，此时，运动的负荷超出了机体的耐受能力，会出现一系列反应。对于平时没有锻炼习惯、运动能力和体质水平较差的人，尤其有高血压病、冠心病等慢性病的人，都要特别注意坚持循序渐进的原则。另外，一次大强度、大运动量的锻炼还易引起运动损伤。没有锻炼习惯的人，肌肉力量较弱，反应能力、协调性等较差，对身体的控制能力相对弱，耐力水平也比较差，因此运动强度过大或者运动量过大时就容易出现肌肉拉伤、关节肌肉扭伤或者比较严重的肌肉酸痛。

（五）运动引起损伤马上揉捏或热敷

这种做法是错误的。正确的方法是冷敷、加压包扎、制动、抬高患肢。

很多人在发生了急性闭合性软组织损伤后马上就开始热敷，并且采取按摩推拿等方法，试图减缓症状，殊不知这样会起到相反的作用，这样做加重了受伤部位的出血，如果盲目活动还会造成关节习惯性扭伤、关节囊、韧带松弛等，继发关节病变。

发生运动损伤首先检查有无合并伤，有无肌肉断裂、脑震荡、内脏破裂等严重情况。如果有，要先处理合并伤，如果确定只是急性软组织损伤后、首先要采取一些止血、减轻水肿和镇痛的措施，通常要在发生后的 48 小时内进行冷敷、加压包扎、制动、抬高患肢。制动是指一旦发生关节损伤应立即停止运动，并在急性期内（两周）用专门护具进行固定。

第四章 运动中常见生理反应和损伤的处置及预防

第一节 运动中常见的生理反应及处置

一、肌肉酸痛

不少学生有过这样的体会，在一次运动量较大的锻炼后，或是隔了较长的时间没有锻炼，刚开始锻炼之后，往往会出现肌肉酸痛，这种酸痛不是发生在运动结束后的即刻，而是发生在运动结束后的 1～2 天内，因此，称之为肌肉延迟性酸痛。

（一）原因和症状

近代生理学的研究表明，运动后的肌肉酸痛是由运动时肌肉运动量大，引起局部肌纤维和结缔组织的细微损伤，以及部分毛细纤维的痉挛所致。不少生理变化的研究证实了酸痛时这种局部细微损伤及痉挛的存在。由于这种肌纤维细微损伤及痉挛是局部的，整块肌肉仍能发挥其运动功能，存在酸痛感。几天过后，经过肌肉内部细微损伤的修复，肌肉组织较以前更强壮，以后同样负荷将不易再发生损伤。

一般运动后的 24 小时内会出现肌肉僵硬、酸痛和自觉酸痛部位肿胀，有压痛，多发生于双下肢主要伸屈肌群，而肌肉远端和肌肉—肌腱移行处症状一般较重，严重者肌肉会发生疼痛，且以肌腹为主。24～48 小时内，酸痛达到高峰，之后可自行缓解，5～7天消失。其过程较少受外界因素（如各种治疗措施）的影响。

（二）处置和预防

1.处 置

当已经出现肌肉延迟性酸痛时，采取以下措施有利于酸痛的减弱或缓解。

（1）热敷。可对酸痛的肌肉进行热敷，有助于结缔组织的修复及痉挛的缓解。

（2）伸展练习。可以对肌肉进行局部的静力牵张练习，保持伸展状态2分钟，然后休息1分钟，重复进行，每天做几次这样的练习，有助于缓解痉挛，但注意练习时，不可用力过猛，以免牵拉肌纤维损伤。

（3）按摩。按摩有使肌肉放松、促进血液循环的作用，有助于损伤修复及痉挛缓解。

（4）口服维生素C。维生素C有促进结缔组织中胶原合成的作用，有助于受伤组织的修复，从而减轻或缓解酸痛。

（5）针灸、电疗等手段对肌肉酸痛也有一定的缓解作用。

2. 预　防

预防肌肉酸痛可以采取以下措施：

① 根据不同的体质，不同的状况科学地安排锻炼负荷，负荷不要过大，也不宜增加过猛；② 锻炼时，尽量避免长时间锻炼身体的某一部分，以免局部肌肉负荷过重；③ 准备活动中，注意对即将练习时活动负荷重的肌肉活动得更充分一些，对损伤有预防作用；④ 整理活动除进行一般性的放松练习外，还应重视进行肌肉的伸展牵拉练习，这种伸展性练习有助于预防局部肌纤维痉挛，从而避免了酸痛的发生。

二、运动中腹痛

（一）原因和症状

腹痛多数在中长跑时产生，主要是因为准备活动不充分，开始时运动过于剧烈，或者跑得过快，内脏器官尚没有达到竞赛状态，致使脏腑功能失调，引起腹痛；也有的是因为运动前吃得过饱、饮水过多，以及腹部受凉，引起胃肠痉挛；少数是因为运动时间过长，或过于剧烈，使下腔静脉压力上升，引起血液回流受阻，或者因肝脾淤血、膈肌运动异常，致使两胁部疼痛。

（二）处置和预防

1. 处　置

如果没有器质性病变迹象，一般可采用减速慢跑、加深呼吸、按摩疼痛部位或弯腰跑等方法处理，疼痛常可减轻或消失，如疼痛仍不减轻或消失，甚至加重，此时就应该停止运动，并口服十滴水或揉按内关、足三里、大肠俞等穴位。如仍不见效，则应送医院做进一步检查。

2. 预　防

饭后1小时才可以进行锻炼，应做好准备活动，运动量要循序渐进，并注意呼吸节奏，夏季运动要注意补充盐分；对各种慢性病引起的腹痛，应就医检查。病愈之前应在医生或体育教师的指导下进行锻炼。

三、运动性贫血

血液中红细胞与血红蛋白数量低于正常值，称为贫血，因运动引起的血红蛋白数量的减少被称为运动性贫血。

（一）原因和症状

在通常情况下，本病的发病率女性高于男性。由于贫血常引起多种不良的生理反应，危及健康，学生常常恐惧体育锻炼，特别害怕中长跑锻炼。现对其发病的主要原因介绍如下。

（1）由于运动时，肌肉对蛋白质和铁的需要增加，一旦需求量得不到满足，就可能会引起运动性贫血。

（2）由于运动时，脾脏释放的溶血卵磷脂使红细胞的脆性增加，加上运动时血流加速，易引起血红细胞破裂，致使红细胞的新生与死亡之间的平衡受到破坏，从而导致运动性贫血。

运动性贫血发病缓慢，其症状表现为头晕、恶心、呕吐、气喘、体力下降，以及运动后心悸，心率加快，脸色苍白。

（二）处置和预防

1. 处 置

如果运动中出现头晕、恶心、呕吐等现象，应适当减小运动量，必要时暂停运动，并及时就医。

2. 预 防

遵循循序渐进和个别对待原则，合理调整膳食，如运动时经常有头晕现象出现，应及时诊断医治，以利于正常参加体育锻炼。

四、运动性昏厥

在运动中，由于脑部突然供血不足而发生的一时性知觉丧失现象叫作运动性昏厥。

（一）原因和症状

运动性昏厥是由于剧烈运动或长时间运动，大量血液积聚在下肢，回心血量减少所致。这与剧烈运动后引起的低血糖有关，主要表现为：全身无力、头昏、耳鸣、眼前发黑、面色苍白、失去知觉、突然昏倒、手足发凉、脉搏慢而弱、血压降低和呼吸缓慢等。

（二）处置和预防

1. 处 置

发生运动性昏厥后，应立即使患者平卧，脚略高于头部，并进行由小腿向大腿、心脏方向推摩或拍击，同时用手指点压人中、合谷等穴位，必要时给氨水闻嗅。如有呕吐，应将患者头部偏向一侧；如停止呼吸，应立即进行人工呼吸。轻度休克者，应由同伴搀扶慢慢走一段时间，帮助进行人工呼吸，症状即可消失。

2. 预　防

应采取下列方法预防运动性昏厥的发生：平时要坚持体育锻炼，以增强体质；久蹲后不要突然起立，不要带病参加剧烈运动；急跑后不要立即停下来；不要在饥饿的情况下进行剧烈运动。

只要遵循上述要求，可以避免发生运动性昏厥。

五、肌肉痉挛

肌肉痉挛，俗称抽筋，是一种肌肉不自主的强直性收缩。在运动中最容易发生痉挛的肌肉是小腿腓肠肌。

（一）原因和症状

在进行体育锻炼时，肌肉受到寒冷的强烈刺激时，即可发生肌肉痉挛，常在游泳或户外锻炼时发生；有的准备活动不足、肌肉猛力收缩、收缩与放松不协调，所致均可发生肌肉痉挛；也有的情绪过分紧张所致。肌肉痉挛时，会突然变得坚硬，疼痛难忍，而且一时不易缓解。

（二）处置和预防

1. 处　置

对痉挛部位的肌肉做牵拉。例如，腓肠肌痉挛时，即伸直膝关节，并配合按摩，揉捏及点压委中、涌泉穴等，以促进痉挛缓解和消失。

2. 预　防

运动中预防肌肉痉挛可采取下列方法：运动前要做好准备活动，对容易发生痉挛的部位，事先应当进行适当的按摩；夏季进行长时间的运动时，要注意补充盐分；冬季锻炼时，要注意保暖；游泳下水前，应先淋浴；游泳时，不要在水中停留的时间太长；疲劳和饥饿时，不要进行剧烈的运动。

六、运动极点

在剧烈运动时，特别在中长跑时，能量消耗大，下肢回流血量减少，氧债不断积累，并达到一定的程度，就会出现呼吸急促，胸闷难忍，下肢沉重，动作不协调，甚至有恶心现象，这在运动生理学上被称为极点。

（一）原因和症状

极点现象产生的原因主要是内脏器官的功能惰性与肌肉活动不相称，致使供氧不足，大量乳酸积累使血液的pH向酸性方面偏移。这不仅影响神经肌肉的兴奋性，还反射性地引起呼吸、循环系统活动紊乱，这些功能的失调又使大脑皮质运动动力定型暂时遭到破坏，于是就出现了极点现象。

（二）处置和预防

1. 处 置

极点现象出现后，应继续坚持运动；运动强度可以稍微降低，通过自主神经中枢的不断调节，内脏器官的惰性逐渐被克服，活动逐渐加强，肌肉的氧气供应得到改善，同时运动速度的减慢也减少乳酸的产生，机体内环境逐步恢复稳定，被破坏了的运动动力定型恢复，运动能力又逐渐增强，这就产生了第二次呼吸。第二次呼吸的出现标志着极点已经被克服，生理过程已达到了新的平衡，此后呼吸循环功能将维持在新的较高的水平上。

2. 预 防

（1）运动前要充分做好准备活动，使内脏器官的支配神经提高到一定的兴奋程度，以适应身体剧烈运动的需要，防止出现不相称现象。

（2）要根据个人的身体条件、训练水平掌握好运动速度。运动速度太快，易引起强烈的极点反应；运动速度太慢，又发挥不出应有的运动水平。

（3）运动时要注意呼吸的节奏，使呼吸加深加慢，吸入较多的氧气，呼出较多的二氧化碳，防止身体欠下过多的氧债。

（4）出现极点现象时，应坚持运动，但可适当降低运动速度，减小运动强度，有意识地进行深呼吸。随着运动的不断进行，难受的感觉会逐渐消失。心跳、呼吸恢复正常，全身轻松，动作协调，四肢有力，运动能力得到进一步提高。坚持经常锻炼是减轻和克服极点的关键，训练有素的运动员，在运动中就可能不出现极点现象。

七、运动性中暑

（一）原因和症状

在较高的温度下长时间进行体育锻炼，易发生中暑，尤其在温度高、通风不良的条件下，头部缺乏保护，被烈日直接照射，容易发病。中暑早期表现为头晕、头痛、呕吐，逐步发展为体温升高、皮肤干燥，严重者可以出现精神失常、虚脱、抽搐、心律失常和血压下降，甚至昏迷而危及生命。

（二）处置和预防

1. 处　置

首先将患者扶到阴凉通风处休息，同时采取降温消暑手段，如解开衣领，喝些清凉的饮料、十滴水，并补充生理盐水或葡萄糖生理盐水等。严重的患者，经临时处理后，应迅速送往医院进行治疗。

2. 预　防

在高温炎热季节进行锻炼时，应适当减少运动量和运动时间；避免在烈日下长时间锻炼；夏天在室外锻炼时，应戴白色的凉帽，穿宽敞的衣服；在室内锻炼时，应保持良好的通风，并备有低糖含盐的饮料。

第二节　运动损伤的预防及处理

一、常见的运动损伤

（一）挫　伤

1. 损伤部位及征象

挫伤多发生在头部、胸部和四肢，受伤后局部红肿、疼痛，皮肤破裂的当时就会出血，没有破裂的，会出现青紫淤血。

2. 发生挫伤的原因

① 运动前准备活动做得不够，肌肉关节没有得到充分活动；② 运动时用力过猛，超过了肌肉、关节、韧带的负荷限度；③ 参加运动的人员过于拥挤或没有按正确的方法进行；④ 场地不平或器械设备不安全以及没有做好保护工作也可能导致挫伤。

3. 处　理

发生了挫伤应根据情况及时处理。如果皮肤出血应立即停止运动，先用碘伏将伤口消毒，然后用净布包扎。如果受伤部位红肿疼痛可先用冷水或冰块冷敷局部，抬高受伤部位，必要时加压包扎，防止继续出血。24 小时后改用热敷、按摩来活血、消肿和止痛。经过治疗，待伤势减轻以后做针对性的活动，使关节、肌肉得以恢复功能，如做下蹲、弯腰和举腿等，可以避免伤后关节不灵或发生肌肉萎缩。

（二）肌肉损伤

1. 损伤征象

肌肉损伤分主动收缩损伤和被动拉长损伤两种。主动收缩损伤是由于肌肉做主动的猛烈收缩时，其力量超过了肌肉本身所能承担的量；而被动拉长损伤主要是肌肉被动拉伸时超过了肌肉本身的伸展程度。肌肉损伤如果是细微的损伤，则症状较轻；如果是肌纤维完全断裂，则症状较重。其一般表现为伤处疼痛、局部肿胀、压痛、肌肉紧张或抽筋，伤后肌肉功能减弱或丧失。

2. 发生肌肉损伤的主要原因

准备活动不充分，肌肉的生理机能尚未达到剧烈活动所需的状态就参加剧烈活动；体质较弱，运动水平不高，肌肉的弹性、伸展性和力量较差，疲劳过度；运动技术低、姿势不正确、动作不协调、用力过猛、超过了肌肉的活动范围，气温过低或过高、场地太硬等都是发生肌肉损伤的原因。

3. 处　理

肌肉损伤的治疗要依具体情况而定，少量肌纤维断裂者，应立即冷敷，局部加压包扎，并抬高患肢。肌肉大部分或完全断裂者，应在加压包扎后立即送医院进行手术缝合。

（三）关节韧带损伤

1. 损伤征象

关节韧带损伤后，一般表现为压痛，自感疼痛，轻者发生韧带部分纤维的断裂，重者韧带纤维完全断裂，引起关节半脱位或完全脱位，从而出现关节功能障碍。

2. 损伤部位及原因

上肢关节以肩关节、肘关节和腕关节损伤最为常见。例如，掷标枪引枪后的翻肩动作错误造成肩关节、肘关节扭伤；下肢关节以髋关节、膝关节和踝关节损伤较多，从高处跳下，平衡缓冲不够使膝关节、踝关节受伤；做下腰练习时，过分提腰造成腰椎损伤等。

3. 处　理

发生关节、韧带扭伤时，应当在24小时内采用冷敷，必要时加压包扎，24小时后采用理疗、热敷、按摩和针灸治疗，待疼痛减轻后可增加功能性练习。对急性腰部损伤，如果出现剧烈疼痛，切不可轻易处理，可让患者平卧，并用担架送医院就诊。

（四）骨　折

1. 骨折征象

骨折可分为完全性骨折（骨完全断裂）和不完全性骨折（骨未完全断裂，如裂缝骨折）两种，是运动中一种比较严重的损伤。骨折后的症状主要表现如下。

（1）肿胀和皮下淤血：骨折处血管破裂，骨膜下出血以及周围软组织损伤所致。

（2）疼痛：由骨膜撕裂和肌肉痉挛引起，尤其在活动时更加剧烈，甚至可引起休克。

（3）功能障碍：骨折后肢体丧失了原来的功能，再加上剧烈疼痛和肌肉痉挛，肢体多不能活动。

（4）出现畸形和假关节：因骨折端发生移位和重叠，伤肢变形以至缩短；完全骨折的地方可出现假关节，移位时可产生骨折摩擦音。

（5）压痛和震痛：骨折断端有明显的压痛，在远离骨折处轻轻捶击，骨折处往往出现阵痛。

2. 骨折原因

运动时发生骨折的原因是身体某部位受到直接或间接暴力，或肌肉强烈收缩所致。常见的骨折部位有肱骨、尺（桡）骨、手指、小腿和肋骨等。

3. 处　理

一旦出现骨折，暂勿随意移动患肢，应先用夹板或其他代用品固定伤肢，动作要轻巧、缓慢，不要乱拉乱拽，以免造成错位，影响整复。如果是上肢骨折，可用木板托住伤肢，用绷带扎紧骨折处的上、下两端。如果是下肢骨折，先将伤腿轻轻放好，然后用宽布条或褥单将两条腿缠在一起，慢慢抬到硬板担架上，送往医院救治。如果是头部、颈部或脊柱骨发生骨折，运送时就更要小心，以免损伤神经和脊椎而造成肢体瘫痪；搬运时头部用枕头或衣服塞紧，防止移动。固定好以后，患者不要扭动肢体。在送医院的路上也要迅速、平稳。

（五）关节脱位

1. 原因与征象

因受外力作用，使构成关节的上下两个骨端失去正常的位置关系，出现了错位现象，叫作关节脱位，又称脱臼。关节脱位可分为完全脱位和半脱位（或称错位）两种。严重的关节脱位，伴有关节囊撕裂，甚至损伤神经。运动中发生的关节脱位大都由间接外力撞击所致。例如，摔倒时用手撑地，引起肘关节或肩关节脱位。关节脱位后常出现畸形，与健肢相比不对称，因软组织损伤而出现炎症反应，局部疼痛、压痛和关节肿胀，并失去正常活动功能，甚至发生肌肉痉挛等现象。

2. 处　置

用长度和宽度相称的夹板固定伤肢。如果没有夹板，可将伤肢固定在躯干或健肢上，防止震动，随后及时送医院治疗。

二、常见运动损伤的处理

在运动过程中所发生的各种损伤统称为运动损伤。运动损伤又可分为开放性损伤和闭合性损伤。对于运动损伤的处理一般分为前、中、后处理原则。对于急性损伤前期（24 小时以内）处理原则是制动、止血、防肿、镇痛，即减轻炎症。处理方法可根据具体情况选用一种或几种并用。

（一）一般处理方法

（1）一般先冷敷，然后加压包扎并抬高伤肢。这种方法应在伤后立即使用，有制动、止血、止痛及防止或减轻肿胀的作用。冷敷一般使用冰袋、自来水或喷氯乙烷。冷敷后，用适当厚度的棉花或海绵置于伤部，立即用绷带稍加压力进行包扎。

（2）伤后 24 小时打开包扎，可进行热疗、按摩，如理疗、外敷活血化瘀和生新的中草药、贴活血膏等，也可用几种方法进行综合治疗。

（3）待损伤组织已基本恢复正常，肿胀和压痛已消失后，就要进行功能性的恢复治疗，这时仍以按摩、理疗以及增加肌肉、关节功能锻炼为主。如果是轻微、慢性的损伤，主要是改善伤部的血液循环，促进组织的新陈代谢，可以合理地安排局部的负荷量。

（二）开放性软组织损伤的处理

常见的开放性软组织损伤有擦伤、切伤、刺伤和撕裂伤；局部皮肤或黏膜破裂、伤口与外界接触，常见组织液渗出或血液自伤口流出。紧急处理的要点是及时止血和处理伤口，预防感染。

1. 擦 伤

擦伤多发生在摔倒时，对于伤口较脏的擦伤可先用生理盐水或干净的水洗净伤口，再用碘伏消毒杀菌，伤口较浅、面积较小的擦伤无须包扎，待干后即可。

2. 切伤与刺伤

伤口往往较深、较小，如果伤口较脏，除了进行伤口的止血消炎、包扎外，还要注射破伤风抗毒素。

3. 撕裂伤

撕裂伤中以头面部皮肤伤为多见，如拳击运动中眉弓被对方肘部碰撞而引起眉际皮肤撕裂等。若撕裂的伤口较小，经消毒处理后，贴上创可贴即可；若撕裂伤口较大，则须止血，缝合创口；若伤情和污染较重，应注射破伤风抗毒素。

（三）闭合性软组织损伤的处理

急性闭合性软组织损伤是运动损伤中较常见的一类损伤，如肌肉拉伤、挫伤和韧带拉伤等都属于这类损伤。

急性闭合性软组织损伤的特点：皮肤黏膜完整；由于暴力，从而损伤局部组织的撕裂、血管损伤等引起出血、组织液渗出、肿胀。在急性闭合性软组织损伤发生后，首先要检查有无合并伤，如腹部挫伤后是否合并有内脏破裂；肌肉挫伤后有无断裂、有无明显血肿；头部挫伤有无脑震荡等。应先处理合并伤，然后处理软组织损伤。在确定没有严重的合并伤后，在急性闭合性软组织损伤后应进行冷敷，加压包扎，制动和抬高患肢，24小时后解除包扎，并进行局部热敷、理疗和按摩等，以改善血液循环，促进局部代谢，加速损伤的修复。当损伤基本恢复后，开始进行肌肉、韧带的伸展性练习，以及加强局部力量练习，以恢复局部受伤部位的肌肉力量及肌肉、韧带的柔韧性。

第五章 《国家学生体质健康标准》简介

第一节 《国家学生体质健康标准》实施说明

一、说 明

《国家学生体质健康标准》(以下简称《标准》)从身体形态、身体机能和身体素质等方面综合评定学生的体质健康水平,是促进学生体质健康发展、激励学生积极进行身体锻炼的教育手段,是国家学生发展核心素养体系和学业质量标准的重要组成部分,是学生体质健康的个体评价标准。

本标准将适用对象中高校部分分为大学一、二年级为一组,三、四年级为一组。

大学各组别的测试指标均为必测指标。其中,身体形态类中的身高、体重,身体机能类中的肺活量,以及身体素质类中的 50 米跑、坐位体前屈为各年级学生共性指标。

本标准的学年总分由标准分与附加分之和构成,满分为 120 分。标准分由各单项指标得分与权重乘积之和组成,满分为 100 分。附加分根据实测成绩确定,即对成绩超过100 分的加分指标进行加分,满分为 20 分;大学的加分指标为男生引体向上和 1000 米跑,女生 1 分钟仰卧起坐和 800 米跑,各指标加分幅度均为 10 分。

根据学生学年总分评定等级:90.0 分及以上为优秀,80.0 ～ 89.9 分为良好,60.0 ～79.9 分为及格,59.9 分及以下为不及格。

每个学生每学年评定一次,记入《〈国家学生体质健康标准〉登记卡》。特殊学制的学校,在填写登记卡时可以按规定和需求相应地增减栏目。学生毕业时的成绩和等级,按毕业当年学年总分的 50% 与其他学年总分平均得分的 50% 之和进行评定。

学生测试成绩评定达到良好及以上者,方可参加评优与评奖;成绩达到优秀者,方可获体育奖学分。测试成绩评定不及格者,在本学年度准予补测一次,补测仍不及格,则学年成绩评定为不及格。普通高中、中等职业学校和普通高等学校学生毕业时,《标准》测试的成绩达不到 50 分者按结业或肄业处理。

学生因病或残疾可向学校提交暂缓或免予执行《标准》的申请,经医疗单位证明,体育教学部门核准，可暂缓或免予执行《标准》，并填写《免予执行〈国家学生体质健康标准〉申请表》，存入学生档案。确实丧失运动能力、被免予执行《标准》的残疾学生，仍可参加评优与评奖，毕业时《标准》成绩需注明免测。

各学校每学年开展覆盖本校各年级学生的《标准》测试工作，《标准》测试数据经当地教育行政部门按要求审核后，通过"中国学生体质健康网"上传至"国家学生体质健康标准数据管理系统"。测试和数据上传时间由教育行政部门确定。

本标准由教育部负责解释。

二、单项指标与权重

单项指标与权重见表 5-1-1。

表 5-1-1　单项指标与权重

测试对象	单项指标	权　重
大学各年级	体重指数（BMI）	15%
	肺活量	15%
	50米跑	20%
	坐位体前屈	10%
	立定跳远	10%
	引体向上（男）/1分钟仰卧起坐（女）	10%
	1000米跑（男）/800米跑（女）	20%

注：体重指数（BMI）＝体重（千克）/身高^2（米^2）。

第二节　《国家学生体质健康标准》测试方法

一、身　高

（一）测试方法

受试者赤足，立正姿势站在身高计的底板上（上肢自然下垂，足跟并拢，足尖分开成 60° 角）。足跟、骶骨部及两肩胛区与立柱相接触，躯干自然挺直，头部正直，耳屏上缘与眼眶下缘呈水平位。测试人员站在受试者右侧，将水平压板轻轻沿立柱下滑，轻压于受试者头顶。测试人员读数时双眼应与压板水平面等高进行读数，记录员复述后进行记录。以厘米为单位，精确到小数点后一位。测试误差不得超过 0.5 厘米。（图 5-2-1）

（二）注意事项

（1）身高计应选择在平坦靠墙的地方放置，立柱的刻度尺应面向光源。

（2）严格掌握"三点靠立柱""两点呈水平"的测量姿势要求，测试人员读数时两眼一定与压板等高，两眼高于压板时要下蹲，低于压板时应垫高。

（3）水平压板与头部接触时，松紧要适度，头发蓬松者要压实，头顶的发辫、发结要放开，饰物要取下。

（4）读数完毕，立即将水平压板轻轻推向安全高度，以防碰坏。

（5）测量身高前，受试者应避免进行剧烈体育活动和体力劳动。

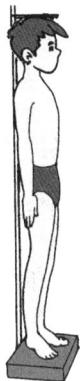
图 5-2-1

二、体　重

（一）测试方法

测试时，杠杆秤应放在平坦地面上，调整 0 点至刻度尺水平位。受试者赤足，男性受试者身着短裤；女性受试者身着短裤、短袖衫，站在秤台中央。测试人员放置适当砝码并移动游标至刻度尺平衡。读数以千克为单位，精确到小数点后一位。记录员复诵后将读数记录。测试误差不超过 0.1 千克。（图 5-2-2）

（二）注意事项

（1）测量体重前受试者不得进行剧烈体育活动或体力劳动。

（2）受试者站在秤台中央，上下杠杆秤动作要轻。

图 5-2-2

三、肺活量

（一）测试方法

房间通风良好；使用干燥的一次性口嘴（非一次性口嘴，则每换受试者需消毒一次，每测一人时将口嘴下倒出唾液并注意消毒后必须使其干燥）。肺活量计主机放置在平稳桌面上，检查电源线及接口是否牢固，按工作键液晶屏显示"0"即表示机器进入工作状态，预热 5 分钟后测试为佳。

首先告知受试者不必紧张，并且要尽全力，以中等速度和力度吹气效果最好。令受试者面对肺活量计站立，手持吹气口嘴，测试过程口嘴或鼻处不能漏气，如漏气应调整口嘴和用鼻夹（或自己捏鼻孔）；学会深吸气（避免耸肩提气，应该像闻花似的慢吸气）。受试者进行一两次较平日深一些的呼吸动作后，更深地吸一口气，屏住气向口嘴处慢慢呼出至不能再呼为止，防止此时从口嘴处吸气。测试中不得中途二次吸气。吹气完毕后，液晶屏上最终显示的数字即为肺活量毫升值。以毫升为单位，不保留小数。

（二）注意事项

（1）电子肺活量计的计量部位的通畅和干燥是仪器准确的关键，吹气筒的导管必须在上方，以免口水或杂物堵住气道。

（2）严禁用水、酒精等任何液体冲洗气筒内部。

（3）导气管存放时不能弯折。

（4）定期校对仪器。

四、50 米跑

（一）测试方法

受试者至少两人一组测试。站立起跑，受试者听到"跑"的口令后开始起跑。发令员在发出口令同时要摆动发令旗。计时员视旗动开表计时，受试者躯干部到达终点线的垂直面停表。以秒为单位记录测试成绩，精确到小数点后一位，小数点后第二位数按非 0 进 1 原则进位，如 10.11 秒读成 10.2 秒并记录之。

（二）注意事项

（1）受试者测试最好穿运动鞋或平底布鞋，赤足亦可，但不得穿钉鞋、皮鞋、塑料凉鞋。

（2）发现有抢跑者，要当即召回重跑。

（3）如遇风时一律顺风跑。

五、坐位体前屈

（一）测试方法

受试者两腿伸直，两脚平蹬测试纵板坐在平地上，两脚分开 10 ～ 15 厘米，上体前屈，两臂伸直，用两手中指尖逐渐向前推动游标，直到不能前推为止。测试计的脚蹬纵板内沿平面为 0 点，向内为负值，向前为正值。记录以厘米为单位，保留一位小数。测试两次，取最好成绩。（图 5-2-3）

（二）注意事项

（1）身体前屈，两臂向前推游标时两腿不能弯曲。
（2）受试者应匀速向前推动游标，不得突然发力。

图 5-2-3

六、立定跳远

（一）测试方法

受试者两脚自然分开站立，站在起跳线后，脚尖不得踩线（最好用线绳做起跳线）。两脚原地同时起跳，不得有垫步或连跳动作。丈量起跳线后缘至最近着地点后的垂直距离，以厘米为单位，不计小数。

（二）注意事项

（1）发现犯规时，此次成绩无效。
（2）可以赤足，但不得穿钉鞋、皮鞋、塑料凉鞋参加测试。

七、引体向上（男）

（一）测试方法

受试者跳起双手正握杠，两手与肩同宽成直臂悬垂。静止后，两臂同时用力引体（身体不能有附加动作），上拉到下颌超过横杠上缘为完成一次。记录引体次数。

（二）注意事项

（1）受试者应双手正握单杠，待身体静止后开始测试。
（2）引体向上时，身体不得做大的摆动，也不得借助其他附加动作撑起。
（3）两次引体向上的间隔时间超过 10 秒则停止测试。

八、1 分钟仰卧起坐（女）

（一）测试方法

受试者仰卧于垫上，两腿屈膝，小腿与地面成 45° 角左右，两手轻轻地搭在双耳侧。脚底与地面平行。受试者坐起时两肘触及或超过双膝为完成一次。仰卧时两肩胛必须触垫。（图 5-2-4）

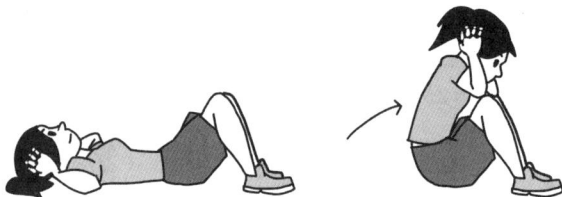

图 5-2-4

（二）注意事项

（1）如发现受试者借用肘部撑垫或臀部起落的力量起坐时，该次不计数。
（2）测试过程中，观测人员应向受试者报数。
（3）受试者双脚必须放于垫上。

九、1000 米跑（男）、800 米跑（女）

（一）测试方法

受试者至少两人一组进行测试，站立式起跑。当听到"跑"的口令后开始起跑。计时员看到旗动开表计时，当受试者的躯干部到达终点线垂直面时停表。以分、秒为单位记录测试成绩，不计小数。

（二）注意事项

（1）如果在非 400 米标准场地上进行测试，测试人员应向受试者报告剩余圈数，以免跑错距离。

（2）测试人员应告知受试者在跑完后要继续缓慢走动，不要立刻停下，以免发生意外。

（3）受试者不得穿皮鞋、塑料凉鞋、钉鞋参加测试。

（4）对分、秒进行换算时要细心，防止差错。

第三节 《国家学生体质健康标准》测试评分表

《国家学生体质健康标准》测试评分表5-3-1至表5-3-7。

表5-3-1 体重指数（BMI）单项评分表 （单位：千克/米^2）

等 级	单项得分	大学男生	大学女生
正 常	100	17.9～23.9	17.2～23.9
低体重	80	≤17.8	≤17.1
超 重		24.0～27.9	24.0～27.9
肥 胖	60	≥28.0	≥28.0

表5-3-2 大学男生各测试项目评分表 （大一、大二适用）

等 级	单项得分	肺活量/毫升	50米跑/秒	坐位体前屈/厘米	立定跳远/厘米	引体向上/次	耐力跑1000米/（分·秒）
优 秀	100	5040	6.7	24.9	273	19	3′17″
	95	4920	6.8	23.1	268	18	3′22″
	90	4800	6.9	21.3	263	17	3′27″
良 好	85	4550	7.0	19.5	256	16	3′34″
	80	4300	7.1	17.7	248	15	3′42″
及 格	78	4180	7.3	16.3	244		3′47″
	76	4060	7.5	14.9	240	14	3′52″
	74	3940	7.7	13.5	236		3′57″
	72	3820	7.9	12.1	232	13	4′02″
	70	3700	8.1	10.7	228		4′07″
	68	3580	8.3	9.3	224	12	4′12″
	66	3460	8.5	7.9	220		4′17″
	64	3340	8.7	6.5	216	11	4′22″
	62	3220	8.9	5.1	212		4′27″
	60	3100	9.1	3.7	208	10	4′32″

等 级	单项得分	肺活量/毫升	50米跑/秒	坐位体前屈/厘米	立定跳远/厘米	引体向上/次	耐力跑1000米/（分·秒）
不及格	50	2940	9.3	2.7	203	9	4′ 52″
	40	2780	9.5	1.7	198	8	5′ 12″
	30	2620	9.7	0.7	193	7	5′ 32″
	20	2460	9.9	−0.3	188	6	5′ 52″
	10	2300	10.1	−1.3	183	5	6′ 12″

表 5-3-3　大学男生各测试项目评分表　　　　（大三、大四适用）

等 级	单项得分	肺活量/毫升	50米跑/秒	坐位体前屈/厘米	立定跳远/厘米	引体向上/次	耐力跑1000米/（分·秒）
优 秀	100	5140	6.6	25.1	275	20	3′ 15″
	95	5020	6.7	23.3	270	19	3′ 20″
	90	4900	6.8	21.5	265	18	3′ 25″
良 好	85	4650	6.9	19.9	258	17	3′ 32″
	80	4400	7.0	18.2	250	16	3′ 40″
及 格	78	4280	7.2	16.8	246		3′ 45″
	76	4160	7.4	15.4	242	15	3′ 50″
	74	4040	7.6	14.0	238		3′ 55″
	72	3920	7.8	12.6	234	14	4′ 00″
	70	3800	8.0	11.2	230		4′ 05″
	68	3680	8.2	9.8	226	13	4′ 10″
	66	3560	8.4	8.4	222		4′ 15″
	64	3440	8.6	7.0	218	12	4′ 20″
	62	3320	8.8	5.6	214		4′ 25″
	60	3200	9.0	4.2	210	11	4′ 30″
不及格	50	3030	9.2	3.2	205	10	4′ 50″
	40	2860	9.4	2.2	200	9	5′ 10″
	30	2690	9.6	1.2	195	8	5′ 30″
	20	2520	9.8	0.2	190	7	5′ 50″
	10	2350	10.0	−0.8	185	6	6′ 10″

表 5-3-4　大学女生各测试项目评分表　　　　　　　（大一、大二适用）

等 级	单项得分	肺活量/毫升	50米跑/秒	坐位体前屈/厘米	立定跳远/厘米	1分钟仰卧起坐/次	耐力跑800米/(分·秒)
优 秀	100	3400	7.5	25.8	207	56	3′18″
	95	3350	7.6	24.0	201	54	3′24″
	90	3300	7.7	22.2	195	52	3′30″
良 好	85	3150	8.0	20.6	188	49	3′37″
	80	3000	8.3	19.0	181	46	3′44″
及 格	78	2900	8.5	17.7	178	44	3′49″
	76	2800	8.7	16.4	175	42	3′54″
	74	2700	8.9	15.1	172	40	3′59″
	72	2600	9.1	13.8	169	38	4′04″
	70	2500	9.3	12.5	166	36	4′09″
	68	2400	9.5	11.2	163	34	4′14″
	66	2300	9.7	9.9	160	32	4′19″
	64	2200	9.9	8.6	157	30	4′24″
	62	2100	10.1	7.3	154	28	4′29″
	60	2000	10.3	6.0	151	26	4′34″
不及格	50	1960	10.5	5.2	146	24	4′44″
	40	1920	10.7	4.4	141	22	4′54″
	30	1880	10.9	3.6	136	20	5′04″
	20	1840	11.1	2.8	131	18	5′14″
	10	1800	11.3	2.0	126	16	5′24″

表 5-3-5　大学女生各测试项目评分表　　　　　　　（大三、大四适用）

等 级	单项得分	肺活量/毫升	50米跑/秒	坐位体前屈/厘米	立定跳远/厘米	1分钟仰卧起坐/次	耐力跑800米/(分·秒)
优 秀	100	3450	7.4	26.3	208	57	3′16″
	95	3400	7.5	24.4	202	55	3′22″
	90	3350	7.6	22.4	196	53	3′28″
良 好	85	3200	7.9	21.0	189	50	3′35″
	80	3050	8.2	19.5	182	47	3′42″

等　级	单项得分	肺活量/毫升	50米跑/秒	坐位体前屈/厘米	立定跳远/厘米	1分钟仰卧起坐/次	耐力跑800米/（分·秒）
及　格	78	2950	8.4	18.2	179	45	3'47"
	76	2850	8.6	16.9	176	43	3'52"
	74	2750	8.8	15.6	173	41	3'57"
	72	2650	9.0	14.3	170	39	4'02"
	70	2550	9.2	13.0	167	37	4'07"
	68	2450	9.4	11.7	164	35	4'12"
	66	2350	9.6	10.4	161	33	4'17"
	64	2250	9.8	9.1	158	31	4'22"
	62	2150	10.0	7.8	155	29	4'27"
	60	2050	10.2	6.5	152	27	4'32"
不及格	50	2010	10.4	5.7	147	25	4'42"
	40	1970	10.6	4.9	142	23	4'52"
	30	1930	10.8	4.1	137	21	5'02"
	20	1890	11.0	3.3	132	19	5'12"
	10	1850	11.2	2.5	127	17	5'22"

表 5-3-6　大学生加分指标测试项目评分表一　　　　　（单位：次）

加　分	引体向上（男）		1分钟仰卧起坐（女）	
	大一、大二	大三、大四	大一、大二	大三、大四
10	10	10	13	13
9	9	9	12	12
8	8	8	11	11
7	7	7	10	10
6	6	6	9	9
5	5	5	8	8
4	4	4	7	7
3	3	3	6	6
2	2	2	4	4
1	1	1	2	2

　　注：引体向上（男）、1分钟仰卧起坐（女）均为高优指标，学生成绩超过单项评分100分后，以超过的次数所对应的分数进行加分。

表5-3-7 大学生加分指标测试项目评分表二 （单位：秒）

加 分	1000米跑（男）		800米跑（女）	
	大一、大二	大三、大四	大一、大二	大三、大四
10	−35″	−35″	−50″	−50″
9	−32″	−32″	−45″	−45″
8	−29″	−29″	−40″	−40″
7	−26″	−26″	−35″	−35″
6	−23″	−23″	−30″	−30″
5	−20″	−20″	−25″	−25″
4	−16″	−16″	−20″	−20″
3	−12″	−12″	−15″	−15″
2	−8″	−8″	−10″	−10″
1	−4″	−4″	−5″	−5″

注：1000米跑（男）、800米跑（女）均为低优指标，学生成绩低于单项评分100分后，以减少的秒数所对应的分数进行加分。

第六章　体育锻炼与健康体适能

第一节　体适能概述

一、体适能的定义

体适能是从体育学角度评价健康的一个综合性指标，是指机体执行自身机能的能力，也是机体适应环境（包括自然环境和心理环境）的一种能力。理想的体适能状态是指机体能够精力充沛地从事日常工作，有余力享受休闲的娱乐生活，并能抵抗因运动不足而引发的疾病和应付突发的紧急状况。

二、体适能的分类

体适能因对象和个人的需求不同，可分为与运动技能相关的体适能和与健康相关的体适能，即运动体适能和健康体适能。

（一）运动体适能

运动体适能是指机体能成功地执行各种运动技术的身体要素。它以运动技能为核心，受遗传因素的影响较大，主要包括敏捷、平衡、协调、力量、反应和速度等要素。

（二）健康体适能

健康体适能偏重于身体方面的健康状态，是促进健康、预防疾病和增进工作效率的身体要素，主要包括心肺耐力、肌力、肌耐力、柔韧性和身体成分五项要素。

心肺耐力是指心脏、肺和血液循环系统将维持生命所需的氧有效地输送至全身，供肌肉组织进行新陈代谢活动，并产生能量的能力。人体心肺耐力可通过长时间的有氧耐力运动得到改善，它是五项要素中最重要的一项。

肌力是指肌肉一次收缩所产生的最大力量。人体肌群只有得到均衡的发展，才能满足（适应）日常工作与生活的需要。若肌力不足，不但动作效率低，而且肌肉易产生疲劳，甚至会导致运动损伤的发生。肌力不足还会导致人体形成不良的身体姿势，进而引起身体局部病痛。经常性的抗阻力练习可有效地提高人体肌力。

肌耐力是指肌肉反复地收缩或维持某一固定用力状态的持久能力。它与肌力既各自独立，又互有联系。家务劳动、步行、上楼梯等，均需要良好的肌耐力体适能，它是享受休闲与居家生活的重要基础。采用小负荷强度、较多重复次数的力量练习，可促进肌耐力体适能的发展。肌力和肌耐力统称为肌肉适能。

柔韧性是指人体关节的活动幅度。影响柔韧性的因素除关节本身的结构外，还有肌肉、肌腱、韧带、软骨组织和皮肤等的伸展性和弹性。人体具备良好的柔韧性，身体可以比较灵活地做扭转、回旋、弯曲等动作。柔韧性差，易造成肌肉拉伤、关节扭伤等运动伤害。不明原因的腰背疼痛，常与身体某些肌群的伸展性差有关。持续 10～30 秒的缓慢静态伸展活动是提高柔韧性的较好方法之一。

身体成分是指人体脂肪与肌肉、骨骼和其他机体成分的比例，一般用体脂百分数表示。

第二节　心肺耐力及其锻炼方法

一、心肺耐力的定义

心肺耐力是健康体适能中最重要的成分之一，它反映了由心脏、肺、血管和血液组成的呼吸与血液循环系统向肌肉运送氧和能量物质，维持机体从事运动的能力。拥有良好心肺耐力的人通常也具有较好的运动耐力和有氧运动能力。

二、心血管系统简介

心血管系统是指在功能上有密切联系的循环系统和呼吸系统。心血管系统负责把氧和营养物质运输到组织，同时把代谢废物（如二氧化碳等）排出体外。体育锻炼时，骨骼肌代谢增强，需氧量增大，机体通过自身调节，使心血管系统活动加强，以满足运动的需要。

（一）循环系统

循环系统是由心脏和血管组成的管道系统。它由两个分开的血泵构成：右心，泵血通过肺，称为肺循环；左心，泵血通过身体各部分，并通过毛细血管与组织进行气体（氧气和二氧化碳）和物质交换，交换后动脉血变为静脉血，通过静脉回流至心脏。肺循环把静脉血泵至肺，在肺部静脉血结合氧，排出二氧化碳，重新成为动脉血并流至左心。

心脏每分钟泵出的血量称为心输出量。正常成年男子安静时的心输出量约为 5 升/分，剧烈运动时可达 20 升/分，而经过良好训练的马拉松运动员可高达 35 ～ 40 升/分。心输出量受心率（心脏每分钟跳动的次数）和每搏输出量（心脏收缩一次的射血量）的影响。体育锻炼时，心输出量会因心率或每搏输出量的增加而增加。无论是男性还是女性，最大心输出量在 20 岁以后都开始下降。这主要是因为最大心率的下降引起的。不同年龄人群的最大心率可由下面的公式获得：

$$最大心率（HRmax）＝220-年龄（岁）$$

例如，20 岁时最大心率为 200 次/分（220 － 20 ＝ 200），60 岁时为 160 次/分（220 － 60 ＝ 160）。

血液通过动脉时对血管壁造成的压力称为血压；血压通常用血压计在肱动脉处测量而得。心脏收缩时血压达到的最高值，称为收缩压；心脏舒张时血压达到的最低值，称为舒张压。

（二）呼吸系统

呼吸系统的主要功能是进行气体交换。吸气时，空气进入肺，在肺泡处氧扩散至血液，而二氧化碳则由血液扩散至肺，并通过呼气排出体外。

人体运输和利用氧的最大能力称为最大摄氧量。最大摄氧量是反映心肺功能适应能力最为有效的指标。在不同强度下运动时机体的耗氧量是不同的，在摄氧量达到最大值之前，摄氧量与运动强度呈线性关系，因此，常用最大摄氧量的百分比来表示运动强度的大小。

三、运动中各阶段心血管功能的变化

（一）准备阶段

在运动还没有正式开始的准备阶段，即已出现心率加快、心输出量增加、动脉血压升高等反应。这些反应与大脑皮质活动有关，属于条件反射，其生理意义在于缩短运动时心血管系统功能活动进入工作状态所需的时间。

（二）开始阶段

运动一旦开始，心血管系统功能活动在几秒至十几秒时间内出现快速加强。在这之后的 3 ～ 5 分钟内，心血管系统的活动以缓慢速度逐渐加强，直至最高值。

（三）稳定阶段

在进行最大强度的有氧运动时，经过一段时间后，心血管系统的功能活动可达到较高的稳定状态。这时肌肉的供氧和耗氧达到平衡。而在进行最大无氧运动时，心血管系统功能可达最高水平而不再变化，但机体内心血管系统的供氧量不能满足运动的需氧量。

（四）持续运动阶段

长时间持续运动使体温逐步升高，血液在各器官内的重新分配，即皮肤血流量在心输出量中所占比重增加，以利于散热。随着运动时间的延长，心率进一步加快，每搏输出量逐渐减少，心输出量变化不大。而动脉血压多因外周血管阻力的减小而出现下降。

四、心肺耐力对体育锻炼的慢性适应

长期的体育锻炼会使心血管系统的形态、功能和调节能力产生多种良好的适应性改变，从而提高人体的运动能力和身体健康水平。

（一）增强心脏功能

长期的体育锻炼或运动训练可引起以心腔扩大与心壁增厚为主要表现的心脏肥大，称为运动性心脏肥大（表 6-2-1）。在运动时冠状动脉血流量可达安静时血流量的 10 倍。由于心肌在锻炼中能得到大量的营养物质，使心肌纤维变粗，收缩力增大，心搏率更加适应锻炼的需求，出现心动徐缓，而且运动后恢复速度较快，使心力储备增加，能更好地适应激烈运动的需求。

表 6-2-1　坚持锻炼与不经常锻炼的人的心脏生理指标的比较

项　目	一般人	经常参加锻炼者
心脏重量（克）	300	400～450
心脏容量（毫升）	765～785	1005～1027
心肌横断面（厘米）	11～12	13～15
安静心搏率（次/分）	70～80	50～65
运动时的每搏输出量（毫升）	80～100	90～160

（二）血液中红细胞、白细胞和血红蛋白的含量增加

一般人血液中红细胞含量，男子每立方毫米血液中为 450～550 万个，女子每立方毫米血液中为 380～460 万个；经常运动的人每立方毫米血液中可达 700 万个，且白细胞中具有免疫力的淋巴细胞所占比例明显增加。一般人体内血红蛋白含量为 600 克左右，而经常运动的人可达 800 克左右，这样可以更好地供应和送输氧气并有利于排除代谢产物。

（三）血流重新分配能力的提高

人体在安静状态下有 15%～20% 的血液分布在骨骼肌内，相当于每 100 克肌肉组织获得 4～7 毫升的血液，其余大部分血液分布在消化系统、肝、脑和肾等部位。而当剧

烈运动时，流向骨骼肌的血流量可高达 80%～85%，相当于每 100 克肌肉组织可获得 50～75 毫升的血液，个别代谢活动特别剧烈的肌肉组织甚至可以达到每 100 克每分钟获得 300～400 毫升的血液。但是，流向心脏和大脑的血液并不会减少。

（四）提高最大摄氧量

最大摄氧量（VO$_2$max）是衡量心肺功能适应水平的最佳指标。持续 12～15 周的耐力性练习可使最大摄氧量增加 10%～30%。最大摄氧量的增加是骨骼肌有氧代谢能力和心输出量共同增加的结果。锻炼初期的适应水平、运动强度及营养状况也会影响最大摄氧量增加的幅度。锻炼初期，最大摄氧量大的锻炼者增加的幅度要小于最大摄氧量小的锻炼者。其原因是机体存在最大摄氧量的生理极限，而最大摄氧量大的锻炼者比最大摄氧量小的锻炼者更接近于这个极限。

（五）增强血管功能，改善微循环，防治心血管疾病

经常锻炼可使人体内的动静脉血管壁弹性提高，管径增大，有利于血液流动。运动还能使毛细血管扩张，能有效地改善微循环功能。经常锻炼还可以通过大脑皮质调节血管的收缩和舒张，使血压下降。经常参加运动的人与一般人相比高血压发病率低 1/3。运动可预防运动不足症，长期静坐的人冠心病的发病率是经常锻炼者的两倍。

（六）增强呼吸系统的功能

长期坚持锻炼可使人体的肺活量增大。由于锻炼时耗氧增加，同时机体要排出大量二氧化碳，因此加快了新陈代谢的过程，呼吸加快，增强了呼吸肌、胸廓和呼吸器官的工作能力，使人体能承受更大的负荷。锻炼能使呼吸道毛细血管密实，上皮细胞的纤毛活动和肺内吞噬能力增强，减少感染，防止呼吸道疾病，预防感冒。

五、提高心肺耐力的锻炼手段

（一）有氧运动形式的选择

有氧运动是指人体需氧量和摄氧量达到动态平衡的运动。做有氧运动时，体内较少产生乳酸堆积，心率和呼吸保持在较为稳定的状态，因而持续运动时间长、安全性高、脂肪消耗多，有利于改善心血管系统的功能。常见的提高心肺耐力的锻炼方式包括慢跑、步行、爬山、跳绳、划船、骑自行车和游泳等。凡是有大肌群参与的慢节奏的运动都是有效的有氧锻炼方式。户外运动和各种有音乐伴奏的有氧健身形式都属于有氧运动的范畴。

（二）有氧练习的方法

（1）综合练习：综合练习由几种不同的锻炼内容所组成。例如，第一天是跑步，第二天为游泳，第三天骑自行车。综合练习的一个优点就是能避免长期进行同一种练习的

枯燥感，并且可以防止身体局部的过度疲劳。

（2）持续练习：持续练习是指长时间、长距离、慢节奏的中等强度（强度保持在约70%最大心率）的练习，是受欢迎的心肺锻炼方法之一。一次锻炼时间可持续40～60分钟。

（3）间歇练习：间歇练习是指重复进行练习，且练习的强度、持续时间、运动量和间歇时间较固定的锻炼方法。练习内容不同，练习持续的时间也各不相同，一般为1～5分钟。每次练习后有一个休息期，休息期的时间与练习时间相等或稍长于练习时间。间歇练习与持续练习相比能完成更大的运动量，且锻炼的方式可以有所变化。

（4）法特莱克（Fartlek）练习："Fartlek"意思是"速度运动"，是一种与间歇练习相似的长距离跑的锻炼方式，但练习时间与休息时间的比例不固定。法特莱克的锻炼地点比较随意，可以减少枯燥感。

（三）有氧练习的有效练习强度和频率

健身效果与有氧训练的频率、强度和每次训练的持续时间有关。因此，练习者在进行有氧练习时，要科学地控制练习强度和频率。

（1）选择以大肌肉群参与为主，而不是以小肌肉群参与为主的运动方式。

（2）每周练习3～5次，一次练习的运动持续时间为30～60分钟。

（3）运动强度控制在适宜心率范围内。在这个心律范围的练习既安全，又有效。

运动强度是有氧锻炼的一个重要因素，因为它与能量来源、能量需求、氧消耗量、运动损伤等因素都相关。运动强度的大小常以心率、耗氧量及安静时能量或耗氧量的倍数来表示。年龄、体能和健康等状况存在个体差异，因此每个人的有氧锻炼量亦不相同。（表6-2-2）

表6-2-2　不同人群有氧锻炼适宜心率参考值

人群分类	最大心率	有氧锻炼心率
体能良好者	220-年龄	（70%～85%）×最大心率
体能普通者	220-年龄	（60%～75%）×最大心率
体能不佳者	220-年龄	（50%～70%）×最大心率

第三节　肌肉适能及其锻炼方法

一、肌肉适能的概念

肌肉适能是指机体依靠肌肉收缩克服或对抗阻力以维持身体姿势和运动的能力，通常表现为肌肉力量、肌肉耐力和肌肉功率等方面。肌肉力量与耐力是健康相关体适能的组成部分，而肌肉功率则与运动技能密切相关。

肌肉力量，又称最大肌肉力量或者绝对肌肉力量，特指肌肉收缩产生最大收缩力的能力，通常以等长、等张或者等速运动条件下肌肉收缩克服或对抗阻力的大小表示。肌肉耐力，特指肌肉持续收缩对抗疲劳的能力，通常以静态运动负荷持续时间、动态等张收缩次数或者动态等速运动的功率等表示。肌肉功率，又称快速力量，特指肌肉在短时间内快速发挥其收缩力量的能力，爆发力是肌肉功率的常见表现形式和评价指标。

二、影响肌肉适能的因素

影响肌肉适能的因素很多，运动生理学通常根据这些因素发挥作用的部位的不同，将其分为肌源性因素和神经源性因素两类，其他一些影响因素如年龄、性别和抗阻训练等通常是通过以上两类因素发挥作用的。

正常成年男子肌肉重量占体重的 40%～45%，而女子则约占 35%。若以绝对值表示肌肉力量，通常成年女子上肢肌力比男子约低 50%，下肢肌力约低 30%。而以体重和去脂体重相对值来表示肌肉力量时，有训练的男性与女性之间的差异比无训练者小。肌肉力量绝对值的性别差异主要由肌肉生理横断面积和全身肌肉体积等因素所决定。

肌肉力量的发展有明显的增龄性变化规律。一般规律是 10 岁以前，随着人体的生长发育，无论男性或女性肌肉力量一直缓慢而平稳地增长，且两者区别不大。女性从 11～12 岁，男性从 13～15 岁起，肌肉力量的增长速度开始分化，男性增长速度加快而女性增长速度缓慢。青春期过后，肌肉力量仍在增长但其增长速率很低。女性达到最大肌肉力量约在 20 岁，男性约在 20～30 岁。40 岁以后，人体大部分肌肉的力量开始衰退。50 岁以后，每 10 年肌肉力量下降 12%～15%。无论是肘关节屈肌，还是膝关节伸肌，男性的下降速度均明显快于女性。

三、肌力、肌耐力练习的基本原则

（一）渐增阻力原则

渐增阻力原则是超负荷原则在肌力、肌耐力练习中的应用。尽管超负荷原则与渐增阻力原则可以相互替换，但在力量练习中，则常用渐增阻力原则。肌肉力量、肌耐力因超负荷训练而增加，但由于力量、耐力的增长，原来的超负荷则变成了非超负荷或低负荷，此时如果不增加负荷，则肌力、肌耐力就不能增长。因此，力量练习必须遵循渐增阻力原则。

（二）专门性原则

肌力、肌耐力的练习要充分考虑不同运动项目的专项力量、耐力的需要，以及需求程度。不同的身体活动具有不同的效果，运动者期望获得什么样的运动效果，就应进行能产生这种效果的运动。例如，要增加上半身肌肉（肱三头肌、胸大肌、胸小肌）力量，可以采取仰卧推举的运动方式。高强度的重力训练可增加肌力和肌肉的体积，如果要获得最大的肌力就必须对抗最大的阻力；而要提高肌耐力则要采取低阻力、多次数的运动方式。高阻力、重复次数少的负重训练会明显增强肌肉力量；低阻力、重复次数多的负重训练则能明显提高肌耐力，而肌肉力量和体积不会有多大改变。另外，提高肌肉力量的负重训练主要是动员无氧系统的功能，而提高肌耐力的负重训练则主要是动员有氧系统的功能。得到锻炼的肌肉应该是在耐力和力量方面需要改善的肌肉。

（三）系统性原则

根据用进废退的原理，力量练习应全年系统地安排。研究表明，练习频率高、肌肉力量增长很快的人，停止练习后肌肉力量消退也快；而练习频率较低、训练时间较长、肌肉力量缓慢增长者，力量保持的时间则相对较长。许多研究结果显示，每周进行 3～4 次的力量练习，可使肌肉力量明显增长。

四、增强肌力和肌耐力的措施与方法

负重抗阻练习是增强肌肉力量的基本手段，通过长期的渐增阻力的力量练习就可以发展肌肉力量。不论练习者的性别和年龄，只要每周进行适当的力量练习，都可以增加肌肉组织含量，提高肌肉力量，促进健康。

根据肌肉收缩的类型，力量练习可分为等张练习、等长练习和等动练习。

（一）等张练习

肌肉以等张收缩的形式进行的负重或不负重的动力性抗阻练习，称为等张练习或动力性练习。等张练习是最常用的力量练习法。等张练习能有效地发展动力性力量，改善神经肌肉的协调性，不足之处是在整个动作过程中不能保证肌肉每一次收缩的负荷都相等，容易造成在某些关节运动角度上肌肉负荷不足，因此只能按照力量最弱的关节运动角度来安排负荷，所以在整个练习中负荷往往偏小。

（二）等长练习

肌肉以等长收缩的形式使人体保持某一特定位置或对抗固定不动的阻力的练习，称为等长练习或静力性练习。它能有效地发展静力最大力量和静力耐力。

等长力量练习与等张力量练习主要有两个方面的区别：一是等长力量的发展是高度特异性的，如果采用等长练习来发展某一特定动作的力量，可在动作范围内的某几点上进行不同的等长性练习，而等张练习能使整个动作的关节范围内的肌肉力量都得到发展；二是大强度等长练习，由于血液循环条件不良和憋气等因素的影响，大脑血流量减少，容易引起头晕眼花、隐性心脏病发作等不良反应。

（三）等动练习

等动练习是借助于专门的等动训练器，在动力状态下完成练习的方法。在整个练习中关节运动在各角度上均受到相同的较大负荷，从而使肌肉在整个练习中均能产生较大的张力。

第四节　柔韧性及其锻炼方法

一、对柔韧性的认识

柔韧性是人体适能的一个重要组成部分。它是指身体各关节的活动幅度，以及关节周围的韧带、肌腱、肌肉、皮肤和其他组织的弹性与伸展能力。柔韧性包括两方面的含义：一是关节活动幅度的大小；二是关节周围的韧带、肌腱和肌肉等软组织的伸展性。人体各关节活动幅度的大小，主要取决于关节本身的结构，关节的结构不同，柔韧性也有差别。其中，关节的骨结构是不能改变的，但关节周围的韧带、肌腱和肌肉等软组织的伸展性和弹性则可以通过合理的训练得以改善。

根据人体生理解剖结构，柔韧包括四肢和躯干各关节的柔韧。主要关节有肩、肘、腕、膝、踝及脊柱等各关节。柔韧性的锻炼就是针对上述各关节灵活性的练习。柔韧性特指一个特定关节的一系列可能活动的范围，而且可能只同一个关节（如膝关节）或一连串的关节（如脊柱关节）有关。一个人也许下肢关节的柔韧性很好，但其他关节的柔韧性却可能很差。

就体育锻炼中的柔韧性而言，柔是指肌肉、韧带拉长的范围，韧是指肌肉、韧带保持一定力量和控制关节不受损伤的最大活动幅度。柔与韧的结合便是柔韧，所发挥的能力则是柔韧适能。

二、发展柔韧性的措施及方法

（一）发展柔韧性的方法

发展柔韧性的目的是提高关节周围的肌肉、肌腱、韧带等软组织的伸展性。伸展能力的提高主要是"力"的拉伸作用的结果。这种"力"表现在动作上可分为两种，即主动动作和被动动作，而主动柔韧性和被动柔韧性练习又都可以分为动力性练习和静力性练习。肌肉伸展的方法有三种：主动或被动的静态伸展法、主动或被动的弹性伸展法、本体感受神经肌肉伸展法。（表6-4-1）

表 6-4-1 不同类型柔韧性练习的方法及特点

柔韧性练习类型	举 例	特 点
主动柔韧性的静力练习	控腿、拱腰、造桥等	使主动肌保持在一个相对静止的收缩状态，通过有意识地逐步放松对抗肌，使之慢慢拉长
被动柔韧性的静力练习	拉肩、吊肩、耗腿、搬腿、劈叉、压脚背等	在自身体重或外力作用下，肌肉被强制拉伸
主动柔韧性的动力练习	肩绕环、扩胸、振臂、转腰、涮腰、踢腿等	在主动肌的力量和速度不断增长的条件下，不断发展对抗肌的柔韧性
被动柔韧性的动力练习	压肩、压腿等	活动关节，协调主动肌和对抗肌的运动，发展肌肉力量、爆发力

1. 主动或被动的静态伸展法

主动或被动的静态伸展法是一种行之有效且比较流行的伸展肌肉的方法，它是缓慢地将肌肉、肌腱、韧带拉伸到有一定酸、胀、痛感觉的位置，并维持此姿势一定时间。关于在酸、胀、痛的感觉位置停留的最佳时间，目前的研究尚无定论，一般认为 10～30 秒应该是一个理想的时间，每块肌肉的伸展应连续重复 4～6 次为好。

这种肌肉伸展方法可以较好地控制拉伸时所使用的力量，比较安全，尤其适合于活动少或未经训练的人。它可减少和消除超过关节伸展能力的危险性，避免拉伤，而且由于拉伸缓慢而不会引起牵张反射。

2. 主动或被动的弹性伸展法

主动或被动的弹性伸展法是指有节奏地、速度较快地、幅度逐渐加大地多次重复一个动作的拉伸方法。主动的弹性伸展是靠自己的力量拉伸，并重复地收缩收缩肌来达到拮抗肌的快速伸展效果；被动的弹性伸展是靠同伴的帮助或负重借助外力的拉伸。

利用主动动作或被动动作所产生的动量来伸展肌肉，所用的力量应与被拉伸关节的可伸展能力相适应，如果大于肌肉组织的可伸展能力，肌肉就会被拉伤。运用该方法时，用力不宜过猛，幅度一定要由小到大。先做几次小幅度的预备拉伸，再逐渐加大幅度，从而避免拉伤。

3. 本体感受神经肌肉伸展法（PNF 法）

本体感受神经肌肉伸展法原先被用于对各种神经肌肉瘫痪症状的治疗，直到近年来才被当作正常人改善肌肉柔韧性的伸展方法来使用。现在流行许多不同的本体感受神经肌肉伸展法，包括慢速伸展—保持—放松法、收缩—放松法和保持—放松法三种。所有这些方法都包含有收缩肌和拮抗肌的支持收缩和放松（一个 10 秒钟推的过程紧接着一个10 秒钟放松的过程）。

以伸展股后肌群为例，慢速伸展—保持—放松法有以下几个步骤：首先仰卧，膝关节伸直，踝关节成 90° 角，同伴帮助推一腿弯曲髋关节至有轻微酸痛感；此时开始收缩股后肌群以抵抗同伴的推力，持续 10 秒钟以后，放松股后肌群而收缩股四头肌（收缩肌）；同伴再加力帮助伸展股后肌群（拮抗肌），放松过程持续 10 秒，此时，从这个关节新的角度开始，再次对抗同伴的推力，这样的过程至少重复 3 次。

收缩—放松法和保持—放松法是慢速伸展—保持—放松法的变形。在收缩—放松法中，股后肌群等张收缩，因此，事实上腿在被推的过程中朝推力的反方向移动；而在保持—放松法中，股后肌群等长收缩。在放松阶段中，这两种方法都包括股后肌群和股四头肌的放松，股后肌群被动地伸展。

以上三种伸展方法都可有效地改善身体柔韧性，但弹性伸展法容易引起肌肉酸痛，也存在着肌肉被拉伤的危险，很少被采用。然而，我们在实际的体育锻炼中都要做弹性伸展，并通过它来提高动作练习效果，弹性伸展法比较适合经常锻炼的人和运动员。静态伸展法是使用最为广泛的方法，这种方法简单、有效、安全，甚至不需要同伴的帮助，通过一段时间的锻炼可有效地提高关节柔韧性。PNF法在一次伸展过程中可以大大提高关节活动幅度，比静态伸展法的效果更加显著，且不易导致肌肉酸痛或损伤，因此，越来越多的人选择用此方法来改善肌肉、关节的柔韧性。该方法的主要缺点是需要同伴的帮助，无法一个人进行。

（二）柔韧性练习的基本要求

1. 柔韧性的测量方法

在柔韧性练习之前，首先应对自己身体各关节的柔韧性有所了解。对柔韧性的了解可通过柔韧性测量和评价得知。常见的测量方法有坐位体前屈和立体体前屈等。

2. 柔韧性练习的强度

柔韧性练习应采用缓慢、放松、有节制和无疼痛的练习，并且只有通过一定的努力才能提高肌肉的伸展度。肌肉的伸展会产生酸胀的感觉，但不应过分伸展而引起不适。拉伸的强度随关节活动范围的增加而改变。随着柔韧性在锻炼过程中的提高，练习强度应逐渐加大，做到"酸加、痛减、麻停"。

3. 柔韧性练习的时间和次数

柔韧性练习的时间由练习所采用的伸展方式决定，主要包括重复的次数和伸展时停留的时间。每个姿势持续的时间是逐渐增加的，应从最初的 10 秒，经过一段时间的练习增加至 30 秒，重复次数在三次以上。如果是平时体育锻炼时的柔韧性练习，5 ～ 10 分钟就足够了；如果是专门为了提高柔韧性的练习或是运动员训练，则必须要有 15 ～ 30 分钟的时间。（表 6-4-2）

表 6-4-2　柔韧性练习的时间、次数安排实例

周　次	阶　段	肌肉伸展持续时间（秒）	每种练习重复次数（次）	每周锻炼次数（次）
1	起　始	15	1	1
2		20	2	2
3		25	3	3
4	逐步进步	30	4	3
5		30	4	3～4
6		30	4	4～5
7周以上	保　持	30	4	4～5

（三）柔韧性练习的注意事项

1. 循序渐进，持之以恒

柔韧性练习需要练习者有坚强的意志力。拉伸练习会让练习者产生酸痛感，但若停止训练，柔韧性即会消退。初次练习易见效，第二次再练习就会有痛感，而且第一次练习获得的效果会全部消退并且比第一次练习前的效果差，这是由于肌肉被拉长、回缩力增加的原因。此时，应继续将其慢慢拉开，这样才能消除痛感。经过一个时期的练习，该长度的伸展已适应，应进一步拉长肌肉，牵拉肌腱，使柔韧性上升到一个新的水平。如果柔韧性练习停止一段时间，已获得的效果就会有所消退，因此，柔韧性练习需要持之以恒才能见效。

肌肉、肌腱和韧带等软组织的柔韧性不是通过一朝一夕的练习就能得到提高的。如果急于求成，容易造成软组织损伤。练习时应逐步提高要求，做到循序渐进。

2. 柔韧性练习要全面

不管是准备活动中的伸展练习，还是专门发展特定关节柔韧性的练习，都要兼顾身体各关节柔韧性的全面发展。因为在身体活动中，动作不仅局限于一个关节或某个身体部位，而是要牵涉几个相互关联的部位，甚至全身。如果柔韧性练习只集中在部分关节而忽视其他部位，则完成动作时会受阻，甚至有受伤的可能。因此，如果发现某一关节柔韧性稍差，就应采取针对性措施使其得到改善。

3. 柔韧性练习要因人因项而异

柔韧性练习必须根据所参加锻炼项目的特点和锻炼者的具体情况做出安排，在全面发展身体各部位柔韧性的基础上，要重点练习特定项目所需要的专门柔韧素质。例如，跳跃项目对腿部和髋部柔韧性要求较高，游泳项目要求肩关节和踝关节柔韧性要好。另外，锻炼者应根据自身的情况，进行适合于自己的柔韧性练习。

4. 柔韧性的发展应与力量发展相适应

力量练习是发展肌肉的收缩能力，柔韧性练习则是发展肌肉的伸展能力。因此，力量结合柔韧性的练习对提高肌肉质量最为有效，既能使力量增长，又能保证关节灵活性的提高。也就是说，肌力的增长决不能因体积的增加而影响关节活动的幅度。

5. 柔韧性练习要注意外界的温度和时间

外界温度过高或过低，都会影响肌肉的状态和肌肉的伸展能力。外界温度高，轻微的热身运动后即可做伸展练习；外界温度低，则应做充分的热身运动至冒汗后方可进行柔韧性练习。一般来说，当外界温度在18℃时，有利于柔韧性的发展。肌肉在这个温度下的伸展能力比较好。

一天之内在任何时间都可进行柔韧性练习，只是效果不同而已。早晨柔韧性会明显降低，而10：00—18：00人体关节能表现出良好的柔韧性，此时可进行一些强度较大的柔韧性练习。

6. 柔韧性练习后应结合放松练习

当每次伸展练习完成之后，应做些相反方向的练习，使供血供能机能加强，有助于伸展肌群的放松和恢复，如压腿后做几次屈膝下蹲动作，体前屈练习之后做几次挺腹、挺髋动作等。

（四）柔韧性练习应遵循的建议

为争取良好的锻炼效果并防止受伤，进行柔韧性练习时必须遵循以下几点建议。

（1）在进行大强度的肌肉伸展练习之前必须做好充分的热身运动，使身体出汗。

（2）肌肉、韧带等软组织只有通过略超正常范围的伸展练习，柔韧性才能提高，但练习不能太剧烈，防止疼痛和拉伤。

（3）肌肉拉伸时产生了紧绷感或感到不舒服时就应该停止练习，伸展练习不应让人感到疼痛。

（4）任何一个被伸展的关节只有感到动作幅度加大时，才说明练习已见效。

（5）伸展疼痛关节周围的肌肉时要小心，注意轻柔一些。

（6）既要伸展紧绷的、柔韧性差的肌肉，又要同时加强薄弱的、松弛的肌肉的力量。

（7）进行伸展练习时，要保持正常的呼吸状态，不要屏气。

（8）静态伸展以后才能进行弹性伸展，并且只有关节柔韧性好的人或习惯于伸展练习的人才能进行弹性伸展。

（9）如果希望看到关节柔韧性有所提高，至少每周要做3次伸展练习，而每周做5～6次练习则能产生明显的变化。

柔韧性练习是体能锻炼中最易被忽视，但又是最简单易行、最易见效的练习。这种锻炼不需要任何特殊器材，可以在任何时间、任何地方进行。因此，合理地制订出每周3～5次的柔韧性锻炼计划，并按所制订的练习时间表进行锻炼，记录每次的练习情况，能使人养成坚持锻炼的习惯，终身受益。

第五节　身体成分及其锻炼方法

一、身体成分概述

（一）运动改善身体成分的机理

（1）运动可促进脂肪分解。运动时肌肉对血液中的游离脂肪酸和葡萄糖的摄取和利用增多，促使脂肪细胞释放大量的游离脂肪酸。另外，运动使血糖大量消耗，使其不能合成脂肪。

（2）运动可降低血脂。经常性的有氧运动，可提高脂蛋白酶的活性，加速脂肪的分解供能，降低血脂成分，并在此过程中提升高密度脂蛋白的含量。

（3）有关研究证实，运动并不能使进食和能量消耗成比例地增加，当运动使能量消耗大于不运动时的10%～25%时，瘦人进食增加，而胖人却没有显著的增加。这说明中小强度的运动不会显著影响食欲以及热量的吸收。这就是说，参加运动并不会增加食量，这对肥胖者能起到控制体重的作用。

（4）运动增加能量代谢率。有氧运动加上 15 ～ 30 RM 重量的抗阻运动，既消耗了脂肪，又增加了肌肉组织。有关资料表明，机体每增加 0.5 千克肌肉组织，一昼夜可额外增加 125 ～ 170 焦的热量消耗。

（二）运动节食减肥的原则

（1）肥胖的预防重于治疗。经常检测自己的身体成分，改正不良的饮食习惯，不吃零食，每餐七分饱。尽量不在晚上 8 点以后进餐。因为一般进食后 3 ～ 5 小时后血液中的脂肪酸最高，而凌晨两点正是熟睡期，胰岛素易将其输送至脂肪细胞，合成脂肪。

（2）坚持运动、节食和行为改变的计划。在节食的同时，参加有规律的体育运动，培养良好的行为习惯。

（3）有氧运动加力量练习效果最佳。快走、慢跑、爬楼梯、游泳、球类等有氧运动配合一些力量练习，既消耗了脂肪，又能增加肌肉组织含量，是控制体重的理想运动。

（4）持续的原则。减肥之初，体重减轻很少甚至不会减轻，这很可能是由于脂肪减少而肌肉增加，这属于正常状况。应按每天练习的数量、强度和持续时间继续坚持锻炼，并留意和记录自己体重、心率、血压、血脂、胰岛素和尿酸等指标的变化。

二、改善身体成分的运动处方

（一）健康诊断

在实施减肥处方之前，应先请医生对自己的身体进行检查，对肝炎、心肌炎、心律失常、糖尿病、精神病等逐一进行排查。

（二）运动负荷试验

初步对身高、体重、体脂、体重指数（身体质量指数，是用体重千克数除以身高米数的平方后得到的指数）、最大摄氧量、心脏功能（F.C.）、运动能力（E.C.）、靶心率（THR）等指标进行测试。

（三）处方目标

通过有氧运动和节食的方法，改善身体成分，减少因肥胖患代谢疾病的概率。

（四）处方内容

例如，进行走、跑、游泳、骑自行车等有氧运动和力量练习，每月减少 1 千克体重。通过按设计的处方每天减少摄入的热量，每月再减 1 千克体重等。

（五）运动强度及节食耗热量

减肥宜采用中小强度的运动，可用测得的靶心率、每分钟跑的距离及 40%～50% 最大摄氧量进行监测；每天节食的耗热量应在 1255～2090 千焦；也可采用自觉运动强度感觉来衡量运动强度。

（六）持续时间

减肥运动的特点是低强度、长时间，持续时间为 30～90 分钟，开始阶段一天的运动量可分两次完成。

（七）运动频度

每周至少 3～5 次，每天活动效果更好。

（八）实施自己的节食计划

经常称量体重，应保持每次测试后的体重比前一次轻，这才能说明你的能量代谢处于负平衡，可照计划继续进行。

（九）注意事项

（1）注意运动前后做准备活动和整理活动。
（2）节食不是禁食，应在节食期间调整饮食结构，摄入必需的营养素。
（3）一次运动量不宜过大，一般不超过 90 分钟，热量消耗不超过 2090 千焦，否则机体会产生更多的自由基，降低机体的抗氧化能力。

第七章 足 球

第一节 足球运动概述

一、足球运动的起源及发展

中国古代把脚踢球叫"蹴鞠"。早在 2000 多年前的春秋战国时代，中国就有了蹴鞠游戏。西汉时修建有"鞠城"，专供竞赛之用。而在西方，公元 10 世纪以后，法国、意大利、英国等一些国家有了足球游戏，到 15 世纪末有了"足球"之称，后逐渐发展成现代的足球运动。

1863 年 10 月 26 日，英国人在伦敦成立了世界上第一个足球运动组织——英格兰足球总会，并统一了足球规则。这次制定的足球规则是现代足球规则的基础。1863 年 10 月 26 日被人们称为现代足球的诞生日。从 1908 年的第 4 届奥运会开始，足球被列为奥运会正式比赛项目，但它不允许职业运动员参加。1904 年 5 月 21 日，国际足联在巴黎成立。1930 年起，每 4 年举办一次世界足球锦标赛（即世界杯足球赛），比赛取消了对职业运动员的限制。从此，现代足球运动日益发展。

二、足球运动的特点

整体性。足球比赛每队由 11 人上场参赛。场上的 11 人思想统一，行动一致，攻则全动，守则全防，整体参战的意识强。

对抗性。足球运动是一项竞争激烈的对抗性项目。比赛中，双方为争夺控制权，达到将球攻进对方球门，而又不让球进入本方球门的目的，展开短兵相接的争斗。

多变性。足球运动是一项技术上多彩多姿、战术上变幻莫测、胜负结局难以预测的非周期性运动项目。比赛中，运用技战术时要受对方直接的干扰、限制和抵抗。

强负荷。足球比赛中，运动员要在近 8000 平方米的场地上奔跑 90 分钟，跑动距离少则 6000 米，多则 10000 米以上，而且要伴随完成上百个有球和无球的技术动作。若平局后需决定胜负，比赛则要加时30分钟，如仍无结果，还需以踢点球决定胜负。因而运动员的能量消耗是很大的。

易行性。足球竞赛规则比较简单，器材设备要求相对不高。

三、足球运动的锻炼价值

（一）有利于良好的心理品质及思想品德的形成

经常从事足球运动，不仅会对自身良好性格的形成产生巨大的影响，还可以培养人的意志、自制力、责任感及勇敢顽强、机智果断、坚韧不拔、团结协作、密切配合等品质。

（二）有利于增强体质、促进健康

足球运动是全面锻炼和健全体魄的良好手段，是全民健身活动中一项行之有效的体育运动项目。

（三）有利于精神文明建设

足球已成为我国许多城市中人们生活的一部分。人们从踢足球中得到情绪体验，从看足球中得到艺术享受，从谈论足球中得到思想交流。足球运动丰富了人们的业余文化活动，提高了人们的生活质量。

（四）有利于振奋民族精神

重大国际足球比赛能激发本国人民团结拼搏、进取向上的精神和爱国主义热情。

第二节　足球基本技战术

一、足球基本技术

（一）足球的入门技术

1.踢球基础
踢球基础如图7-2-1所示。

（1）助跑助跑是指踢球前的几步跑动。它的作用在于调整人与球的位置关系，使支撑脚处于正确位置，从而增加击球的力量。助跑最后一步要大一些。

（2）支撑脚站位。脚内侧和正脚背踢球需要踏在球的侧方，一般距离球10～15厘米；脚背内侧踢球需要踏在球的侧后方，一般距离球25～30厘米。踢移动球时，要把踢球腿摆动的时间计算在内。支撑脚应选择适当位置，以免造成身体后仰或出球偏高。

（3）踢球腿的摆动。以髋关节为轴，大腿带动小腿由后向前摆。

（4）脚触（击）球。用脚的某一部位击球的后中部，出球平直，能获得全部力量；击球后侧部，作用力没有通过球的中心，会使球产生旋转并沿着一定的弧线运行，这就是"香蕉球"。

支撑站位　　　　摆　动　　　　击球（例：外脚背）

图 7-2-1

2. 停球基础

缓冲是停球的关键。缓冲能使来球不反弹出去或反弹到一定距离的位置上，以便与下一个动作连接起来。停球前要快速移动，调整位置迎球；脚接球时，要随球后撤，达到降低来球速度的目的，注意动作要放松自然。不要踩球或抬脚过高，以免漏球；当来球力量大、速度快时，停球脚要加大后撤以缓冲来球的力量。

（1）停地滚球：停球脚对准来球路线，在脚触球的一刹那后撤。（图7-2-2）

（2）停反弹球：判断落点，停球脚对准的反弹路线，触球的中上部。

（3）停空中球：停球脚根据来球的高度抬起，在脚接触球的一刹那后撤或下撤。

图 7-2-2

3. 运球基础

运球时要用脚推拨球，而不是用力踢球或击球。推拨球力量要适当，使球在自己的控制范围之内。运球时要注意观察场上情况，这样可以根据临场情况采取措施。运球过人时，要抓准时机，动作要快，越过对手时一般要与对手保持一大步的距离。

4.掷界外球基础

面对出球方向，双手持球置于头后，上体后仰成背弓；掷球时，蹬地和收腹发力，两臂前摆甩腕将球掷出。要求动作连贯，身体必须面向出球方向掷球，不能侧身，球掷出前双脚均不得离地且不能过线。

（二）足球的提高技术

1.踢球技术

踢球技术如图7-2-3所示。

（1）脚内侧踢球：踢球腿膝关节外转，脚掌与地面平行，用脚弓击球的后中部。

（2）脚背内侧踢球：斜线助跑，脚面绷直，脚尖外转，以脚背内侧部位踢球的后中部。

（3）脚背正面踢球：直线助跑，脚背必须绷直，用脚背正面部位击球的后中部。

（4）脚背外侧踢球：膝和脚尖内转，脚面绷直，以脚背外侧部位踢球的后中部。

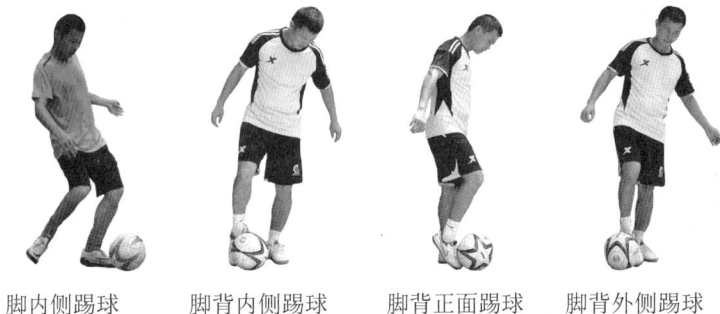

脚内侧踢球　　脚背内侧踢球　　脚背正面踢球　　脚背外侧踢球

图7-2-3

2.停球技术

停球技术如图7-2-4所示。

（1）脚底停球。支撑脚站在球的侧后方，停球腿向前提，脚尖翘起，以前脚掌触球的中上部。

（2）脚内侧停球。停球腿提膝外转并以脚弓前迎球，在脚触球的一刹那迅速后撤。

（3）胸部停球。

① 收胸停球：两臂张开，挺胸迎球。在球与胸接触前的一刹那，收胸收腹，缓冲球速。
② 挺胸停球：挺胸面对来球，胸触球时上体后仰，用胸部轻托球的下部，使球微微弹起于胸前上方。

（4）脚背外侧停球。停球脚稍提起，膝和脚内转，脚背外侧正对来球，接触球的侧后方，把球停在停球脚一侧。

（5）脚背正面停球。提脚迎球，脚背正面对准下落的球，脚在接触球的一刹那下撤，以脚背正面接触球底部。

（6）大腿停球。在大腿中部与球接触的瞬间撤大腿，使球落在需要的位置上。

脚底停球　　脚内侧停球　　挺胸停球　　脚背外侧停球　　脚背正面停球　　大腿停球

图 7-2-4

3. 运球及运球过人

运球及运球过人如图 7-2-5 所示。

（1）脚内侧运球。支撑腿膝关节稍弯曲，上体前倾，用脚内侧连续推球的后中部。

（2）脚背正面运球。运球腿脚跟提起、脚尖向下，在迈步着地前，用脚背正面推送球。

（3）脚背外侧运球。运球腿脚跟提起、脚尖稍内转，在迈步前伸着地前，用脚背外侧推拨球。

（4）推拨球过人。以脚踝的抖拨动作，用脚背内侧和外侧触球。

（5）拉球过人。用脚底将球从前向后拖动。

（6）扣球过人。身体和脚踝同时急转压扣，以脚内侧或脚外侧部位触球。

运球过人方式还有利用速度强行过人、利用穿裆球过人、利用假动作过人、利用变速运球过人以及利用身体的掩护强行过人等。

右脚假动作　　　　　左脚运球

图 7-2-5

4. 头顶球技术

顶球前，观察来球，预先选好位置，顶球时不要缩脖子，更不要闭眼，要敢于主动迎击球，摆体和甩头动作要保持连贯。（图 7-2-6）

大腿停球

脚内侧运球

脚背正面运球

脚背外侧运球

利用速度强行过人

利用穿裆球过人

跳起头顶球

图 7-2-6

（1）前额正面顶球。上体后仰成弓形，颈部保持紧张。当球运行到身体垂直部位前的一刹那，两脚用力蹬地向前摆体、甩头，用前额正面部位顶球的后中部。

（2）额侧面顶球。上体和头部向出球方向的异侧稍转动，后脚用力蹬地，上体迅速向出球方向扭转，同时甩头。当球运行到出球方向同侧肩上方时，用额侧部位击球的后中部。

（3）跳起向前或向后顶球。当球运行到头顶上空时，跳起、收腹、挺胸、仰头，触球瞬间颈部做爆发性振摆，用前额正面击球。

5. 抢截球

（1）跨步抢截球。当对方运球脚即将或刚着地时，支撑脚蹬地，抢球脚以内侧对准球跨出抢截。抢球时要快速、果断，抢到球后迅速处理球。

（2）侧面合理冲撞抢球。与对手并肩跑动时，防守者重心稍下降，紧贴对手身体。当对方靠近自己一侧的脚离地时，用肘关节以上部位冲撞对方相应部位，使对方失去平衡，乘机将球抢截过来。冲撞时力量要适当，臂不能扩张形成推人，冲撞的时机要准，动作要快。在球门区内不能对守门员进行任何冲撞。

（3）铲球。（图 7-2-7）

图 7-2-7

同侧脚铲球：在控球者拨球的一刹那，抢球者的同侧脚向外侧沿地面滑出，用脚尖、脚背捅球或踢球。

异侧脚铲球：在控球者拨出球的一刹那，抢球者的异侧脚向内侧沿地面滑出，用脚底或脚尖捅球。

注意：铲球脚要沿地面铲出，不能抬得过高，而且不能在对方背后做铲人动作。

6. 假动作

（1）传球时假动作。骗取对方堵截一个方向的传球路线，然后突然改变方向进行传球；也可以变化为假传真运，突破对手。假动作要逼真，变化要快。

（2）停球时假动作。先假装向某一方向停球，然后突然改为向另一方向停球；也可以对来球做假传真停动作。做停球假动作要注意和下一个动作连接好。

（3）顶球时假动作。先做假顶球动作，然后突然改为胸部停球；也可假做胸部停球，诱使对方逼近抢球，然后突然改为头顶球。

（4）运球过人时假动作。① 虚晃：对方迎面抢截时，身体或腿左右虚晃，使对方发生重心偏移，然后迅速用另一脚的脚背外侧向同侧拨球，从而越过对方。② 变速：对方从侧面抢截时可采用变速运球方法。如先快速运球，诱使对方追赶，然后突然减速或停顿，当对方刚减速或停顿时，突然又快速起动甩掉对方。③ 转身：当对方在后面抢截时，运球者可假做向前运球，用脚在球上迈过，吸引对方，然后突然转身运球晃过对方。

7. 守门员技术

守门员技术如图 7-2-8 所示。

（1）选位。通常情况下，守门员应站在两球门柱与射门时球所处位置而形成的夹角的平分线上。对方近射时，位置靠后些；球向中前场运动时，守门员位置前移到球门区线附近。

（2）接球。接球前做好准备，接球时两手和两腿间的距离应小于球的直径。① 直腿式接球：上体前倾，两臂伸向前下方，手掌前迎，接球的后底部。② 单腿跪撑式接球：后腿跪立，膝关节接近地面靠近前脚，距离不能超过球的直径，手臂向前下方伸出，手掌正对来球，接球的后底部。③ 接平直球：屈肘前迎，两手掌心向上，手触球时，屈肘后引缓冲，将球抱于胸前。④ 接高球：两臂上伸迎球，两手拇指相对成"八"字形，手掌对球。手触球后，屈肘回缩下引，翻掌将球抱于胸前。⑤ 侧向倒地扑球：防守距离较远的地滚球时，两腿蹬地侧向倒地扑球。⑥ 腾空扑球：防守距离较远的空中球时，两脚蹬地，身体腾空飞出扑球。

胸部以下接球手型　　　接高球　　　　　侧向倒地扑球　　　　腾空扑球

图 7-2-8

二、足球基本战术

足球运动是一项对抗性的运动项目。它是由进攻和防守这对矛与盾所组成的。

直腿式接球

单腿跪撑
式接球

接平直球

接高球

侧向倒地
扑球

腾空扑球

足球战术是指比赛双方为了充分发挥个人与集体的特长，进攻对方弱点，取得比赛胜利所采用的手段和方法。根据攻防的基本特点，足球战术可分为进攻战术、防守战术和比赛阵型三大部分。在进攻和防守战术中，又分别包括个人、集体与全队的攻防战术。

（一）集体战术配合

集体战术是指两个或两个以上队员在比赛中为了完成全队攻防任务而采用的局部协同作战的配合方法。它包括"二过一"战术配合、"三过二"战术配合和反切配合等进攻战术。

1."二过一"战术配合

顾名思义，"二过一"是2个进攻队员，通过传球配合突破1个防守队员。"二过一"是集体配合的基础，可以在任何场区、任何位置上运用这种方法来摆脱对方的抢截或突破防线。"二过一"时进攻的2个队员之间相距10米左右，进行一传一切的配合。要求传球平稳及时，一般用脚内侧、脚外侧等脚法，以传低平球为主。传球的位置，尽可能是接球人脚下或前面二三步远的地方。

2."三过二"战术配合

"三过二"是在比赛中局部地区3个进攻队员通过连续配合突破2个防守者的防守。由于这种配合有两个同队队员可以接应传球，因此使持球人传球路线更多，且进攻面扩大。

（二）全队进攻战术

全队进攻战术是指比赛中一方获得球后，为达到射门的目的而采取的配合方法。与局部进攻战术相比较，全队进攻战术的进攻面比较广。

1.边路进攻

利用球场两侧地区发起进攻的方法叫作边路进攻。边路进攻是全队进攻战术的主要形式之一，其主要特点是有利于发挥进攻速度，打破对方防线，制造缺口。常用的战术有两翼齐飞、声东击西。

2.中路进攻

中路进攻是利用球场中间区域组织的进攻。这种进攻虽能直接射门，但难度最大，因为中路防守最为严密，前场的攻击手必须是反应极其敏锐、意识强、技术高、敢于冒险、速度快和善于策应的队员。常用战术有不断为站桩前锋喂球的强力中锋战术。

3.快速反击

比赛中当攻方进攻时，其后卫线往往压至中场附近，防守人数也由于插上进攻和助攻而相对减少。此时，如能抓住对方防区空隙较大和回防较慢的机会，乘其失球发动快速反击，往往能取得良好的效果。快速反击是最有威胁的进攻手段，有效的进攻在于突然快速地反击，但其难度较大，既要冒险，又要有准确、快速的传切配合技能。快速反击要有组织，配合要极为默契，必须进行专门性的训练，否则很难在比赛中实施。常用战术有后卫长传等。

（三）定位球战术

定位球战术是指在比赛中，利用死球后重新开始比赛的机会组织进攻与防守配合的战术方法。定位球战术包括中圈开球、角球、任意球、点球、掷界外球等的配合。

在势均力敌的高水平比赛中，定位球战术有时起决定胜负的作用。在配合上要利用简练的一次配合取得射门机会，配合越复杂成功率就越低。故要进行专门性的练习，才能在比赛中奏效。

（四）基础的战术技巧

1. 补　位
补位是足球比赛中局部地区集体配合进行防守的一种方法。当防守过程中一个防守队员被对手突破时，另一个队员则立即上前进行封堵。

2. 围　抢
围抢是指比赛中在某局部位置上，防守一方利用人数上的相对优势（通常是两三个队员）同时围堵对方的持球队员，以求在短暂时间内达到抢断或破坏对方进攻的目的。

3. 造越位战术
造越位战术是利用规则而设计的一种防守战术，是一种以巧制胜的省力打法，因而成为一种重要的防守手段。但由于其配合难度较大，搞不好会适得其反，让对手钻空子，因此往往为水平较高的球队所采纳，但在一场比赛中也不能多次运用。

4. 全队防守战术
防守战术可分为两种基本类型：盯人紧逼防守（人盯人防守），即在规定的范围内盯人紧逼，不交换看守；区域紧逼防守（盯人和区域相结合），即现今流行的综合防守，紧逼和保护相结合，在个人的防区内紧逼，作交替看守。盯人防守即各自都有明确的防守对象，如对方左边锋大幅度地斜插至右路，则右后卫紧跟盯防，不交替看守。防守最根本的原则是紧逼和保护。只有紧逼才能有效地主动抢断，压制对方技术的优势而获取主动权；保护则是为了更好地紧逼和控制空当。

（五）比赛阵型

1. 阵型简介
为了适应攻守战术的需要，全队队员在场上的位置排列和职责分工，称为比赛阵型。各阵型的名称按队员排列的形状而定。自19世纪中期世界上有了第一个足球比赛阵型直至今日，已有"四三三""三五二""四二四"等比赛阵型，某些国家还采用"水泥式""锁链式"等比赛阵型。

2. 各个位置的职责
（1）边后卫的职责：边后卫主要是要防守对方的边锋以及其他进攻队员在边路的活动，破坏对方由边路发动的进攻，同时还可利用插上助攻式运球来直接威胁对方球门。

（2）中后卫的职责：中后卫有突前中后卫和拖后中后卫之分。前者主要任务是盯守对方突前的最有威胁的中锋，因而又被称为盯人中后卫；后者则主要担负整个防线的指挥任务，其站位经常处于其他防守队员后面，一般称他为自由中卫。

（3）前卫的职责：前卫通常被称为中场队员。中场是一个非常重要的区域，控制了中场也就得到了比赛的主动权。因此，比赛各队往往都在中场投入较大力量。

第三节　足球比赛规则简介

一、比赛场地

国际足联规定，足球场地长 90 ～ 120 米，宽 45 ～ 90 米；球门宽 7.32 米，高 2.44 米（门柱内沿算起）；角旗高 1.5 米；角球区以 1 米为半径画弧。（图 7-3-1）

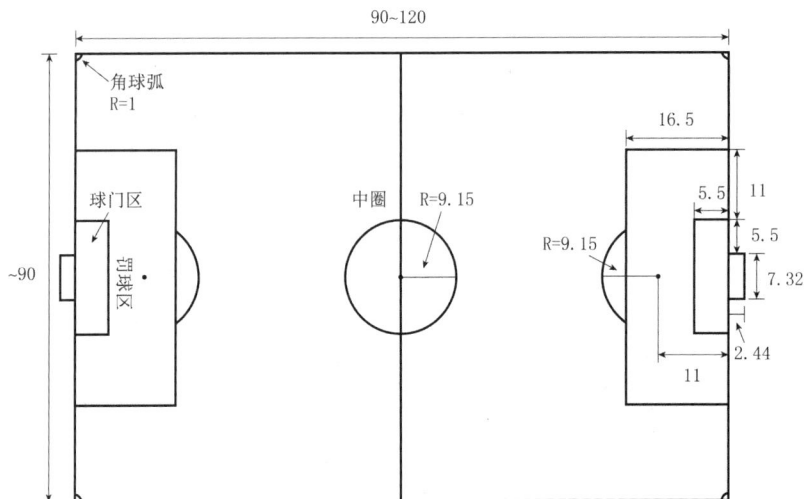

图 7-3-1

单位：米

二、比赛用球

球圆周为 68 ～ 70 厘米，重 410 ～ 450 克，充气后气压约为 0.6 ～ 1.1 个标准大气压。

三、比赛人数

上场队员不得超过 11 人，必须设守门员 1 人，不足 7 人不得比赛。替换队员必须经裁判员同意后方可入场参加比赛。场上队员不得擅自离开比赛场地。

四、服装的要求

比赛服装每队备齐两套，双方服装要有明显的颜色区别，守门员服装必须与双方队员及裁判员的服装颜色有明显的区别。

五、比赛时间

上下半场各 45 分钟，中间休息不得超过 15 分钟；加时赛上下半场各为 15 分钟，中间不休息。如遇事故不能继续比赛，比赛结果全部无效。

六、点球的判罚

守门员须站在球门线上，球未罚出时双脚不得移动。点球由一队员主罚，其他双方队员退到罚球区外（包括罚球弧外）；点球决胜负，由双方各先出 5 个主罚；如果仍然分不出胜负，则由各队每轮派 1 人主罚决定胜负。

七、越位的判罚

（一）越位位置

（1）队员处于越位位置本身并不构成犯规。

（2）队员处于越位位置：头、躯干或脚的任何部分在对方半场（不含中线）；头、躯干或脚的任何部分较球和最后第二名对方队员更接近于对方球门线。

（3）队员不处于越位位置：队员齐平于最后第二名对方队员；队员齐平于最后两名对方队员。

（二）越位犯规

处于越位位置的队员，在队友处理或触及球的一瞬间，以下列方式参与到现实比赛时才被判为越位犯规。

（1）干扰比赛——处理或者触及队友传来或触到的球。

（2）干扰对方：通过明显阻挡对方视线来阻止对方触球或可能的触球；与对方争抢球；明显试图去处理距离自己很近的球且此行为影响到对方；做出明显的动作来明确地影响对方处理球的能力。

（3）通过触球或者干扰对方来获得利益：当球从球门柱或横梁弹回，或从对方队员身上弹回或变向；球经对方队员有意识救球而弹回或变向。

八、犯规与不正当行为

凡是踢人、拉人、撞人、绊人、推人、故意冲撞（目的不是得到球）、打对方队员或用手臂触球者为犯规，由对方罚直接任意球（可直接射门得分）。

如果阻挡、冲撞守门员，或对无球队员进行合理冲撞、危险动作及罚球违例及越位，由对方发间接任意球。

凡是守方在本方罚球区内被判直接任意球的应判点球。

如守方在球门区被判间接任意球，罚球点应在距犯规地点最近并平行于端线的球门区线上。

凡在踢任意球时，对方队员须退出距球 9.15 米外，踢球队员不得连踢。在球门区内的间接任意球，守方队员可站在球门线上。

九、掷界外球

掷球队员在球出界地点掷界外球，双手拿球举过头顶，脚不得踩在界内，不得离开地面。

十、发角球

球不得摆放在发球区域之外，踢角球时不能移动角球旗杆，角球可直接得分。

第八章　篮　球

第一节　篮球运动概述

一、篮球运动的起源及发展

　　1891 年，美国马萨诸塞州斯普林菲尔德市的一位体育教师詹姆斯·奈史密斯为了解决冬季室外寒冷，橄榄球、棒球无法正常开展而发明了篮球。奈史密斯虽于 1939 年逝世，但他未曾料到，由他创建的篮球项目竟然已经发展为美国国内的第三大运动项目。为了纪念奈史密斯发明篮球的功绩，在春田学院校园内修建了美国篮球名人馆——詹姆斯·奈史密斯纪念馆。

　　最初的篮球比赛，对上场人数、场地大小、比赛时间均无严格限制，只需双方参加比赛的人数相等。1892 年，奈史密斯制定了 13 条比赛规则，主要规定是不准持球跑，不准有粗野动作，不准用拳击球，否则即判犯规，连续 3 次犯规判负 1 分；比赛时间规定为上、下半时各 15 分钟；对场地大小也作了规定。上场比赛人数逐步缩减为每队 10人、9 人、7 人，1893 年定为每队上场 5 人。

　　1904 年，在第 3 届奥林匹克运动会上第一次进行了篮球表演赛。1908 年，美国制定了全国统一的篮球规则，并用多种文字出版，发行于全世界。1936 年，第 11 届奥运会将男子篮球列为正式比赛项目，并统一了世界篮球竞赛规则。此后到 1948 年的 10 多年间，规则曾多次被修改。很明显，人员的变化、技战术的发展引起了规则的改变，而规则的改变又促进了人员和技术、战术的进一步发展。特别是 20 世纪 50 年代后期以来，规则的改变对篮球比赛的攻守速度，对运动员的身体、技术、战术以及意志、作风等各方面都不断提出新的更高的要求，促进了篮球技术水平的迅速提高。女子篮球在 1976 年第 21 届奥运会上被列为正式比赛项目。

二、篮球运动在中国的发展

1895 年篮球运动传入中国。男子篮球被列为 1910 年第 1 届全国运动会的表演项目，1914 年被列为正式比赛项目；女子篮球于 1930 年被列为正式比赛项目。1949 年，中华人民共和国成立后，篮球运动在中国传播、普及和发展，进入了一个新阶段。20 世纪 50 年代初期，相关主管部门建立了篮球管理机构，倡导"狠、快、准、灵"的技术风格和"以我为主，以攻为主，以快为主"的战术指导思想。随后，中国篮球运动确立了"勇猛顽强、积极主动、快速灵活、全面准确"的训练指导思想。20 世纪 70 年代中后期，中国恢复了在国际篮球组织的合法席位，从此走上国际竞技舞台，特别是自 20 世纪 80 年代中期至 20 世纪 90 年代中期，中国篮球事业进一步得到了全面的大普及、大发展、大提高：篮球人口迅速上升；篮球后备人才的培养形成新的配套网络；篮球运动理论与应用研究日益深入，成果显著；篮球竞技水平有了历史性突破，国家男女队曾接连居亚洲榜首并达到世界先进水平；各类篮球俱乐部相继成立，篮球竞赛的文化氛围和职业化、商业化气息渐浓。

中国篮协于 1996 年首先改革传统的竞赛体制，先后举办了甲 A、甲 B 和乙级队主客场制联赛，逐步向职业化过渡，形成中国职业篮球联赛，进而有序地推动了篮球运动产业化进程。1997 年，国家体委正式批准成立篮球运动管理中心。1998 年，中国大学生体协推出了中国大学生篮球联赛。这些无疑给中国篮球事业带来了新的生机和活力，中国篮球运动进入新的发展阶段。

三、篮球运动的特点

篮球运动与其他球类运动项目的区别在于它的运动形式围绕篮球和球篮而展开，由此不断创造、发明、更新、完善、修订与发展了各种篮球专门技术、战术、规则、裁判法并对活动者提出了身体、形态、素质、素养的特殊要求，其活动都是围绕着激励活动者将篮球更快、更准、更多地投进篮筐和破坏对手投进篮筐而展开的。由此，自篮球运动创建百余年来，国际篮球界人士不断研究探索，提出了种种新观点，出现了多种新技术、新战术，使篮球运动内容更丰富，活动更富于魅力。由此出现围绕空间展开的对抗，使篮球运动巨人化，被称为"巨人运动"、巨人们的"空间游戏"等。现代篮球运动的特点可概括为以下几个方面。

（一）特殊的空间对抗规律

篮筐悬于空间篮板上，篮球向篮圈内投射，因此主动控制球与控制高空性、瞬时性，促进篮球竞赛的双方将空间、地面与时间有机地结合，展开多元素构成的不同战术阵型与技术手段的立体型进攻、防守，并不断在瞬间转换对抗，构成了自身的运动系统工程，从而体现出现代篮球的独特规律。

（二）专项内容结构的多元性

现代篮球运动内容结构的多元性，使它形成了自己独特的理论体系和技术、战术体系。

（三）竞赛的多变性和综合性

篮球运动是人类历史的文化遗产，篮球竞赛过程比其他球类复杂，技术动作繁多，战术形式多样，优秀运动队和著名队员掌握与运用技术已达到技艺化、艺术化程度，从而使篮球竞赛的过程充满生机活力。

（四）健身性

篮球运动属综合性的集体活动，这是由其运动内容结构的多元性和竞赛过程的多变性、综合性特征而决定的，从事篮球竞赛和各种篮球活动，有助于增进健康、愉悦身心，对人体的机能起到积极的影响。

（五）社会性、群众性

篮球运动普及于世界众多国家，凝聚世界各国数以亿计的人的观赏和参与，是一项开展广泛、有广大群众基础和具有特殊社会影响的体育项目。

（六）竞赛的商业化

国内外重大篮球竞赛组织者以电视转播、广告、饮料、运动服装、体育器材及发放彩票、转让队员和球队等各种形式开展营利性经营，这种商业化的发展趋势已经成为现代篮球运动的特点。

第二节 篮球基本技战术

一、篮球基本技术

（一）传接球

1.传球技术

（1）持球。两手手指自然分开，拇指相对成八字形，用指根以上部位握住球的两侧后下方，手心空出，两臂弯曲，肘关节下垂，持球于胸前。

（2）双手胸前传球。

【动作要点】持球后，两肘自然弯曲于体侧，将球置于胸腹之间，身体成基本站立姿势，传球时后脚蹬地，身体重心前移，手臂伸向传球方向，拇指用力下压，手腕前屈，用食指和中指用力将球传出。（图8-2-1）

图 8-2-1

【运用】常用于快速传球推进、阵地进攻时，外围队员转移球以及不同距离的传球。

（3）双手头上传球。

【动作要点】两手握球于头上，前臂稍前摆，手腕和手指短促快速地抖动将球传出。（图8-2-2）

【运用】多用于高大队员转移球给内线队员或传给切入篮下的队员。在抢到后场篮板球后，为避免对方封堵，可跳起用双手头上传球。

（4）双手反弹传球。

【动作要点】与双手胸前传球基本相同，两臂向前下方用力，腕、指快速抖动将球传出。球击地点的远近和传球力量的大小要以球反弹后接球队员能顺利接到球为宜。（图8-2-3）

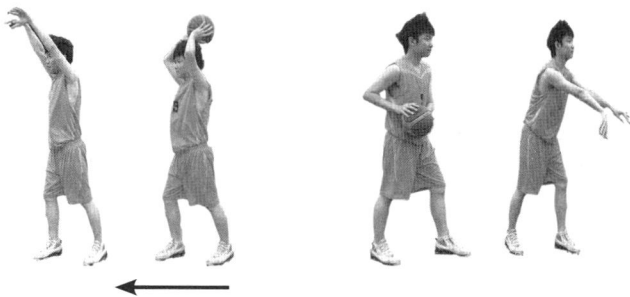

图 8-2-2   图 8-2-3

（5）单手肩上传球。

单手肩上传球是单手传球中一种最基本的方法。这种传球的特点是力量大、速度快，常用于中远距离的传球。

【动作要点】传球时，右脚蹬地，上体向左转动并带动肩、肘，右前臂迅速向前挥摆，手腕前屈，食指、中指用力拨球将球传出。（图8-2-4）

双手胸前传球

双手头上传球

双手反弹传球

单手肩上传球

图 8-2-4

（6）单手胸前传球。

【动作要点】持球方法与双手胸前传球相同。传球时，传球手的前臂快速将球送出，手腕用力前扣，手指拨球将球传出。（图 8-2-5）

图 8-2-5

（7）单手反弹传球。

【动作要点】单手反弹向前传球的手法与单手胸前传球基本相同，只是手臂向前下方用力，球击地后，反弹给同伴。

【运用】在小个子队员面对高大队员时，通常采用单手反弹传球。向内线队员和空切篮下的队员传球时，也多采用这种传球方法。

2. 接球技术

（1）双手接球。

【动作要点】接球时，两眼注视来球，双臂伸出迎球，手指自然分开，两拇指成八字形。手指触球后，双臂后引，缓冲来球力量，两手持球于胸腹之间，同时保持身体平衡。（图 8-2-6）

图 8-2-6

（2）单手接球。

【动作要点】如果来球离身体较远，移动后不便于双手接球，可运用单手接球。以右手接球为例，左脚向来球方向迈出一步，两眼注视来球，手掌呈勺形，手指自然分开，右臂伸向来球方向迎球。手指触球后，手臂顺势将球引至体前或体侧，左手立即扶球，保持身体平衡。（图8-2-7）

单手接球

图8-2-7

传接球的练习方法：① 2～3人为一组进行原地传接球练习；② 2～3人为一组进行行进间传接球练习；③ 在有防守的情况下，2～3人为一组进行传接球练习。

（二）运　球

1. 高运球

高运球

【动作要点】以肘关节为轴，前臂自然弯曲，手腕和手指柔和地按拍球的右侧上方，球反弹的高度在腰胸之间，将球拍至脚的侧前方，运球时目视前方。（图8-2-8）

图8-2-8

2. 低运球

低运球

【动作要点】降低身体重心，弯腰屈腿，伸腕，用手指指根部位向前短促地按拍球，将球反弹地面后达到的最高高度控制在膝关节部位。（图8-2-9）

图8-2-9

3. 运球急停急起

【动作要点】快速运球过程中运用两步急停，同时按拍球的前上方，迅速制动。急起时，后脚突然用力蹬地，上体迅速前倾，手按拍球的后上方，快速起动，整个过程中始终保持目视前方。（图 8-2-10）

图 8-2-10

4. 体前变向运球

【动作要点】在行进的运球过程中，右手按拍球的右上方，使球弹向身体左侧，右腿迅速向左侧前方跨步，上体左转，侧肩贴近防守者，左手拍球的后侧上方，突破防守者。（图 8-2-11）

【运用】当防守队员堵截运球队员的进攻路线时，或运球队员运球接近防守队员时，为了摆脱、突破对手，可运用体前变向运球。

图 8-2-11

5. 运球后转身

【动作要点】以右手运球为例。转身时，左脚向右前方跨出一步，重心移至左脚，屈膝。此时，运球手随球上弹的同时，右脚掌向后蹬地并积极向后转跨，肘关节贴身，身体后转的同时将球后拉，身体后转到位后，继续运球前进。

运球的练习方法：① 原地运球。用手腕和手指流畅地拍按球，注意不要猛力地拍打球，手腕和手指要灵活，学会体会球感，而不是依靠视觉帮助运球，然后逐渐过渡到行进间运球。② 不断地变换运球的高度、方向并做各种运球姿势、动作。③ 同一名防守队员一起进行运球练习。经常进行此方法的练习，可使你的运球技术更接近于实战。

（三）投 篮

1. 原地双手胸前投篮

【动作要点】持球时，两手五指自然分开，持球的两侧稍后部，将球置于胸前，肘关节自然下垂，上体稍前倾，两膝微屈，双脚前后或左右开立。投篮时，两脚蹬地，两臂向前上方伸展，手腕同时外翻，最后拇指、食指、中指用力将球投出。

運球急停
急起

体前变向
运球

运球后转身

原地双手
胸前投篮

原地单手肩上投篮

2. 原地单手肩上投篮

【动作要点】右手五指自然分开，持球的后半部，向后屈腕、屈肘，持球于肩上；左手扶球，右脚在前，两腿微屈。投篮时两脚蹬地，自下而上发力，同时提肘并且手臂向前上方充分伸展，最后通过食指、中指发力将球投出。球出手后，手腕前屈，手指向下。（图 8-2-12）

图 8-2-12

行进间单手肩上投篮

3. 行进间单手肩上投篮

【动作要点】接球和运球上篮时，在右脚跨出一大步的同时，双手持球，左脚紧接着跨出一小步，用力蹬地起跳。当身体接近最高点时，右臂向前上方伸直，手臂弯曲，食指、中指用力将球投出。（图 8-2-13）

图 8-2-13

行进间单手低手投篮

4. 行进间单手低手投篮

【动作要点】动作方法同行进间单手肩上投篮。当身体接近最高点时，左手离球，右手托球，并充分向球篮方向伸直，屈腕由食指、中指、无名指向上拨球将球投出。（图 8-2-14）

图 8-2-14

5. 急停跳起投篮

【动作要点】接球急停跳起投篮。移动中跳起腾空接球后，两脚同时或先后落地，脚尖朝向球篮方向，两膝弯曲，迅速跳起投篮，投篮出手动作同原地跳起单手肩上投篮的出手动作。（图 8-2-15）

图 8-2-15

投篮的练习方法：① 首先，一人持球在原地做模仿投篮动作的练习，也可以两人用一个球对做投篮动作，注意手指和手腕的动作是否正确；然后，在离球篮适当的距离做投篮练习。② 在练习行进间投篮技术时，可先分解技术动作，逐步练习，特别要注意步法、腿的摆动、起跳与持球时机是否正确，然后结合起来做完整的动作练习。③ 在原地投篮的基础上，逐步过渡到跳起投篮。④ 在较熟练地掌握投篮的基本技术后，再与传球、运球、突破等其他篮球技术结合起来练习，然后可过渡到有防守干扰的练习，则更具实战性。

（四）持球突破

1. 原地持球交叉步突破技术

【动作要点】突破时，左脚内侧蹬地，并向右前方迈出一大步，同时上体右转，左肩向前下压，将球引至右侧，在右脚离地前，用右手推拍球于身体的右前方。同时，右脚用力蹬地，加速超越对手。（图 8-2-16）

图 8-2-16

2. 原地持球同侧步突破技术

【动作要点】突破时，左脚向外侧蹬地，右脚迅速向右前方跨出，上体稍微右转，同时左肩向前下压，身体重心前移；在左脚离开地面前，用右手推拍球于右脚的侧前方，同时右脚用力蹬地，加速超越对手。（图 8-2-17）

图 8-2-17

3. 跳步急停持球突破技术

【动作要点】跳步接球前，应根据自己与防守队员的位置、同伴的传球方向调整好准备姿势。在腾空过程中接球，然后两脚前后或平行落地，两腿微屈，体重落在前脚掌上。根据防守队员的防守情况，用交叉步突破或同侧步突破超越对手。

二、篮球基本战术

（一）进攻战术

1. 传切配合

传切配合是进攻队员之间利用传球和切入技术所组成的简单配合，它包括一传一切配合和空切配合。配合的要点是切入队员要把握好切入时机，持球队员要及时准确地将球传出。

（1）一传一切配合。⑤传球给④后，迅速摆脱对手的防守，向篮下切入，接④的回传球投篮。（图 8-2-18）

（2）空切配合。④传球给⑤后，⑥立即摆脱对手的防守向篮下切入，接⑤传来的球投篮。（图 8-2-19）

2. 突分配合

突分配合是持球队员运用突破打乱对方的防守部署或吸引防守，并及时将球传给获得空位的同伴，使同伴获得进攻机会的配合方法。

⑤从防守者左侧突破，吸引对方的两名防守队员同时封堵⑤的突破路线，此时④及时跑到有利的进攻位置，接⑤的传球投篮，或接球后做其他配合。（图8-2-20）

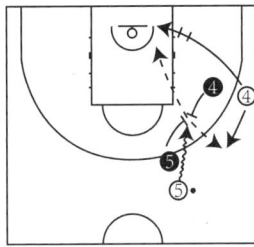

图 8-2-18　　　　　　图 8-2-19　　　　　　　　图 8-2-20

3. 策应配合

策应配合是指进攻队员背对或侧对球篮接球后，以持球队员为枢纽，与同伴相互配合而形成的一种里应外合的配合方法。

④摆脱防守后插到罚球线作策应，⑤将球传给④，摆脱防守空切篮下，接④的策应传球投篮。（图8-2-21）

4. 掩护配合

掩护配合是进攻队员有目的地去选择适当的位置，运用合理的技术动作，用自己的身体挡住同伴的防守者的移动路线，使同伴借以摆脱防守的一种配合方法。

（1）给持球队员做掩护。⑤传球给④后跑到❹的侧面做掩护，④接球后做投篮或突破动作，吸引防守，当⑤达到掩护位置后，④在⑤的掩护下持球从左侧突破投篮，⑤完成掩护后迅速移动到有利位置去接球或抢篮板球。（图8-2-22）

（2）给无球队员做掩护。⑤传球给④后跑去给同伴⑥做掩护，当⑤到达掩护位置后，⑥利用⑤的掩护切入篮下接④传来的球投篮。④接到⑤的传球后要做投篮、突破的假动作吸引防守，⑥切入篮下时，④要及时将球传给⑥。（图8-2-23）

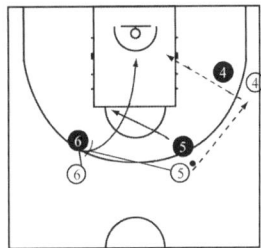

图 8-2-21　　　　　　图 8-2-22　　　　　　　图 8-2-23

（二）防守战术

1. 半场人盯人防守

半场人盯人防守是由攻转守时，全队有组织地退回后半场的防守战术。它的特点是防守任务明确，机动灵活，能有效地控制对方的进攻重点，但它容易被对方局部击破。

防守的基本要求是根据对手、球和球篮来选择防守位置，以人盯人为主，近球紧，远球松，积极移动，抢占有利位置，破坏对方的进攻配合，加强防守的协同性。

2. 区域联防

区域联防是一种半场的全队防守战术，是指由攻转守时，防守队员退回半场，每人分工负责防守一个区域，并与同伴协同防守的集体防守战术。它的基本要求是在防守分工负责区域的基础上，5 个队员必须协同一致，积极随球移动，以防球为主，人、球兼顾。

"2-1-2"联防是区域联防的基本形式。5 个队员的位置分布均匀，移动距离短，便于相互协作。联防适用于防守外围的运球突破和夹击中锋，同时也便于控制后场篮板球发动快攻（图 8-2-24 ①）。防守的薄弱环节是防区的衔接处，即图 8-2-24 ②中的阴影部分。

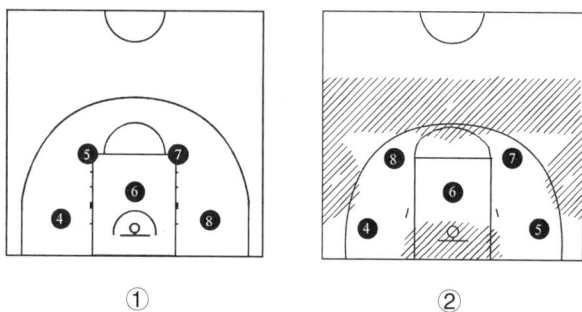

图 8-2-24

第三节　篮球比赛规则简介

一、比赛规则简介

（一）违　例

违例是违反规则的行为。发生违例时应将球判给对方在就近的界线外掷界外球。下列情况应判违例：

（1）两次运球、带球走、脚踢球、拳击球。

（2）持球队的队员在对方限制区内停留超过 3 秒。

（3）持球队员被严密防守，持球后在 5 秒内没有传球、运球或投篮。

（4）进攻队从后场控球开始，在 8 秒内没有将球带入前场。

（5）控球队的队员在前场使球回后场。

（6）进攻队在场上从控球开始，在 24 秒内没有出手投篮。

（7）跳球时，球未到最高点，跳球队员触球或离开自己的位置；球未被拍击前，非跳球队员进入跳球圈。

（8）掷界外球时，掷球的队员跑进场地或球离手前消耗时间超过 5 秒；在球触及另一队员前掷界外球的队员在场内与球接触。

（9）罚球时罚球队员踩踏罚球线；罚球队员在 5 秒内未出手投篮，最后一次罚球未成功时球未触及篮圈；非罚球队员触及罚球区或干扰罚球队员。

（二）犯 规

犯规含有与对方队员的非法身体接触和违反体育运动精神的举止。队员每次犯规均应被登记，并按相关规则进行处罚。

1.侵人犯规

无论在活球或死球的情况下，攻守双方队员发生的非法身体接触的犯规。队员伸展臂、肩、髋或将身体弯曲成"不正常的姿势"，用不正当的姿势阻挡、拉、推、绊对方队员或用粗野的动作阻止对方队员行进都属于侵人犯规。

【罚则】如果在发生侵人犯规时被侵犯队员未做投篮动作，判被侵犯队掷界外球。如果有投篮动作，投中得分有效，再判给 1 次罚球；投 2 分球未中，判给 2 次罚球；投 3 分球未中，判给 3 次罚球。

2.双方犯规

两名互为对方的队员大约同时相互发生侵人犯规的情况。

【罚则】双方犯规后球权属于犯规前持球的一方。如果双方犯规的同时有投篮，投中得分有效，对方在端线掷界外球。

3.技术犯规

场上或球队席上的球队成员的违反体育运动精神的行为，被视为技术犯规。在球成活球前，与对方队员发生非法的身体接触，也可判为技术犯规。

【罚则】被侵犯方罚球之后在记录台对面的中线延长线部分掷界外球。

4.违反体育运动精神的犯规

一名队员不是在规则规定的精神和意图的范围内试图去直接抢球，发生的身体接触犯规属于违反体育运动精神的犯规。

【罚则】被侵犯方罚球之后在记录台对面的中线延长线部分掷界外球。

5.取消比赛资格的犯规

凡属十分恶劣的违反体育运动精神的行为（包括队员、替补队员、教练员或随从人员任何恶劣的违反体育运动精神的行为）属于取消比赛资格的犯规。

【罚则】犯规者被取消比赛资格，并不能停留在队伍的替补席和场地内。被侵犯方罚球之后在记录台对面的中线延长线部分掷界外球。

队员全场犯规累计达 5 次，必须自动退出比赛。

（三）暂　停

每队在 4 节比赛中共可请求 5 次暂停。其中，上半时的任何时间每队可准予 2 次暂停；下半时每队可准予 3 次暂停，但最后 2 分钟每队最多可准予 2 次暂停。每一决胜期的任何时间可准予 1 次暂停，未使用的暂停不得用在下一个决胜期。

（四）替换队员

在宣判争球、犯规时，请求暂停被允许时，队员受伤或其他原因裁判员中断比赛时，双方可替换队员，在一次替换机会中替换队员的人数不限。替补队员有权要求替换，他应亲自到记录台用手势请求替换，然后在指定的替换位置上等待替换机会，替换应以最快的速度完成。

二、裁判员主要手势

（一）违例手势

裁判员违例手势见图 8-3-1。

带球走　　非法运球：两次运球　　非法运球：携带球　　3秒

5秒　　8秒　　24秒　　球回后场

比赛方向　　跳球

图 8-3-1

（二）犯规手势

裁判员犯规手势见图 8-3-2。

| 阻挡 | 过分挥肘 | 拉人 |

| 推人或不带球撞人 | 带球撞人 | 进攻方犯规 | 双方犯规 |

| 技术犯规 | 违反体育运动精神的犯规 | 取消比赛资格 |

图 8-3-2

三、比赛欣赏

　　篮球运动是一项具有较高观赏性的比赛项目，其最鲜明的特点就是比赛中的高强度对抗，这主要体现在整体对抗和运动员的个体对抗两方面。运动员技术动作的高度技巧性，是力量、速度等的完美统一，使观众对运动员的精彩动作不断叫好，并为之感叹、为之兴奋，更为运动员获得这样高度技巧的技术动作所付出的艰苦训练而感动，这些都是欣赏篮球比赛的重要看点。运动员在比赛中的突破防守、飞身上篮、急停跳投、大力灌篮、火爆盖帽、奋勇抢断等精彩动作层出不穷，让人应接不暇，尤其是在最后几秒内决定胜负的一投和防守，更是让观众随之感到紧张、兴奋与刺激，仿佛自己已经成为比赛中的一员，也在参加比赛、也在拼搏。在这方面，美国篮球职业联赛（以下简称美职篮）是主要的代表，它已成为世界篮球爱好者欣赏的主要焦点。美职篮著名的球员在比赛中领军表演，高招频出，他们的表现往往决定了球队的胜负和战绩。因此，他们的表现就成了欣赏篮球比赛时的又一个重要看点。

欣赏篮球比赛还要从整体性上观察球队在比赛中各个环节的配合是否默契。例如，进攻中通过后卫的组织和主攻手的跑动完成进攻，以及利用全队队员巧妙的配合和隐蔽的组织，使对手疲于奔命，顾此失彼，形成无人防守下的投篮和扣篮局面。当看到这样的场景时，不要忘了，前面一连串的环节是多么的严密。这囊括了由守转攻的推进、后卫的组织指挥、战术布置、各个球员跑动（路线和时机）和接应等每个环节。因此，一支球队要想取得好成绩，必须拥有较高的整体性水平。

第九章 排 球

第一节 排球运动概述

一、排球运动的起源及发展

1895 年 7 月，美国马萨诸塞州霍利奥克城，一位名叫威廉·G·摩根的体育干事发明了排球。当时，美式足球、篮球和网球运动在美国已经比较盛行。美式足球和篮球运动具有对抗性强、过于激烈的特点，只适合青年人，而网球对参加活动的人数又有限制，摩根希望找到一种运动量适中、趣味性强且老少皆宜的运动方式。

摩根从网球运动中受到启发，将网球的球网升高，让多人隔着球网用手直接拍击球进行游戏，并先后用网球、篮球和篮球胆进行了试验。结果，网球太小不易拍击，篮球太重不易控制。他最后制作了历史上第一批排球，这种球与现代排球近似。

起初，摩根将这种隔网用手拍击球的游戏叫作"Minitonette"，意为"小网子"。1896年，美国马萨诸塞州体育指导大会在霍利奥克城举行，大会期间举行了"小网子"表演。来自斯普林菲尔德市的特哈尔斯戴博士在观看了表演后认为，"小网子"这个名字没能充分表明游戏的本意，他提议根据游戏特点将"Minitonette"改名为"Volleyball"。"volley"是网球运动术语，意为"截击"，即"在球落地前将球击回"。这一提议形象地概括了"小网子"游戏的特点和性质，即"双方隔网击球使其不在本方场区内落地"，得到了大家的一致同意。从此，"Volleyball"就成为排球运动在国际上的正式名称，并沿用至今。

1905 年，排球运动传入中国。最初，中国开展排球运动采用的是十六人制的比赛。每队 16 人上场，分别站成 4 排，每排 4 人，故中国人称此项运动为"排球"。排球在中国的发展先后经历了十六人制、十二人制、九人制和六人制的演变。

经过百余年几代排球工作者的努力，排球运动在中国逐步得到普及和发展，运动技术水平不断提高。中国女排先后多次荣获世界冠军称号，对世界排球运动的发展起到了积极的推动作用。

二、排球运动的特点和价值

（一）排球运动的特点

1. 广泛的群众性

排球场地设备简单，比赛规则容易被人掌握。既可以在球场上比赛和训练，也可以在一般空地上活动，运动负荷可大可小，适合于不同年龄、不同性别、不同体质、不同训练程度的人。

2. 技术的全面性

每个队员都要进行位置轮转，既要到前排扣球与拦网，又要轮到后排防守与接应。要求每个队员必须全面地掌握各项技术，能在各个位置上比赛。

3. 高度的技巧性

比赛中球不能落地，不得持球、连击。击球时间的短暂性和击球空间的多变性，决定了排球的高度技巧性。

4. 激烈的对抗性

排球比赛中，双方的攻防转换始终在激烈的对抗中进行。高水平比赛中，对抗的焦点在网上的扣拦。在一场比赛中，夺取一分往往需要经过六七个回合的交锋。水平越高的比赛，对抗争夺也越激烈。

5. 攻防技术的两重性

排球是多种技术都能得分，也能失分的项目，这种情况在决胜局比赛中更加突出，每项技术都具有攻防的两重性。因此，要求技术既要有攻击性，又要有准确性。

6. 严密的集体性

排球比赛是集体比赛项目，除发球外，都是在集体配合中进行的。没有严密的集体配合，再好的个人技术也难以发挥，更无法发挥战术的作用。水平越高的队，集体配合就越严密。

（二）排球运动的价值

排球适合不同年龄、性别、体质和训练程度的人参加。参加排球运动能够提高人们的身体素质和运动能力，改善人体机能状况，培养人团结协作的团队精神和良好的作风。

第二节　排球基本技战术

一、排球基本技术

（一）准备姿势与移动

1. 准备姿势

上体自然前倾，可稍蹲、半蹲或低蹲，两臂自然放松置于腹前，身体重心稍靠前；全身肌肉适当放松。

2. 移　动

常用的主要移动步法有并步、跨步、交叉步、滑步和跑步等。要求：做好准备姿势，及时判断来球性质，快速移动，移动中身体重心起伏不能太大，以免影响移动速度。

（二）传　球

传球是用双手（或单手）在额前上方，利用蹬腿、伸臂协调一致的动作及手指手腕的弹力完成的击球技术动作，是排球最基本最重要的技术之一。它主要用于将接起、防起的球传给进攻队员进攻，分为正传、背传和侧传。

1. 正　传

（1）准备姿势。稍蹲姿势，面对来球，双手自然抬起，放松，置于脸前。（图9-2-1）

（2）基本技术。当球下降至额前时，蹬地伸膝，伸臂，两手向前上方迎击来球。击球点在额前上方一球距离处，有利于看准来球和控制传球方向。接球后，两手自然张开成半球形，两拇指相对成一字形，用拇指内侧、食指全部、中指二三指节触球（图9-2-2①），无名指和小指辅助控制传球方向。传球用力的顺序是：蹬地—伸膝—伸腰，手指、手腕屈伸。（图9-2-2②）

2. 背　传

背传指向背后方向传球的方法。采用稍蹲准备姿势，上体比正传稍后仰，身体重心在两腿中间，双手自然抬起置于脸前，背对传球出手方向，击球手法与正传相同，击球点在额上方，手触球时，手腕适当后仰，掌心向上，击

①　　　　②

图9-2-1　　　　图9-2-2

球的上部，手型与正传相同，拇指托住球底。传球时，利用蹬地、展腹、抬臂及手指、手腕的弹力将球向后上方传出。

3. 侧　传

身体不转动主要靠双臂向侧方传球的动作称为侧传。采用稍蹲准备姿势，背对球网，传球手型同正传，击球点保持在脸前或稍偏向传出方向一侧。传球时，蹬地、双臂向传出方向一侧伸展，异侧臂的动作幅度应大些，同时伴随上体向传球方向侧屈的动作，使球向侧方飞行。

（三）垫　球

垫　球

垫球主要用于接发球和接扣球、接拦回球以及防守和处理各种困难球。在比赛中，垫球是争取多得分、少失分，由被动变主动的重要技术。它是稳定队员情绪、鼓舞队员士气的重要手段。垫球可分为正面垫球、移动垫球、侧面垫球、跨步垫球、变方向垫球、背垫球、单手垫球和挡球等。正面垫球是最基本的一种垫球技术。

1. 准备姿势

两脚开立，稍比肩宽。垫球手型主要有互靠式、叠掌式和抱拳式等。（图 9-2-3）

基本姿势　　　　互靠　　叠掌　　抱拳
垫球手型

图 9-2-3

2. 基本技术

看准来球，两臂夹紧前伸，插到球下，用前臂腕关节以上 10 厘米左右、两臂桡骨内侧形成的平面击球的下部。向前上方蹬地抬臂，迎击来球，使插、夹、抬和蹬连贯完成，灵活控制传球方向和力量。垫球手臂与地面所形成的夹角，对控制球的方向、弧度和落点影响很大。一般来说，来球弧度高，手臂与地面的角度应该小些；来球弧度平，手臂与地面的角度应该大些。（图 9-2-4）

图 9-2-4

（四）发 球

发球是比赛的开始，也是进攻的开始。准确而有攻击性的发球，不仅可以直接得分，而且可以破坏对方的战术组合。因此，发球既要有准确性又要有攻击性。发球可分为正面上手发球、正面下手发球、侧面下手发球、高吊球、勾手发球和勾手大力发球等。

1. 正面上手发球

（1）准备姿势。面对球网，两脚自然开立，左脚在前，左手托球于体前。

（2）基本技术。左手用掌平稳而准确地将球抛在体前右肩前上方，高度约为50厘米。同时，右臂抬起，屈肘后引，肘略高于肩，上体稍向后仰。五指并拢，指尖朝上，手腕稍后仰保持一定的紧张，眼睛注视球体。右脚蹬地，身体重心前移，以收腹、屈体迅速带动手臂的挥动。挥臂成直线，在右肩前上方，用手掌掌根部位击球的后下部。击球后便可迅速入场。（图9-2-5）

2. 正面下手发球

下手发球动作技术简单，是学习发球的入门技术。

（1）准备姿势。面对球网，左脚在前，两膝微屈，左手持球于胸前，右手自然下垂。眼视前方。

（2）基本技术。左手将球在身体右侧抛起，高度约为20厘米，抛球时，身体重心后移，同时右手后摆。右脚蹬地，身体重心前移，右臂伸直，以肩为轴向前摆至腹前，用掌根击球的后下部。击球后，随着击球动作，身体重心前移，迅速入场。（图9-2-6）

图9-2-5

图9-2-6

3. 侧身下手发球

（1）准备姿势。左肩对网，两脚开立。

（2）基本技术。左手抛球于胸前一臂之远，离手高度约为30厘米。抛球的同时，右臂摆至右侧后下方，接着右脚蹬地向左转体，带动右臂向前上方摆动，在腹前以全手掌击球的右下方。随着击球动作迅速进入场地。

4. 勾手发球

勾手发球所发出的球不旋转而在空中飘晃不定，具有很强的攻击性。发球队员由于采用侧面站立，可充分利用腰部扭转带动手臂加速挥动。这种发球比较省力，肩关节负

正面上手
发球

正面下手
发球

担比较小，因而适用于远距离发飘球。

（1）准备姿势。侧对球网开立，左手持球于胸前。

（2）基本技术。左手用托送方法，抛球于左前上方约一臂的高度，右手向后摆动。击球时，右脚蹬地，上体向左转动发力，带动右臂加速挥动。挥动时，右臂伸直，在右肩的左上方用掌根或半握拳击球中下部。击球时，有突停动作。（图9-2-7）

图9-2-7

（五）正面扣球

正面扣球

扣球是排球基本技术中攻击性最强的一项技术。它在比赛中占有重要地位，是得分、得发球权的主要手段，也是进攻中最积极有效的武器。

1. 准备姿势

一般站在距离球网3米左右处，两肩自然下垂，稍蹲。眼睛注视来球。

2. 基本技术

助跑时，助跑的方向、速度和步数根据二传来球的方向、速度和弧度决定。助跑时可采用一步、两步或三步助跑。助跑最后一步脚的落地就是起跳的开始，在踏跳脚着地的瞬间，手臂摆至身体侧后方并开始向前摆动。当两腿弯曲至最深时，手臂摆至体侧，而后随蹬直两腿向上画弧上摆，两脚迅速蹬地，双膝猛伸，向上跳起。（图9-2-8）

起跳后，挺胸展腹，上体稍右转，右肩向上方抬起，身体成反弓形。挥臂时，以迅速转体、收腹动作发力，依次带动肩、肘、腕各关节成鞭甩动作向前上方弧形挥动，在右肩前上方最高点击球。击球时，提肩，伸臂，五指微张以全掌包满球，击球的后中部，力量通过球心，手腕有推压动作，使球向前下方旋转飞行。空中完成击球后，身体自然下落，尽量用双脚的前脚掌先着地，以缓冲身体与地面的撞击力，落下时保持平衡。（图9-2-9）

图9-2-8

图 9-2-9

（六）拦 网

拦 网

拦网是在网前跳起，用双手阻拦对方的扣球。它既是防守技术，也是进攻手段。拦网是防守的第一道防线，是反攻的重要环节。

1. 准备姿势

面对球网，两脚平行开立约，与肩同宽，两手自然置于胸前。

2. 基本技术

将身体重心移动到拦网位置后立即制动，使身体正对球网起跳或跳起后在空中使身体转向球网。起跳时，膝关节弯曲，两脚用力蹬地，两臂在体侧画小弧用力上摆，带动身体向上垂直起跳。起跳后稍收腹，控制平衡。两手从额前贴近并平行于网，向网上沿前上方伸出，两臂伸直，两肩尽量上提。拦击时，两手尽量伸向对方上空接近球，两手自然张开，屈指、屈腕成勺形。当手触球时，两手要突然压腕捂盖。拦网后自然落回地面，落地时屈膝缓冲。（图 9-2-10）

图 9-2-10

二、排球基本战术

了解排球比赛阵容配备、进攻及防守战术是赢得比赛胜利的根本。

（一）阵容配备

1."四二"配备

"四二"配备是 4 名进攻队员和 2 名二传队员的阵容形式。4 名进攻队员都站在对角位置上。

这种阵容配备的特点：比赛中每一轮的前后排都有 1 名二传手和 2 名攻手（1 名主攻手和 1 名副攻手），如图 9-2-11 所示。其作用是便于组织进攻，发挥本队的攻击力量，较容易组成"中一二"与"边一二"进攻战术。此阵容配备多为初学者和一般水平的球队采用。

2."五一"配备

"五一"配备是 5 名进攻队员和 1 名二传队员的阵容形式。为加强进攻拦网的力量，配 1 名有进攻能力的接应二传，防止主要二传队员来不及传球时出现被动局面，如图 9-2-12 所示。

这种阵容配备的特点：比赛中只有 1 名二传手，其他队员为攻手。其优点是有利于加强进攻和拦网力量，进攻点多而灵活，缺点是对二传手的要求较高。

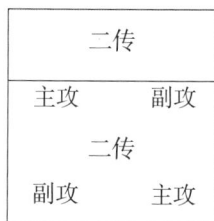

二传	
主攻	副攻
二传	
副攻	主攻

图 9-2-11

（二）进攻战术

1."中一二"进攻战术

此战术是 3 号位队员做二传，将球传给 2 号位、4 号位队员进攻的组织形式。（图 9-2-13）

特点：二传手居中，易于接应，便于组织进攻，但其只能两点进攻，战术变化少。这种战术适合初级水平球队运用。

二传	
	副攻
主攻	
	主攻
副攻	接应二传

图 9-2-12

2."边一二"进攻战术

此战术是 2 号位队员做二传，将球传给 3 号位、4 号位队员进攻的组织形式。（图 9-2-14）

特点：两个进攻队员位置相邻，便于相互掩护配合，从而能打出多变的战术球。

3."插上"进攻战术

此战术是 1 号位队员由后排插上到前排做二传，把球传给 2 号位、3 号位、4 号队员进攻的组织形式。（图 9-2-15）

特点：有利于组织各种进攻战术，进攻点灵活。

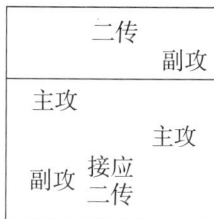

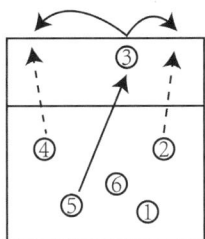 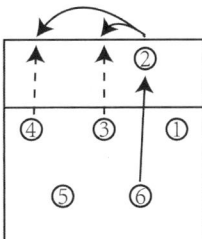 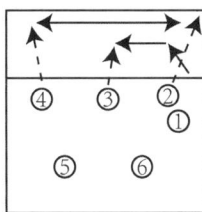

图 9-2-13　　　　　图 9-2-14　　　　　图 9-2-15

（三）防守战术

这里主要介绍接发球阵型。

1."W"站位阵型

初学者比赛多采用"中一二""边一二"进攻阵型，大多站成"W"形，也称"三二"形站位。其优点是5名队员分布均衡，前面3名队员接前场区的球，后排两名队员接后场区的球，职责分明；缺点是后排两名队员接发球压力大。

2."M"站位阵型

"M"形站位，也称"二一二"站位，其优点是队员分布更加均匀，分工明确，前面两名队员接前场区的球，中间队员负责中场区的球，后面两名队员接后场区的球。

第三节　排球比赛规则简介

一、比赛场地

排球比赛场地包括比赛场区和无障碍区。比赛场区为18米×9米的长方形。国际排球联合会组织的世界性大型比赛场地边线外的无障碍区宽5米，端线外宽6.5米，比赛场区上空的无障碍空间从地面量起至少高12.5米；比赛场地由木质或合成物质构成；场区上所有的界线为白色，比赛场区和无障碍区分别为另外两种不同的颜色。室内比赛场区的地面是浅色的，所有的线宽为5厘米。（图 9-3-1）

排球场地

二、队员的替换

每一局每队最多可替换6人次，在1次换人中可以同时替换1人或多人。替补队员每局只能上场比赛 1 次，如某一队员受伤不能继续比赛时，必须进行合法的替换。如果不可能进行合法替换时，可采取特殊的替换。如某队员被判罚出场或取消比赛资格时，必须进行合法的替换。如果不可能进行合法替换时，则判该队阵容不完整，判对方胜 1 局。

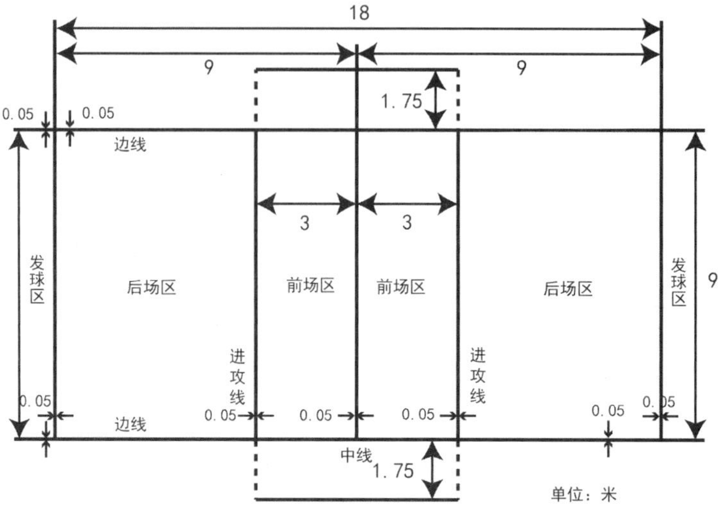

图 9-3-1

三、比赛间断

正常的比赛间断为暂停和换人。在比赛成死球时，裁判员鸣哨发球前，教练员或教练员缺席时场上队长可用相应的手势请求间断。1 次或两次暂停可以与双方的各 1 次换人相连续，中间无须经过比赛过程。同一队未经过比赛过程不得连续提出换人的请求，但在同一次换人请求中可以替换两名或更多的队员。在世界比赛中，采用技术暂停的方法，即比赛中，当领先队比分至 8 分和 16 分时，便执行技术暂停，时间为 1 分钟。在每局中，球队还有两次暂停的机会，时间为 30 秒。暂停时，比赛队员必须离开比赛场区到球队席附近的无障碍区。

四、技术性犯规

（一）发球规则

后排右边队员必须在发球区内将球抛起后，用一只手臂将球击出；发球队员击球时或发球起跳时不得踏出发球区；发球员需在 5 秒内将球发出；发出的球必须由标志杆组成的网上过网区进入对方场区。

（二）4 次击球犯规

一个队连续触球 4 次（拦网除外）为 4 次击球犯规。

（三）持球和连击犯规

没有将球击出，使球产生停滞，为持球犯规。同一人连续击球为连击犯规，但拦网时的连续触球以及全队第一次击球时同一动作击球产生的球连续触及身体部位除外。

（四）过网击球犯规

在对方空间触击球为过网击球犯规，但在对方进攻性击球后拦网触球除外。

过网击球
犯规

（五）过中线犯规

比赛进行中，队员整只脚全部越过中线接触对方场区，为过中线犯规。

（六）触网犯规

队员触网不是犯规，但干扰比赛的情况除外。队员干扰比赛有这样几种情况（包括但不限于以下几种）：① 击球时触及球网上沿帆布带或球网以上的 80 厘米标志杆；② 击球时借助球网的支持；③ 造成了对本方有利；④ 妨碍了对方合法的击球试图。

过中线犯规

（七）拦网犯规

1. 过网拦网犯规

对方进攻性击球前或击球时，在对方空间拦网触球为过网拦网犯规。

2. 后排队员拦网犯规

后排队员靠近球网，将手伸向高于球网处阻拦对方来球并触及球，或后排队员参加了完成拦网的集体则构成后排队员拦网犯规。

3. 拦发球犯规

队员在球网附近，手高于球网上沿阻拦对方发过来的球，则构成拦发球犯规。

触网犯规

（八）后排队员进攻性击球犯规

后排队员在前场区内或踏及进攻线（或其延长线）击整体高于球网上沿的球，并使球的整体通过球网垂直面或触及对方拦网队员，则为后排队员进攻性击球犯规。

拦网犯规

（九）自由人进攻性击球犯规

在 3 米限制区内用上手传球方式进行二传球，进攻队员将此高于球网的二传球击入对方场区，或自由人在 3 米线后的场区内将高于球网的球击入对方场区，均为自由人进攻性击球犯规。

第十章　乒乓球

第一节　乒乓球运动概述

一、乒乓球运动的起源及发展

乒乓球运动属于隔网对抗的技能主导类体育项目，比赛是按规则将球击向对方桌面，迫使对手回球出界、下网或犯规。

关于乒乓球运动的起源有很多种说法，其中，最为流行的说法是乒乓球运动于19世纪末起源于英国，是由网球运动派生而来的。

据说，在19世纪末七月的一天，伦敦遇到少有的闷热。两个英国青年看过温布尔登网球赛后，到一家饭馆的单间去吃饭。他们先是用雪茄烟的木盒盖当扇子，继而讨论网球技战术，以大餐桌当球台，中间拉一细绳为网，用烟盒盖当作球拍打网球。侍者在一旁喝彩，闻声赶来的女店主见此情景，不禁脱口喊出"Table Tennis"，这一声叫喊便将乒乓球命名为"桌上网球"。

大约在1890年，英国人吉姆斯·吉布去美国旅行时，见到了赛璐珞制的玩具球，并将其带回英国，取代了原来的实心球。

乒乓球运动兴起之时，使用的是横握球拍方法。1902年，乒乓球传入日本之后，出现了直握球拍方法。计分方法由早期的10、20、50、100分一局等逐渐变为一局21分制，在2003年第47届世乒赛上正式开始使用一局11分制。

早期的乒乓球球台小、球网高，规格也不统一。1936年左右改为现在的规格（长：2740毫米；宽：1525毫米；高：760毫米）。

世界乒乓球重大赛事主要有四项：奥运会乒乓球比赛、世界乒乓球锦标赛、世界杯乒乓球赛和国际乒联职业巡回赛。

二、乒乓球运动的特点和作用

（一）乒乓球运动的特点

乒乓球运动是智能、技能、体能三者兼容，以技能为主，隔网对抗的运动项目。运动员挥拍打出的每一个球，都包含有速度、旋转、力量、弧线和落点五个竞技要素。比赛得分是按规则将球击到对方桌面迫使对方回球出界或落网。乒乓球运动的特点是球小、速度快、变化多、技巧性强、趣味性高，设备比较简单，不受年龄、性别和身体条件的限制，在室内外都可进行，运动量可大可小，具有广泛的适应性和较高的锻炼价值，比较容易开展和普及。

（二）乒乓球运动的作用

乒乓球运动集健身、竞技和娱乐于一体。经常打乒乓球能提高视觉的敏锐性和神经系统的灵活性，使人心情舒畅，想象力丰富，利于提高学习和工作效率；能改善人的心脑血管系统的机能，使人的反应加快，身手敏捷，动作协调，四肢灵活、柔韧，形体健美；能提高控制情绪的能力及培养机智果断、勇敢顽强、勇于进取和敢于拼搏的优良品质与作风。此外，生活、工作中产生的不良情绪，也可在打乒乓球锻炼中得到缓解和宣泄，起到积极的心理调节作用。

第二节　乒乓球基本技战术

一、乒乓球基本技术

（一）握拍法

握拍法即单手持球拍的方法。目前主要有直式和横式两种握拍方法，两种握法各有千秋，实践时应因人而异，扬长避短。下面以右手为例讲解。

（1）直式握拍法：正面拇指第一指节和食指第二指节握拍，拍柄压住虎口（两指间距离适中），背面中指、无名指和小指自然弯曲，斜形重叠，中指第一指节顶住球拍的后上部，使球拍保持平稳。（图10-2-1）

（2）横式握拍法：中指、无名指和小指自然地握住拍柄，拇指在球拍正面轻贴在中指的旁边，食指自然伸直斜放于球拍的背面，虎口轻微贴拍，击球时拇指和食指帮助手

直式握拍法

横式握拍法

腕调节拍形和加力挥拍动作。正手攻球时食指向上移动，反手攻球时拇指向球拍中部移动，帮助手腕下压，加大击球力量。（图 10-2-2）

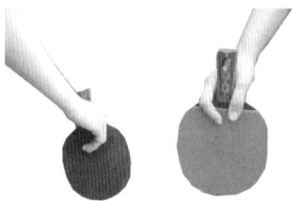 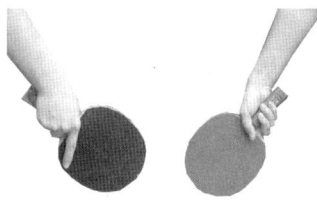

图 10-2-1　　　　　　　　　　　图 10-2-2

（二）准备姿势

两脚开立，约与肩宽，两膝微屈稍内扣，以前脚掌内侧着地，身体重心在两脚中间，上体微前倾。下颌微收，两眼注视来球，持拍手臂自然弯曲，手腕放松，球拍自然后仰，置于腹前，左手自然弯曲抬起，高于台面。

准备姿势的重点、难点是两脚前脚掌内侧着地，屈膝提踵，放松微动。

（三）发球技术

发球是乒乓球比赛中唯一不受对方来球限制的技术，它可以让使用者最大限度地实现自己的战术意图，具有较强的主动性。因此，发球技术成了乒乓球竞赛中创造得分机会的主要技术。

1. 正手平击发球

身体离球台约 40 厘米，两脚开立，略宽于肩，左脚稍前。左手将球向上抛起，身体稍右转，同时右臂内旋，向右后方引拍，使拍面稍前倾。当球从高点下降至稍高于球网时，击球的中上部向左前下方挥动，以向前发力为主。击球后迅速还原。（图 10-2-3）

图 10-2-3

2. 反手平击发球

身体离球台约 40 厘米，两脚开立，略宽于肩，右脚稍前。左手将球向上抛起，身体稍左转，同时右臂外旋，使拍面稍前倾，向左后方引拍。当球从高点下降至稍高于球网时，击球的中上部向右前下方挥动，以向前发力为主。击球后迅速还原。（图 10-2-4）

图 10-2-4

3. 正手发下旋转与不转球

身体靠近球台，左脚稍前，左手掌心托球置于身体右前方。左手将球抛起的同时，腰向右后转，右臂向后上方引拍，拍面后仰，直握拍手腕伸展，横握拍手腕略向外展和伸。当球从高点下降至稍高于或与网同高时，以腰带动前臂加速向左前下方挥动，同时手腕作屈并内收，以球拍远端（拍头）触球，击球的中下部向底部摩擦。不转发球与下旋加转发球区别在于：手臂外旋幅度小，减少拍面后仰角度，以球拍中后部偏右的地方触球，击球的中部或中下部，减少向下摩擦球的力量，近似将球向前推出，使击球的作用力接近球心，从而形成不转球。球发出后，挥拍动作尽可能停住，以利于还原。（图 10-2-5）

图 10-2-5

4. 反手发下旋转与不转球

身体靠近球台，右脚稍前，左手掌心托球置于身体左前方。左手将球抛起的同时，腰向左后转，右臂向左后上方引拍，拍面后仰，直握拍手腕屈曲，横握拍手腕略向外展。当球从高点下降至稍高于或与网同高时，以腰带动前臂加速向右前下方挥动，同时直握拍手腕作伸，横握拍手腕内收，以球拍远端（拍头）触球，击球的中下部向底部摩擦。反手发下旋转与不转球的区别与正手发下旋转与不转球的动作区别类似。控制动作幅度，快速还原。（图 10-2-6）

图 10-2-6

（四）攻球技术

攻球技术是乒乓球技术中重要的得分技术之一。它在击球方式上以撞击为主，因此具有击球速度快、动作小、进攻性强的特点。

1. 正手攻球技术

（1）正手快攻。左脚稍前，身体离台约40厘米。手臂自然弯曲并做内旋使拍面稍前倾，身体重心移向右脚，前臂横摆引至身体右侧后方。右脚稍用力蹬地，髋关节略向前转动，腰向左转，上臂带动前臂快速向左前方挥动迎球，在上升期（或高点期）击球的中上部，触球瞬间前臂迅速收缩，以向前打为主，略带有摩擦，手腕辅助发力，身体重心由右脚移至左脚。注意击球后迅速还原。（图10-2-7）

图 10-2-7

（2）正手扣杀。左脚稍前，站位远近视来球长短而定。手臂自然弯曲并内旋使拍面稍前倾，球拍呈半横状，随着腰、髋的转动，手臂向后移动将球拍引至身体右后方，适当加大引拍距离。借腰、髋的左转及腿的蹬力，带动手臂向前迎球。当来球跳至高点期（位置合适可在上升期），上臂带动前臂同时加速向左前下方发力，拍面前倾，击球的中上部。以撞击为主，略带有摩擦（近网除外），击球后身体重心由右脚移至左脚。扣杀后，立即还原，准备连续扣杀。（图10-2-8）

图 10-2-8

2. 反手攻球技术

离球台40～50厘米，右脚稍前。身体略左转，使腰部扭紧，右肩略下沉，前臂后引球拍至身体左侧，略高于来球。用腰、髋的突然转动，带动前臂向右前方用力。上臂贴近躯干，肘部内收，在球的上升期或高点期击球的中上部。手腕和食指压拍，中指在拍后，选定用力方向后将球击出。击球后迅速还原。（图10-2-9）

图 10-2-9

（五）推挡技术

推挡是我国直拍快攻打法的基本技术之一，特别是在左推右攻打法中占有极其重要的地位。推挡球可分为平挡、快推、加力推、减力挡、推下旋、推侧旋等。下面主要介绍平挡和快推。

1. 平 挡

上臂自然贴近身体，拍面稍前倾，将球拍引至身体前方，上升期时触球的中部或中上部。击球瞬间只以前臂和手腕轻轻用力向前上推出，主要借助来球的反弹力将球挡回（回击弧圈球时，球拍须高于来球，在球的上升后期击球）。（图 10-2-10）

图 10-2-10

2. 快 推

上臂和肘内收自然靠近身体右侧，以肩为轴，将球拍引至身体前方。当来球跳至上升期时，前臂和手腕迅速向前略向上推出。拍面稍前倾击球的中上部。以前臂和手腕发力为主，并适当借力。（图 10-2-11）

图 10-2-11

（六）搓球技术

搓球是近台还击下旋球的一种基本技术，可用它为拉弧圈球创造条件。将搓球技术

推挡技术

与攻球技术结合起来可以形成搓攻技术。搓球在接发球时可以有效地过渡，为自己下一板创造进攻机会。

1. 慢 搓

（1）反手慢搓。

右脚在前或两脚平行站立，身体离台40～50厘米。手臂外旋使拍面后仰，前臂向左上方引拍至胸前，横握拍手腕适当外展，直握拍手腕作屈，拍头指向斜上方。当来球跳至下降前期，前臂带动手腕加速向右前下方用力摩擦球。拍面后仰击球中下偏外侧的部位。击球后，前臂顺势前送，并注意还原。（图10-2-12）

图 10-2-12

（2）正手慢搓。正手慢搓与反手慢搓动作相同，但方向相反。

2. 快 搓

（1）反手快搓。两脚平行或右脚稍前，身体靠近球台。肘部自然靠近身体，后引动作较小，拍面稍后仰。当来球跳至上升期，利用上臂前送的力量，前臂和手腕配合，借力结合发力，触球的中下部并向前下方用力摩擦。尽快还原，准备下一板球。（图10-2-13）

图 10-2-13

（2）正手快搓。正手快搓与反手快搓动作相同，但方向相反。

（七）弧圈球技术

弧圈球技术是现代乒乓球中最主流的进攻技术，其优势是将球的速度和旋转有效地结合起来。

1. 正手弧圈球

判断来球，确定拉球时间和拉球部位。两脚开立，左脚稍前，收腹、含胸、屈膝，使身体重心降低，身体重心在两脚之间。腰、髋向右转动，身体重心移至右脚前脚掌，右肩略下沉，左肩自然转向来球方向，右腿屈膝程度加大，前臂自然下垂，通过转腰带

动上臂、前臂经腹前向右侧下方移动，将球拍引至身体右侧腰部下方稍后处。手臂自然放松，肘关节夹角保持在150°～170°。右脚蹬地，髋关节适当前转，腰部带动上臂向左转动，前臂向左前上方挥动击球。通常，击球的中部或中上部（如果增加侧旋可击球略偏右并带侧向摩擦），前臂和手腕即将触球时迅速内收，手指在触球瞬间抓紧球拍。来球下旋强烈或击球点较低时，多向上摩擦；反之，在保证必要弧线的前提下，可增加撞击的比重以增强球的前冲力。击球后，手臂继续顺势挥动，身体重心移到左脚后，迅速还原。

2. 反手弧圈球

动作方法与正手弧圈球类似。除左右方向相反外，还需注意几点。

（1）近台反手拉球时，站位基本上以左脚在前为主；中远台拉球时，站位多以两脚平行或右脚稍前为主。

（2）反手拉球时，在引拍阶段肘部要稍微离开身体，放在身体外侧，以确保球拍在身体前有一定的击球空间。

（3）近台拉球时，引拍动作不宜过大。

反手弧圈球

二、乒乓球基本战术

（一）发球抢攻战术

发球抢攻是快攻型乒乓球运动员的重要战术之一。发球抢攻的战术意识首先是尽量争取发球直接得分；其次是迫使对方回球质量不高，从而赢得有利的进攻机会；第三才是迫使对方接发球不具备杀伤力，从而利于自己进行抢攻。

运用发球抢攻时的注意事项如下。

（1）注意发球与抢攻的配合。发球时，应明确对方可能会怎样接球、接到什么位置、自己怎样抢攻等。

（2）注意提高发球的质量。将旋转、速度和落点的变化结合起来，同时要特别强调发球技术的创新，为抢攻创造更多的机会。

（3）注意发球抢攻与其他战术的配合。

（4）抢攻时要大胆果断。不论对方用何种技术接球，自己都应该设法抢攻。抢攻的技术好，可以增加发球的威力，因为对方在接发球时顾虑多，就容易出现失误。

（5）发球要与运动员本身的特点、特长相适应，才能达到应有的效果。

（二）接发球战术

接发球战术是由某一单项攻（冲）球技术所形成的。若对方的发球进攻性强，可变接发球的被动地位为主动地位，也可直接得分。接发球战术是乒乓球运动各种打法，特别是进攻型打法的主要战术。

（1）常用的接发球战术：①用快拨、快推和拉球回击，争取形成对攻的相持局面；②用快搓摆短回接，使对方难以发力抢攻或抢拉；③对各种侧旋、上旋或不强烈的下旋

短球，可用快点技术回接；④ 接发球抢攻或抢拉。

以上4种接发球战术，在比赛中可视场上具体情况结合起来灵活运用。采用多种回接方法，给对方制造出各种困难，使其无法适应，从而破坏其发球抢攻或抢拉的战术意图。

（2）接发球时的注意事项：① 接发球抢攻（抢冲）一般不可过凶，否则容易失误，要判断好来球的旋转强度、高度和旋转方向，采用适当的方法进攻。例如，对方发侧上旋球，抢攻（抢冲）时应用推压手法，以免攻球下网，只有当来球稍高时，才可大力抢攻。再如，对方发加转下旋球，接发球抢攻时应采用提拉手法，以免下网，同时，攻球的力量不可过大。② 接发球抢攻（抢冲）动作结束后，要立即做好对攻（对冲）或连续攻（冲）的准备，以便保持主动地位。③ 接发球抢攻、抢冲的力量越小，越应注意球的线路和落点，一般应多打在对方的薄弱处，反手弱则多打反手，反手强则多打正手。

（三）搓攻战术

搓攻战术是进攻型选手的一项辅助战术，主要是利用搓球的旋转和落点变化为进攻创造机会。

常用的搓攻战术有如下几种：

（1）搓球注意落点变化，伺机进行突击。

（2）搓球转与不转相结合，变化落点伺机突击。

（3）搓拉与落点变化相结合，伺机突击。

（四）对攻战术

对攻是进攻型打法选手互相对垒时常采用的一项重要战术。快攻类打法主要是依靠正手攻球、反手攻球、反手推挡或快拨技术，充分发挥快速多变的特点，以达到调动对方、有效攻击的目的。弧圈类打法主要是依靠正反手两面弧圈球技术，充分发挥旋转的威力，以达到牵制对方、增加攻击效力的目的。常用的对攻战术有攻对方两角、对角线攻击、侧身攻、攻追身、轻与重的结合攻、攻防结合等。

第三节　乒乓球比赛规则简介

一、比赛器材与场地

（1）球台：长2.74米，宽1.525米，距地面高76厘米。

（2）球网：包括球网、悬网绳、网柱和夹钳部分，球网高15.25厘米。

（3）球：直径为40毫米，重2.7克，颜色为白色或橙色，无光泽。

（4）球拍：大小、形状和重量不限，但底板应由85％的天然木料制成。球拍两面无论是否有覆盖物，必须无光泽，且一面为鲜红色，另一面为黑色。用来击球的拍面应用一层颗粒向外的普通颗粒胶覆盖，连同黏合剂，厚度不超过2毫米，或用颗粒向内或向外的海绵胶覆盖，连同黏合剂，厚度不超过4毫米。

（5）比赛场地：由75厘米高的挡板围成。赛区空间应不少于14米长、7米宽、5米高。

二、比赛规则简介

（一）合法发球与合法还击

1.合法发球

① 发球开始时，球自然地放置于不执拍手的手掌上，手掌张开，保持静止；② 发球员须用手将球几乎垂直地向上抛起，不得使球旋转，并使球在离开不执拍手的手掌之后上升不少于16厘米的距离，球下降至被击出前不能碰到任何物体；③ 当球从抛起的最高点下降时，发球员方可击球，使球首先触及本方台区，然后越过或绕过球网装置，再触及接发球员的台区。在双打中，球应先后触及发球员和接发球员的右半区；④ 从发球开始到球被击出，球要始终在台面的水平面以上和发球员的端线以外，而且不能被发球员和其双打同伴的身体或衣服的任何部分挡住；⑤ 运动员发球时，应让裁判员或副裁判员看清他是否按照合法发球的规定发球；⑥ 运动员因身体伤病而不能严格遵守合法发球的某些规定时，可由裁判员做出决定免于执行。

2.合法还击

对方发球或还击后，本方运动员必须击球，使球直接越过或绕过球网装置，或触及球网装置后，再触及对方台区。

（二）胜负判定

（1）除被判重发球的回合，下列情况运动员可得1分：① 对方运动员未能合法发球；② 对方运动员未能合法还击；③ 运动员在合法发球或合法还击后，对方运动员在击球前，球触及了除球网装置以外的任何东西；④ 对方击球后，该球没有触及本方台区而越过本方端线；⑤ 对方阻挡；⑥ 对方连击；⑦ 对方用不符合规定的拍面击球；⑧ 对方运动员或其穿戴的任何东西使球台移动；⑨ 对方运动员或其穿戴的任何东西触及球网装置；⑩ 对方运动员不执拍手触及比赛台面；⑪ 双打时，对方运动员击球次序错误；⑫ 执行轮换发球法时，接发球方连续还击13板，将判接发球方得1分。

（2）一局比赛：在一局比赛中，先得11分并超过对方2分以上的一方为胜方，10平后，先多得2分的一方为胜方。

（3）一场比赛：① 一场比赛应采用单数局，如七局四胜制、五局三胜制等；② 一场比赛应连续进行，除非是经许可的间歇。

（三）比赛次序和方位

（1）在单打中，首先由发球员合法发球，再由接发球员合法还击，然后两者交替合法还击。双打中，首先由发球员合法发球，再由接发球员合法还击，然后由发球员的同伴合法还击，再由接发球员的同伴合法还击，此后运动员按此次序轮流合法还击。

（2）在获得每2分后，接发球方变为发球方，依此类推，直到该局比赛结束，或直至双方比分为10平，或采用轮换发球法时，发球和接发球次序不变，但每人只轮发1分球。

（3）在双打中，每次换发球时，前面的接发球员应成为发球员，前面的发球员的同伴应成为接发球员。

（4）在一局比赛中首先发球的一方，在该场比赛的下一局中应首先接发球，在双打比赛的决胜局中，当一方先得5分后，接发球一方必须交换接发球次序。

（5）一局中，在某一方位比赛的一方，在该场比赛的下一局应换到另一方位。在决胜局中，一方先得5分时，双方应交换方位。

（四）重发球

（1）比赛中出现下列情况应判重发球：① 如果发球员发出的球，在越过或绕过球网装置时，触及球网装置，此后成为合法发球、被接发球员或其同伴阻挡；② 如果接发球员或接发球方未准备好时，球已发出，而且接发球员或接发球方没有企图击球；③ 由于发生了运动员无法控制的干扰，而使运动员未能合法发球、合法还击或遵守规则；④ 裁判员或副裁判员暂停比赛。

（2）裁判员或副裁判员可以在下列情况下暂停比赛：① 由于要纠正发球、接发球次序或方位错误；② 由于要实行轮换发球法；③ 由于警告或处罚运动员；④ 由于比赛环境受到干扰，以致该回合结果有可能受到影响。

第十一章　羽毛球

第一节　羽毛球运动概述

一、羽毛球运动的起源及发展

现代羽毛球运动诞生于英国。1870 年，出现了用羽毛、软木做的球和穿弦的球拍。1873 年，英国公爵鲍弗特在格拉斯哥郡伯明顿镇的庄园里进行了一次羽毛球游戏表演。从此，羽毛球运动逐渐开展起来。"伯明顿"成了羽毛球的名字，英文为"Badminton"。那时的活动场地是葫芦形的，两头宽中间窄，窄处挂网，直至 1901 年才改为长方形。

20 世纪 20 世纪至 20 世纪 40 年代，欧美国家的羽毛球运动发展很快；20 世纪 60 年代以后，世界羽毛球运动发展的重心逐渐移向亚洲。1992 年，羽毛球在巴塞罗那奥运会上被列为正式比赛项目，标志着羽毛球运动进入了一个新的发展阶段。2006 年，国际羽毛球联合会更名为羽毛球世界联合会，简称世界羽联。

二、羽毛球运动的特点和作用

（一）羽毛球运动的特点

1. 全身性

羽毛球运动是一项能够让人眼明、手快、全身得到锻炼的体育项目。无论是进行有规则的羽毛球比赛，还是作为一般性的健身活动，都要在场地上不停地进行脚步移动、跳跃、转体、挥拍，合理地运用各种击球技术和步法将球在场上往返对击，从而增大了上肢、下肢和腰部肌肉的力量，加快了锻炼者全身血液循环，增强了心血管系统和呼吸系统的功能。

2. 调节性

羽毛球运动适合于男女老幼，运动量可根据个人年龄、体质、运动水平和场地环境的特点而定。

3. 简便性

羽毛球运动对场地要求较低，只需要在稍微平整的场地就能进行。因此，它不仅可以在正规的室内运动场进行，也可以在公园、生活小区等处广泛开展。

（二）羽毛球运动的作用

1. 对身体素质的影响

羽毛球运动对身体素质的要求全面，在练习的过程中，为了提高击球的速度，获得更大的落点面积，最大限度地提高击球点，要求练习者要有良好的弹跳力以及上肢、下肢的协调能力，因此，经常参加羽毛球运动，可以达到增强身体肌肉力量，提高身体灵活性，提高心血管系统和呼吸系统功能的目的。

2. 对心理素质的影响

羽毛球运动不仅能提高运动能力，而且是锻炼心智的一项运动。在练习和比赛过程中，因其竞争性、对抗性、大强度等诸多因素的影响，练习者会有很多复杂的心理体验。敢打敢拼，胜不骄、败不馁，以及顽强的毅力等体育精神在羽毛球运动中有着很突出的表现。

3. 陶冶性情、益智益德

在羽毛球项目中设有单项、双打、团体项目。团体项目通过集体配合来实现，所以羽毛球项目可以培养独立思考、单独作战及集体主义精神，从而使练习者增长智慧、陶冶性情，并以良好的心态、正确的人生观去面对事业、家庭、荣辱等。

第二节 羽毛球基本技战术

一、羽毛球基本技术

（一）握拍方法

羽毛球拍握法正确与否，对于掌握和提高羽毛球技术水平，有着重要的影响。羽毛球技术中的握拍和指法是多种多样的。

1. 正手握拍法

虎口对着拍柄窄面的小棱边，拇指和食指贴在拍柄的两个宽面上，食指和中指稍分

正手握拍法

开，中指、无名指和小指并拢握住拍柄，掌心不要紧贴，拍柄端与近腕部的小鱼际肌平，拍面基本与地面垂直。正手发球、右场区各种击球及左场区头顶击球等，一般都采用这种握法（以右手握拍者为例）。（图 11-2-1）

2. 反手握拍法

在正手握拍的基础上，拇指和食指将拍柄稍向外转，拇指顶点在拍柄内侧的宽面上或内侧棱上，中指、无名指和小指并拢握住拍柄，柄端靠近小指根部，使掌心留有空隙。球拍斜侧向身体左侧，拍面稍后仰。一般来说，击身体左侧的来球，大都先转体（背对网），然后用反手握拍法击球。（图 11-2-2）

图 11-2-1　　　　　　　　　　图 11-2-2

3. 正手网前搓球的握拍

在正手握拍的基础上，拇指、食指、中指和无名指稍松开，使拍柄离开掌心，拇指斜贴在拍柄内侧上部的小棱边上，食指稍前伸，使第二指斜贴在拍柄外侧的宽面上。（图 11-2-3）

4. 反手网前搓球的握拍

在正手握拍的基础上，拇指、食指、中指和无名指稍松开，拍柄离开掌心同时使球拍稍向内转，拇指贴在拍柄内侧的上小棱边上，食指第三关节贴在拍柄外侧的下小棱边上。（图 11-2-4）

图 11-2-3　　　　　　　　　　图 11-2-4

（二）发　球

1. 正手发球

【正手发球站位】单打发球在中线附近，站在离前发球线约 1 米处；双打发球站位可靠近前发球线。

【准备姿势】身体左肩侧对球网，左脚在前，右脚在后，将身体重心放在右脚上，右手持拍向右后侧举起，肘部放松微屈，左手拇指、食指和中指夹住球，举在胸腹间。发球时，身体重心由右脚移至左脚。（图 11-2-5）

用正手发球，不论是发何种弧线的球，其发球前的姿势都应该一致，这样就会给对方的接发球造成判断上的困难。

图 11-2-5

下面分别介绍用正手发球动作发出两种主要弧线的球的技术动作。

（1）高远球。球的运行轨迹又高又远、下落时与地面垂直、落点在对方场区底线附近的球叫高远球。单打比赛时，常采用这种发球迫使对方退到最远的底线去接发球。如果发出的高远球质量好，就可以在一定程度上限制对方一些进攻技术的发挥，使对方在接高远球时不容易马上组织进攻。在对方体力不支时，发高远球也可以使对方消耗更多的体力。

【发球动作要领】发球前做准备姿势。发球时，左手把球举在身体的右前方并自然放下，使球下落，右手同时持拍由上臂带动前臂，从右后方沿着身体向前并向左上方挥动。当球落到右手臂向前下方伸直能触到球的一刹那，握紧球拍，并利用手腕的力量向前上方发力击球。击球之后，球拍顺势向左上方挥动缓冲。

【发高远球时易出现的错误】动作僵硬；放球与挥拍配合不当；击球点靠近身体或离得太远；握拍太紧，以致力量发挥不出；发球后，球拍未顺势向左上方挥动缓冲，而是挥向了右上方等。

（2）网前球。发网前球是在双打中采用的主要发球技术。单打比赛时，如怕发高球时遭到对方球速较快的直接攻击，或为了主动改变发球方式借以调动对方时采用。

【发球动作要领】准备姿势同发高远球。击球时，握拍要放松，上臂动作要小，主要靠前臂带动手腕向前切送，用力要轻。发网前球时应注意手腕不能有上挑的动作。另外，落点要在前发球线附近，发出的球要贴网而过，这样可以免遭对方扑杀。

2. 反手发球

反手发球与正手发球一样，可以根据战术的不同发出不同类型的球，反手发球由于挥臂距离小、稳定性高、速度快、一致性好，对方不易判断，故在双打中使用较多。（图 11-2-6）

【准备姿势】右脚在前，左脚脚尖点地，将身体重心放于右脚上，也可左脚在前或双脚平行，具体根据个人习惯而定。一般右脚在前，引拍时空间较多些。左手拇指、食指和中指握住球的羽毛处，将球置于腹前腰部下方。右手握拍稍向上提，拍面稍微上仰；展腕，反手握拍以反拍面将球置于腹前执球手的后方。

【引拍】左手放球的同时，以肘为轴，持拍手前臂内旋，带动展腕由后向前做回环半

弧形运动至一定发力所需的幅度。

【击球】手掌由外收到内展捻动发力，靠手腕和手指控制力量。球拍以斜拍面切击球托，使球尽可能低地沿网上方飞过。

【击球后的动作】以制动动作结束发力，并迅速将握拍姿势调整为正手放松握拍。

图 11-2-6

（三）击　球

1. 高远球

以较高的弧线将来球击到对方场区底线附近叫作击高远球。击高远球是一切上手击球动作的基础。

高远球的特点是球的弧线高、滞空时间长。它的作用是逼迫对方远离中心位置，退到底线去接球，一方面可减弱对方进攻的威力，为我方进攻寻找机会；另一方面在己方被动的情况下，有较多的时间来调整站位，摆脱被动局面。

（1）正手击高远球。

【动作要领】先判断来球的方向和落点，侧身后退使球在自己右肩稍前上方的位置，左肩对网，左脚在前，右脚在后，将身体重心放在右脚上，左臂屈肘，左手自然高举，右手持拍，上臂与前臂自然弯曲，将球拍举在右肩上方，两眼注视来球。击球时，由准备动作开始，上臂后引，随之关节上提明显高于肩部，将球拍后引至头后，自然伸腕，然后在后脚蹬地、转体和腰腹的协调用力下，以肩为轴，上臂带动前臂快速向前上方甩动手腕，在手臂伸直的最高点击球。击球后，持拍手臂顺惯性往前下方挥动并收拍至体前。与此同时，左脚后撤，右脚向前迈出，身体重心由后脚移到前脚。（图 11-2-7）

正手击高远球

图 11-2-7

（2）反手击高远球。当对方将球击到本方左后场内，以反手将球击回到对方底线的高远球击球法被称为反手击高远球。它的特点是节省体力，对步法要求不高，在被动情况下，可采用反手击高远球过渡，帮助自己重新调整站位。

【动作要领】先判断准对方来球的方向和落点，迅速将身体转向左后方，步法到位后，右脚前交叉跨到左侧底线，背对网，身体重心在右脚上，使球在身体的右肩上方。击球前，由正手握拍迅速换为反手握拍，并持拍于胸前，拍面朝上。击球时，以上臂带动前臂，通过手腕的闪动，自上而下地甩臂将球击出。在最后用力时，要注意拇指的侧压力与甩腕的配合，同时还要利用两腿的蹬地、转体等协调全身用力。（图 11-2-8）

图 11-2-8

2. 杀 球

杀球是把对方击来的球在尽量高的击球点上斜压下去。这种球力量大、弧线直、落地快，给对方的威胁很大，它是进攻的主要技术。

准备姿势和动作要领与正手击高球大体相同，区别在于杀球时击球点相对于击高远

球更靠前，手腕带动球拍发力的方向为前下，确保球能直线下行。（图 11-2-9）

图 11-2-9

3. 正手搓网前球

正手网前搓球击球前，前臂稍外旋，手腕由后伸至稍内收闪动；击球时，搓切来球的右下部，使球旋转滚过网。（图 11-2-10）

图 11-2-10

4. 反手搓网前球

击球前主要靠前臂的前伸外旋和手腕由内收至外展的合力，搓击球的右侧后底部，使球侧旋滚动过网。（图 11-2-11）

图 11-2-11

正手搓网前球

反手搓网前球

115

5. 挑 球

挑球是把对方击来的吊球或网前球挑高回击到对方后场去，这是在比较被动的情况下采取的一种防守技术。挑球有正手挑球和反手挑球两种。

（1）正手挑球。正手握拍举在胸前。右脚向前跨出一大步，左脚在后，侧身向右，将身体重心放在右脚上。同时右臂向后摆，自然伸腕，使球拍后引；然后以肘关节为轴，屈臂内旋，并握紧球拍，用食指及手腕的力量，将球向前上方击出。（图11-2-12）

正手挑球

图 11-2-12

（2）反手挑球。反手握拍举在胸前。右脚向左前方跨出一大步，将身体重心放在右脚上，同时右肩对网，屈肘引拍至左肩旁；然后以肘关节为轴，握拍经体前由下往上，用拇指第一指节压住拍柄的宽面，用力将球击出。（图11-2-13）

反手挑球

图 11-2-13

（四）步　法

1. 跨　步

跨步是向击球点迈出较大步幅的移动方法，通常在上网步法的最后一步时使用。

2. 垫　步

垫步是在移动到最后一步，与击球点尚有较短的一段距离时，用另一脚再加一小步的移动方法。这种步法比较轻捷、灵巧，不但能使移动的步数比较经济，而且还能保持移动中身体重心的稳定，并有利于协助击球动作的完成。

垫　步

3. 并　步

并步是离击球点方向远侧的脚，向前脚垫一小步，同时前脚在其尚未落地时，又马上向前跨出的一种移动方法。这种步法较多地运用在上网、接杀球和正手后退突击扣杀时。

4. 交叉步

侧对击球点方向，两脚采用前后交叉的移动方法。这种步法的步幅较大，移动中身体重心比较稳定。

并　步

5. 蹬跳步

在移动到最后一步时，采用单脚或双脚起跳击球的一种移动方法。例如，在做网前扑球时，为加快速度抢点击球，后脚用力蹬伸，前脚成弓步前跃；在后场突击扣杀时，先转体用垫步或并步移动，最后一步再用单脚或双脚起跳扣杀。使用这种步法要求协调性好，弹跳力强，在击球后还要善于控制自己的身体重心，以便连接好下一拍的击球。

交叉步

二、羽毛球基本战术

（一）单打战术

1. 发球战术

保持发球技术动作的一致性。做到各种发球技术的前期动作一致，就能使对方无法预先把握球的时机和意图，迫使接发球队员多方防备而造成回球质量差，就有机会发动主动进攻。

要掌握发球的时间差。每次发球，从准备发球到球发出去（球从拍面弹出）的时间长短可能会有差异，这样易造成对方判断错误而被动接球或接球失误（但应注意不要发生击球违例的现象）。

要机动地变换发球点和发球的弧线。将球发向对方接球能力最薄弱的部位，诱使其失误、失分。

要善于发现和把握对方接发球的习惯球路，重点防范，抓住战机，争取尽快结束战斗。

2. 接发球战术

要全面掌握接发球技术，充满信心地迎击各种发球。在接球时能一拍制胜是最理想的，但也不要在条件不允许的情况下勉强进攻。接发球要力争不让对方有直接进攻的机会，把球回击到远离对方所站位置的落点上，或者回击到对方移动方向相反的位置上，又或者回击到对方击球技术薄弱的部位上，迫使对方被动回球。为此，要求在接发球时做到思想高度集中、见机行事、出手果断。

（二）双打战术

双打比赛不仅是竞赛双方在技术、战术、体力上的较量，而且是双打同伴相互间配合默契程度的较量，因此，在学习双打战术之前，首先要了解两人之间站位形式上的配合。

一般情况下，有两人一前一后站位和两人分边（左、右）站位两种形式。一前一后站位即站在后场的人分管后半场的球，站在前场的人则负责前半场的球。因为这种站位形式有利于进攻而不利于防守，所以一般在本方进攻时采用此站法。分边站位多在防守时采用，这样各人分管半个场地，在防守时就没有空当了。站位形式不是固定不变的，它在比赛中随着进攻与防守之间的不断转换而变化。

1. 发球、接发球战术

双打的发球往往是决定胜负的关键。发球要根据对手的情况，选择好站位，注意球路、落点变化，争取主动。因双打接发球区比单打短76厘米，不利于发高球，往往以发网前球为主。接发球时，如果对方发网前球弧线较高，最好能快速上网扑杀，不能扑杀的则争取以搓、推技术回击，迫使对方向上挑球，为后场进攻创造机会。接发球应尽量不用挑高球，以避免发球方的进攻。接发球的球路要有变化，不要只用习惯性的固定球路回击。

2. 攻人战术

集中攻击对方有明显弱点的人，并伺机攻击另一人因疏忽而露出的空当，或对此人偷袭。双打比赛中的配对选手的技术，一般总有一人好，另一人稍差些，即便两人水平相差不多，但若能集中力量攻击其中一人，也可给其造成很大的心理压力，从而使其出现失误。

3. 攻中路战术

当对方分边站位防守时，将球攻击到对方两人的中间；当对方前后站位时，可将球下压或平推两边半场，这样可使对方防守时互抢或互让而出现失误。

第三节　羽毛球比赛规则简介

一、比赛场地

场地应是一个长方形，用宽40毫米的线画出（图11-3-1）。线的颜色应是白色、黄色或其他容易辨别的颜色。所有的线都是它所界定区域的组成部分。从场地地面起，网

羽毛球场地

118

柱高 1.55 米。当球被拉紧时，网柱应与地面保持垂直。不论是单打还是双打比赛，网柱都应放置在双打边线上。网柱及其支撑物不得延伸进入除边线外的场地内。

球网应用深色优质的细绳编织而成。网孔为均匀分布的方形，各边长为 15 ～ 20 毫米，球网上下宽为 760 毫米，全长至少 6.1 米。球网的上沿是用 75 毫米宽的白布带对折而成的夹层，用绳索或钢丝从中穿过。夹层的上沿必须紧贴绳索或钢丝。绳索与钢丝应牢固地拉紧，并与网柱顶齐平。球网高度分别：中央网高 1.524 米，双打边线处网高 1.55 米。球网两端与网柱之间不应有空隙。

图 11-3-1

二、比赛规则简介

（一）计分方法

（1）除非另有规定，一场比赛应以三局两胜定胜负。

（2）除（4）（5）的情况外，先得 21 分的一方胜一局。

（3）对方"违例"或触球及对方场区内的地面成死球，则本方胜这一回合并得一分。

（4）20 平后，领先得 2 分的一方胜该局。

（5）29 平后，先到 30 分的一方胜该局。

（6）一局的胜方在下一局首先发球。

（二）发　球

（1）合法发球。① 一旦发球员和接发球员做好准备，任何一方不得延误发球。② 发球员的球拍头完成后摆，任何对发球开始的延误都是延误。③ 发球员和接发球员应站在斜对角的发球区内，脚不得触及发球区和接发球区的界线。④ 从发球开始，至发球结束前，发球员和接发球员的两脚都必须有一部分与场地的地面接触，不得移动。⑤ 发球员的球拍应首先击中球拍。⑥ 发球员的球拍击中球的瞬间，整个球应低于发球员的腰部。腰指的是发球员最低肋骨下缘的水平切线。⑦ 发球员的球拍击中球的瞬间，拍杆和拍头应指向下方。⑧ 发球开始后，发球员必须连续向前挥拍，直至将球发出。⑨ 发出的球应向上飞行过网，如果未被拦截，球应落在规定的接发球区内。⑩ 发球员发球时，应击中球。

（2）一旦运动员站好位置准备发球，发球员的球拍头开始向前挥动，即为发球开始。

（3）一旦发球开始，发球员的球拍击中球或未能击中球，均为发球结束。

（4）发球员应在接发球员准备好后才能发球，如果接发球员已试图接发球，即被视为已做好准备。

（5）双打比赛发球时，发球员和接发球员的同伴应在各自的场区内。其站位不限，但不得阻碍对方发球员或接发球员的视线。

（三）单 打

（1）发球区和接发球区。当发球员得分数为 0 或双数时，双方运动员均应在各自的右发球区发球或接发球；当发球员的分数为单数时，双方运动员均应在各自的左发球区发球或接发球。

（2）击球顺序和位置。一回合中，球应由发球员和接球员交替从各自所在场区一边的任何位置击出，直至成死球为止。

（3）得分和发球。发球员胜一回合则得一分。随后，发球员再从另一发球区发球；接发球员胜一回合则得一分。随后，接发球员成为新发球员。

（四）双 打

（1）发球区和接发球区。一局中，发球方的分数为 0 或双数时，发球方均应从右发球区发球；一局中，发球方的分数为单数时，发球方均应从左发球区发球。接发球方上一回合最后一次发球的运动员应在原发球区。其同伴的站位与其相反；接发球员应是站在发球员斜对角发球区的运动员；发球方每得 1 分，原发球员则变换发球区再发球。

（2）击球顺序和位置。每一回合发球被回击后，由发球方的任何一人和接球方的任何一人，交替在各自场区一边的任何位置击球，如此往返直至死球。

（3）得分和发球。发球方胜一回合则得 1 分。随后发球员继续发球；接发球方胜一回合则得 1 分。随后接发球方成 为新发球方。

（4）发球顺序。每局比赛的发球权必须如下传递：首先是由首先发球员从右发球区发球；其次是首先接发球员的同伴从左发球区发球；然后是首先发球员的同伴；接着是首先接发球员；再接着是首先发球员，依此传递。

（5）运动员在比赛中不得有发球、接发球顺序错误或在一局比赛中连续两次接发球。

（6）一局胜方的任一运动员可在下一局先发球；一局负方的任一运动员可在下一局先接发球。

（五）违 例

以下情况均属违例。
（1）不合法发球。
（2）球发出后：停在网顶；过网后挂在网上；被接发球员的同伴击中。

（3）比赛进行中，球：落在场地界线外（即未落在界线上或界线内）；未从网上越过；触及天花板或四周墙壁；触及运动员的身体或衣服；触及场地外其他物体或人；被击时停滞在球拍上，紧接着被拖带抛出；被同一运动员两次挥拍连续两次击中，但一次击球动作中球被拍框和拍弦面击中不属违例；被同方两名运动员连续击中；触及运动员球拍，而未飞向对方场区。

（4）比赛进行中，运动员：球拍、身体或衣服，触及球网或球网的支撑物；球拍或身体，从网上侵入对方场区；球拍或身体，从网下侵入对方场区，导致妨碍对方或分散对方的注意力；妨碍对方，即阻挡对方紧靠球网的合法击球；故意分散对方注意力的任何举动，如喊叫、做手势等。

第十二章 网 球

第一节 网球运动概述

一、网球运动的起源及发展

现代网球运动起源于英国。1873 年，英国的乡村绅士温菲尔德少校在掌握了古代网球游戏之后，把它从宫廷搬到了室外，使网球运动走进了寻常百姓家。

1877 年，英国在温布尔登举行了第 1 届草地网球锦标赛，以亨利·琼为首的裁判委员会草拟的比赛规则是现代网球比赛规则的基础，其中的盘制、局制、换位法一直沿用至今。

网球运动走向普及和形成高潮是在美国。第二次世界大战期间，其他国家的网球赛事都停止了，唯独美国继续开展并进入鼎盛时期，先后有 4000 多万人参加网球运动，普及率非常高，这为网球运动的发展做出了很大的贡献。

1912 年 3 月 1 日，世界网球的最高组织——世界网球联合会（简称"国际网联"）成立，总部设在英国伦敦。1896—1924 年，网球为奥运会的正式比赛项目。此后，国际网联因运动员参赛资格问题而与国际奥委会发生冲突，网球不再是奥运会正式比赛项目，直到 1988 年才重新进入奥运会。

二、网球运动的特点及锻炼价值

网球运动既是一种消遣、一种增进健康的手段，也是一种艺术追求和享受，还是一种扣人心弦的竞赛项目。网球运动文明、高雅、动作优美，每击出一次好球，打出弦音，都使人感觉兴奋异常，愉快无比。

网球运动可以使人们动作迅速、判断准确、反应快，并能提高速度素质、力量素质、耐力素质、灵敏素质等身体素质。手握网球拍击球，在拍与球撞击时，需要根据来球的具体情况，随时挥拍应变处理，因此，网球对调节肌肉用力的紧张度与肌肉感觉有良好影响，对发展协调性有积极作用。

网球运动是一项男、女、老、少皆宜的运动，从 8～9 岁的儿童到 60～70 岁的人都可以根据个人体力情况进行锻炼。长期坚持网球活动，青年人能保持青春活力和健美形态；老年人能保持旺盛精力，推迟衰老，延年益寿，情绪饱满。网球是隔网对抗项目，没有身体接触，安全文雅。另外，打网球需要有一个对手或球友，这样通过打网球可以增进友谊、加强团结、交流球艺和开展社交活动。

第二节　网球基本技战术

一、网球基本技术

（一）握拍法

握拍方法主要有东方式握拍、西方式握拍、大陆式握拍和双手握拍。不同的握拍方式是根据手掌虎口对准拍柄的各条棱或面而确定的。拍柄分为 8 条棱或 8 个面。（图 12-2-1）

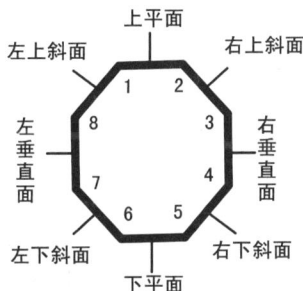

图 12-2-1

1. 东方式握拍法（正手式、反手式）

东方式正手握拍法也称"握手式"握拍法。拍面与地面垂直，手握拍柄好像与人握手，也就是手掌虎口对准拍柄的 2 棱或右上斜面，五指紧握拍柄，食指稍离中指（图 12-2-2）。东方式反手握拍是虎口对准拍柄的 8 棱或左上斜面，五指握紧拍柄（图 12-2-3）。东方式正、反手握拍法转动不太大，但是当球打到身体另一侧，要变换握拍去迎击时，必须调整握拍。

东方式握拍方法

123

大陆式握拍法

西方式握拍法

双手握拍法

双手反拍握拍方法

正手击球技术

2. 大陆式握拍法

大陆式握拍法，又称握锤式握拍。正、反手采用同一种握拍法，不需要变换握拍方式。适宜发球和网前截击。正确的握拍方法是虎口对准拍柄的1棱或上平面，五指紧贴拍柄（图12-2-4）。此握法需要很强的手腕力量和把握准确的击球时间，一般不太好掌握。

3. 西方式握拍法（半西方式、超西方式、西方式反手）

西方式正手握拍法，是将球拍平放在地上，手掌从上面握住拍柄（图12-2-5）。此时虎口对准4棱或右下斜面是西方式正手握拍；虎口对准3棱或右垂直面是半西方式正手握拍法；虎口对准5棱或下平面是超西方式正手握拍法。五指紧握拍柄。西方式反手握拍是将正手握拍时的球拍面翻过来，用同一拍面击球（图12-2-6）。

4. 双手握拍法

双手握拍一般用于反手击球，变化很多。常见的一种握拍方法是左手的东方式正手握拍加上右手的东方式反手握拍。右手握在拍柄底端，左手握在拍柄上端。双手握拍也用于一些少儿、女子的正手击球，握法与双手反拍相同，但是左右手的上下位置是颠倒的。（图12-2-7）

图 12-2-2　　　图 12-2-3　　　图 12-2-4　　　图 12-2-5　　　图 12-2-6　　　图 12-2-7

（二）正手击球

1. 基本技术

正手击球基本技术如图12-2-8所示。

（1）准备姿势。面对球网，双脚向前自然分开与肩同宽，双膝微屈，身体略向前倾，身体重心落在两脚的前脚掌上，右手握拍，左手轻托拍颈，两肘微屈，将球拍舒适地放在身前，托面垂直于拍头指向对方，两眼注视对方来球，做好击球准备。

图 12-2-8

（2）后摆引拍。当判断来球需用正拍回击时，转动两脚，左脚跟抬起并向右侧前方上步，右脚向右转90°与底线平行，同时转肩、转髋带动右手向后摆动引拍（此为关闭式步法，适用于初学者转体；而开放式步法，左脚不必上步，两脚平站但需要更多的向右转体动作），引拍时肘部弯曲、自然下垂，拍头低于膝关节，左手伸向前方，保持身体平衡，后摆引拍时身体重心移向右脚，左肩对着右侧的网柱，手腕固定，挥拍转动约180°，拍头指向后挡网。

（3）击球动作（前挥击球）。从后摆进而向前挥动时紧握球拍，手腕后伸、固定，用力蹬脚、转动身体和挥拍，正拍的击球点在身体的右侧前方不超过腰的高度，击球时的挥拍速度最快，球打在拍面的中心，击球挥拍时的拍头自下而上挥动，使球稍带上旋。

（4）随挥跟进动作。球触拍后，使拍面平行于网的时间尽量长些，挥拍沿着球飞行的方向前送，身体重心前移落在左脚，身体也随之转向球网，挥拍动作在左肩上方结束，拍头指向上方高出头部。随挥跟进动作要比后摆动作大而充分，保证击球的稳定性，随挥跟进结束，立即恢复准备姿势。

2. 几种不同的正手击球方法

（1）上旋球。正拍上旋球是球拍自后下方向前上方挥动，摩擦整个球体，产生球由后下方朝前上方的转动，故叫作上旋球。上旋球的特点是飞行弧度高，下降快，落地弹起的反射角度较小，前冲力较大，同时又具有较强的进攻性和较低的失误率。打上旋球是在基本技术的基础上，要求拍面适当前倾，拍头要低于击球点，由后下方向前上方挥出，击球的后上方。

（2）下旋球。和上旋球相反方向的是下旋球，俗称"削球"。下旋球的特点是球的飞行时间长，球速慢，落地后弹起也很低并伴有回弹（走）现象。击球时，球拍稍向后倾斜，挥拍是由后上方至前下方，打球的后下部产生下旋转，球是由前上方向后下方旋转并向前飘行，过网时很低。

（3）平击球。挥拍击球的路线向上较平缓，击球时拍面几乎垂直于地面。击球的正后部，用同样的力量击球，平击球的球速最快，球落地后前冲力大，球的飞行路线较平直，但其准确性和控制力较差，因此这种击法在比赛中较少使用。

（4）侧旋球。击球时球拍由后部向内侧平行挥动（也称"滑击"），使球产生由外向内的侧旋转，故称侧旋球。这种球飞行路线呈水平向外侧的弧线，落地后向外跳，常用于正拍直线进攻。

（三）反手击球

1. 基本技术

反手击球基本技术如图12-2-9所示。

（1）准备姿势。面对球网，两脚向前自然分开与肩同宽，两膝关节微屈，腰部略向前，用非握拍手轻托拍颈，拍头与下颌齐平，两肘弯曲，将球拍舒适地伸在前面，身体前倾，重心落在两脚上。当判断对方来球朝反拍方向飞来时，轻握拍颈的左手应迅速地帮助右手变换为反拍握拍法。

（2）后摆引拍。向左转髋带动右手向左后方摆动，左脚向左转90°与底线平行，同时右脚向左前方上步，右肩对着球网，手腕绷紧、后伸，双肩夹紧，右手拇指靠近左腿

反手击球
技术

的上部。后摆时肘关节自然弯曲、下垂，身体重心移向后方的脚上。反拍的后摆动作应比正拍后摆更早地完成。单手反拍时，左手可轻托拍颈，伴随着向左转的动作；若是双手反拍挥臂，需要更充分的转体动作，右肩转向左侧的网柱。

（3）前挥击球。从后摆进入向前挥动时应紧握球拍，手腕固定，右脚与网成45°角，转动双肩、躯干和臀部，挥拍向球，反拍的击球点应在身体的左侧前方，击球时球拍与右脚应在一条直线上。击球瞬间，拍头的挥动速度最快，对准来球把球打正，肘部应伸直，球拍与手齐平，双眼盯住球。身体重心随之从后脚移向前脚。

（4）随挥动作（跟进）。球拍击出球后，拍面平行于网的时间尽量长些，挥拍沿着球飞行的方向前送，球拍随球向前的距离小于60厘米，身体重心前移，落在右脚，身体也随着转向球网，挥拍在右肩上方结束，拍头指向上方（削击球则不同），完成好随挥动作有助于控制球的落点和方向。随挥动作要比后摆动作大而充分，从而保证击球动作的完整和稳定。随挥跟进动作结束，身体转向球网，迅速恢复原来的准备姿势，准备下一次击球。

图 12-2-9

2. 几种不同的反手击球方法

（1）上旋球。球拍自左后方向前上方挥击，这时球由后下方向前上方旋转。要想产生急剧上旋，需加大向上提拉的幅度，上旋球的最大优点是便于加力控制，尤其在快速跑动中，其他打法容易失误，而上旋球则有较大的把握。因为反拍上旋球过网后有急剧下降的特点，可以打出短的斜线球，把对方拉出场外回击取得主动；同时也是破坏对方上网的有力武器，较低的上旋球落在对方上网人的脚下，会使其难于还击。

（2）下旋球。削球与上旋球方向相反，它是由后上方向前下方挥拍，打在球的后下部产生旋转，球由后前方向下方旋转，成下旋球。下旋球的飞行路线是向上的弧线，过网时很低，但可以打对方的深区（后场），落点容易控制，比较稳健和准确。常用于随击上网，可以协调连贯地把随击与上网结合起来，利用球的飞行时间和深而准的落点冲至网前截击；也可以作为变换旋转和节奏的打法，扰乱对方取得主动。

（3）平击球。挥拍击球的路线是从后向前上方较平缓的挥击，击球拍面几乎垂直地面，击球的正后部，用同样的力量击球，此击球方法的球速最快，球的飞行路线最平直，而球落地后的前冲力量也较大，但准确性较差，尤其在快速奔跑中用平击球的打法很难控制球的准确性，易造成球失误或出界。

（四）发　球

在现代网球运动中，发球技术是非常重要的，是唯一由自己掌握的击球法。它可以不受对方制约，在较大程度上能够发挥出个人的特点，用以控制对方，为自己进攻创造有利条件，甚至直接得分。发球基本技术包括准备姿势、抛球与后摆、挥拍动作和随挥动作。（图 12-2-10）

1. 准备姿势

采用大陆式或东方式反拍握拍法，全身放松，侧身站立在端线外中场标记近旁边（单打），左肩对着左边网柱，面向右边网柱，两脚分开约同肩宽，左脚与端线约成 45° 角，右脚约与端线平行，身体重心在左脚上。左手持球轻托球拍在腰部，拍头指向前方。呼吸均匀，精神集中。

图 12-2-10

2. 抛球与后摆

抛球与后摆拉拍动作是同步开始的，持球手拇指、食指和中指三指轻轻托住球，掌心向上。当向下、向后引拍时，持球手同时下降至右腿处，紧接着当球拍从身后向头上方做大弧度摆动，身体做转体、屈膝、展肩时，持球手柔和地在身前左脚前上举，直至伸高及头顶。抛球动作要协调、平稳，球送至最高点再离开手指抛向空中。此时，右肘向后外展约同肩高，拍头指向天空，左侧腰、胯成反弓形，身体重心随着抛球开始先移向右脚，然后平稳地开始前移。此刻，肩与球网成直角。

3. 挥拍击球

当左手抛出球时，球拍继续向上摆起，这时握拍手的肘关节放松，可以使向前转动的身体和右肩自动地使手臂产生一个完美的绕圈（注意不是故意让拍子去做搔背动作）。当球下降至击球点时，迅速向上挥拍击球，右脚上蹬，使手臂和身体充分伸展，当身体向前上方伸展击球时，肩、手臂已经回转，双肩与球网平行。挥拍击球时，持拍手腕带动前臂有一个旋内的"鞭打"动作，这就是发球发力的关键动作，也是其他诸如身体重心前移、蹬腿、转体、挥拍等力量聚集的总和。

4. 随挥动作

球发出后，身体向场内倾斜，保持连续的完整的向前上方伸展的随挥动作。球拍挥至身体的左侧，身体重心移向前方，做到完全自然地跟进，并保持身体平衡。

发球技术

发球抛球
方法

127

（五）接发球

1. 握拍法

应根据运动员习惯的握拍法来决定。大陆式握拍，正、反拍无须换握拍；东方式或西方式、混合式握拍的正、反拍击球须换握拍，当球一离开对方的球拍，就应该决定是否要转变握拍。

2. 准备姿势及站位

接发球的准备姿势只要能以最快的速度还击球就行。对方发球前，可以膝关节弯曲，两腿叉开；对方抛球准备击球时，再将身体重心升起，两脚快速交替跳动，并判断来球迎前回击。接发球站位要根据对方的发球水平和自己的接发球水平、习惯、场地和战术需要来确定，一般应站在对方发球范围的角平分线上，接第一发球时站位稍后些，接第二发球时站位略靠前。

3. 击球动作

击球动作根据对方发球好坏、速度快慢而定。动作一般介于底线正、反拍击球动作和截击球动作之间。对发球差的选手，可用自己的底线正、反拍动作来接对方的发球；而对发球好、速度快的选手，可用网前截击球的动作来顶接对方的发球，这样击出的球很有威胁。

（六）截击球

截击球是网前进行的一种攻击性击球方法，即在球落地之前，便将来球击回对方场地。截击球分为正手截击和反手截击两种。

1. 基本技术

（1）握拍法。截击球一般是在网前，因此，在较短的时间里不可能有充足的时间让你变换正、反握拍法，较合适的就是用大陆式握拍法，它不用变换正、反手握拍，能自如地进行各种凌空截击。

（2）准备姿势。两脚自然开立，两膝微屈，身体前倾面向球网，左手扶住拍颈，右手握拍，眼睛盯住球，球拍放于体前，拍头略高。

2. 正手截击

当球飞向正手时，肩部稍做转动，球拍与肩平行，后拉拍要稳固，不得过肩。在向前挥拍的同时，左脚朝球飞行的方向迈步，保持手腕固定并在身体前方击球。随挥动作要短，以便快速回到准备接下一个球的位置。（图 12-2-11）

图 12-2-11

截击球

正手截击球

3. 反手截击

当球飞到反手位时，肩部稍微转动，球拍与肩平行；后拉拍要稳固，在向前挥拍时右脚朝球飞行的方向迈出；保持手腕固定，并在身体前方击球。随挥动作要短，以便快速回到准备接下一个球的位置。（图 12-2-12）

图 12-2-12

反手截击球

（七）高压球

1. 高压球的种类

高压球是一项强攻性技术，一般来说打高压球就意味着得势、得分。高压球可分为凌空高压球、落地高压球、前场高压球、后场高压球等几种，其动作与发球相似。

2. 基本技术

高压球基本技术如图 12-2-13 所示。

（1）握拍及准备。高压球采用的是大陆式握拍法。上网或在上网途中随时都要准备应对对方的挑高球，准备动作外形与一般情况无异。

（2）后摆球拍。以准备姿势为基础，在脚步开始调整、身体位置相应变化的同时转体、侧身，并以最快捷的动作将球拍摆至肩上。

（3）挥拍击球。判断准击球点并移动到位后，以双脚为支撑向击球点方向蹬地、转体、收腹（反弹背弓），继而挥拍击球。发力程序和感觉与发球相似，但击球点在能保证球过网的前提下，其位置越靠前越利于发力和控制球出手的角度，越靠前越具有杀伤性，这与发球时力争高点是不同的。到达击球点时身体应已完全面向对方（已完成转体），收腹（反弹背弓）的强劲势头也爆发于此点。

（4）随挥。高压球的随挥动作仍与发球类似，击球过后顺势将球拍收于持拍手异侧的腿侧就可以。

高压球

图 12-2-13

二、网球基本战术

（一）单打基本战术

通常单打比赛开始时，双方都用自己最擅长的技术迎战。在摸透对方的战术后，再改变战术策略，以达到使对方失去节奏，消耗对方体力，最终赢得比赛的目的。

1. 发球战术

发球是最不受对方制约的技术，所以一定要充分利用，争取拿下发球局，掌握主动权。然而一成不变的发球会使对方很容易适应，并找到对付我方的方法。我方也许侥幸拿下了第一个发球局，但第二个、第三个发球局就危险了。因此应将内角、外角、中路三种路线相结合，上旋、侧旋、平击多变化。

2. 接发球战术

从被动到主动。面对快速的发球，不要急于加力回球，这样往往失误较多。如果对方反手较弱，那就打对方的反手；对方发球动作较大就打追身球，令其没有时间调整步法。

3. 发球上网战术

如果运动员能准确、快速地发出外角球，那就准备上网。注意不要一次冲到近网，以免没有回旋的余地。大约在发球线附近停顿一下，仔细观察对方回击球的情况，采取下一步行动。上网的要点是：选择适当的时机，把球发到外角时，对方接球的另一侧是空场，也就是说，对方要想把球回到场内，必须把球从靠近发球区的这一侧的球网上方回过来，否则球一定出界，所以运动员只需防住发球的这个区域的来球就可以；对方的回球质量不高，可以截一个深球或者放一个小球到对方的空场区轻松得分。

（二）双打比赛基本战术

双打比赛和单打比赛有很大的差别，双打更多地依赖配对的两个球员的默契配合以及网前的截击技术。网球双打比赛通常有以下几种常用的战术。

1. 双上网进攻型

男、女职业选手均可采用此类型，这也是近年来职业网球双打比赛中采用最多的战术。发球方发球后上网，接发球方也采用积极的进攻型接发球上网，双方四人均来到网前，通过小斜线截击或其他方式得分。

（1）发球者：发出刁钻的一发后上网，在发球线处截击，将球打到接发球方脚下，待接发球方回球时跟进到网前，在网前打出直接得分球。

（2）接发球者：选择进攻型的接发球，回到发球者脚下，同时迅速上网，在发球线处截击，把球打到对方中间结合部，再来到网前，找机会打出得分球。

（3）发球者搭档：根据发球落点，适时调整网前位置，盯住接球方，判断回球方向，及时上前抢网，同时注意防守双打边线和单打边线之间区域的直线穿越球。

（4）接发球搭档：在发球线附近，防守发球者搭档的截击球，同时要提防发球方第一次截击球，根据来球，来到网前打出小斜线或高压球得分。

2. 双上网防守型

男子职业选手均可采用此类型。由于在双上网进攻型中，两人太靠近球网，无法照顾到挑高球，因此该类型重点是接发球者接发上网只来到发球线附近，防守发球方的挑高球，且大部分球由此人处理，接发球搭档则伺机打出截击或高压球得分。

第三节　网球比赛规则简介

一、比赛场地

双打场地的标准尺寸是 23.77 米 × 10.97 米，单打场地的标准尺寸是 23.77

网球场地

米×8.23 米。在端线、边线后应分别留有不小于 6.4 米、3.66 米的空地。两个网柱间的距离是 12.80 米。两侧网柱顶端距地平面为 1.07 米，球网中心上沿距地平面为 0.914 米。（图 12-3-1）

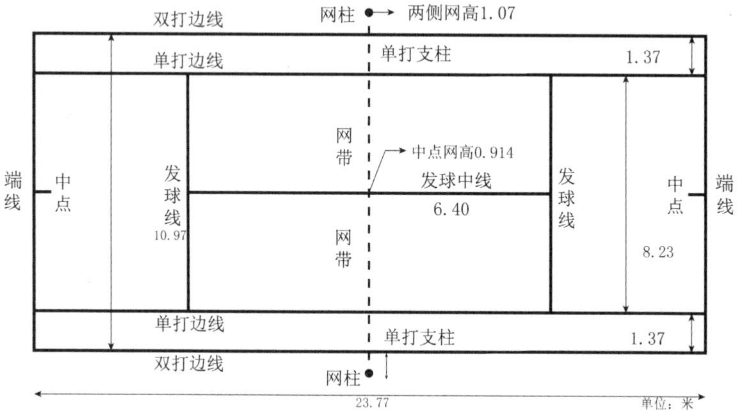

图 12-3-1

二、比赛规则简介

（一）单打规则

比赛开始前，双方用掷钱币挑边，胜者有选择发球权或有权选择场地。选择发球或接发球者，应让对方选择场区；选择场地者，应让对方选择发球或接发球。

1. 发球动作

发球员在发球前，应先站在底线后中点和边线的假定延长线之间的区域里，然后用手将球向空中任何方向抛起，在球接触地面以前用球拍击球。只要球拍与球接触，就算完成了球的发送。发球时，发球员不得向上抛起两个或两个以上的球，否则判重发。如果是故意的，应判失分。

2. 发球时间

发球员应该在接球员做好准备后，才能发球（接球员做还击姿势就认为已做准备好击球准备）。

3. 发球位置

每局比赛开始发球时，发球员应先从右区端线后发球。得或失 1 分后，应换到左区发球。如果发球位置出现错误而未被察觉，比分仍然有效。一旦发现，应立即纠正。

4. 发球次序

第一局比赛终了，接球员成为发球员，发球员成为接球员。以后每局终了，均依次互相交换直到比赛结束。如发球顺序发生错误时，发现后应立即纠正，由此轮发球的球员发球，发现错误前双方所得的分数都有效。如果发现前已有一次发球失误，则不予计算。如一局终了才发现次序错误，则以后的发球顺序就以该局为始，按规定轮换。

5. 交换场地

双方应在每盘的第一、第三、第五等单数局结束后以及每盘结束双方局数之和为单数时，交换场地。如果发生未按正常顺序交换场地的错误，一经发现应立即纠正，按原来的顺序进行比赛。

6. 发球失误

发球时如果出现发球脚误、未击中球、发出的球在落地前触及固定物等现象，均判失误。

脚误：发球员在发球动作中，两脚只准站在端线后中点和边线的假定延长线之间，不能触及其他区域，不得通过行走或跑动改变原站的位置（发球员发球时如两脚轻微移动而未变更原位，不算行走或跑动）。否则，就会被判为脚误。

击球未中：发球员在发球时由于用力过猛、动作不协调等原因而未击中抛出的球称为击球未中。如果发球员在向上抛球准备发球时，又决定不击球而将球接住，这不算失误，判重发。

7. 第二发球

网球比赛规则规定，发球员有两次发球权。第一次发球失误后，应在原发球位置进行第二次发球。如第一次发球失误后，发觉发球位置错误，则应按规定改在另区发球，但只能再发一次球。

8. 压线球

压线球是指落在比赛线上的球，算界内球。

（二）双打规则

单打规则均适用于双打，但双打规则也有自己的特殊规定。

1. 发球次序

应在每盘开始之前决定发球次序，即每盘第一局开始时，由发球方决定由何人首先发球，对方则同样地在第二局开始时决定由何人首先发球，第三局时由第一局未发球方的球员发球，第四局由第二局未发球的球员发球。以下各局均按此次序轮换发球。

2. 接球次序

与发球次序一样，在每盘开始之前要决定接球次序，即先接球的一方应在第一局开始时，决定何人先接发球，并在这盘单数局继续先接发球。对方同样应在第二局开始时决定何人先接发球，并在这盘双数局继续先接发球。他们的同伴应在每局中轮流接发球。

3. 发球次序错误与接球次序错误

发球次序错误应在发现时立即纠正，但已得的分数或已成的失误都有效。如发现时全局已经终了了，此后发球次序就以该局为准轮流发球。接球次序错误发现后仍按错误的次序进行，等到下一接球局再行纠正。

（三）网球比赛计分方法

1. 盘 数

正式比赛时，除四大满贯男子单、双打比赛和戴维斯杯某些场次采取五盘三胜制外，男子单打和男子双打均采取三盘二胜制。女子单打、女子双打和混合双打均采取三盘两胜制。

2. 局与盘

局：运动员每胜一球得 1 分，比分计为 15；获得第 2 分时，比分计为 30；获得第 3 分时，比分计为 40；当运动员获得第 4 分时就赢得了该局，但遇双方各得 3 分时，则为"平分"。"平分"后，一方先得 1 分时，为"接球占先"或"发球占先"。"占先"后再得 1 分，才算胜一局；如一方"占先"后，对方又得 1 分，则仍为"平分"。以此类推，直到一方在"平分"后净胜 2 分才能结束该局。

盘：一名运动员先取得 6 局的胜利即赢得一盘。遇双方各得 5 局时，一方必须净胜两局才算胜一盘，叫作"长盘制"。

3. 决胜局计分制

决胜局计分制用于每盘的双方局数为 6 : 6 平时。

单打的决胜局计分制：先得 7 分者为胜该局或该盘。若分数成 6 : 6 平时，比赛须到某方净胜 2 分时止。决胜局应全部采用数字计分。发球员在右区发第 1 分球后，即改由对方依次在二区和一区发第 2、第 3 三分球。此后双方轮流交替发球，每人连发 2 分球，其中第 1 分球均应在左区发球。如出现从错误的场区发球，发现后应立即纠正错误站位，但发现前已得的分数仍有效。此后，双方轮流交替发球，直到决出该局与该盘的胜负为止。运动员应在双方得分之和为 6 时或 6 的倍数时，以及决胜局结束时交换场地。

双打决胜局计分制：双打决胜局规则与单打决胜局规则相同，只是在发球时双方要轮换发球。

第十三章 游泳

第一节 游泳运动概述

游泳是最受人们喜爱的体育健身项目之一。游泳是将水浴、空气浴和日光浴三者结合的运动，它不仅是广大青少年喜爱的运动项目，也是一项老幼皆宜的体育活动。在历届夏季奥运会中，游泳作为金牌项目大户，竞争十分激烈。近年来，从北京奥运会到里约奥运会，游泳金牌、奖牌竞争非常激烈，吸引了众多观众，成为世界体育关注的焦点。游泳是人类在与自然界不断抗争、改造自然的生产劳动过程中发展起来的，同时与战争、娱乐密切相关。

现代游泳起源于英国。1828 年，英国在利物浦乔治码头修造了世界上第一个室内游泳池。1896 年第 1 届现代奥运会时，游泳被列为正式比赛项目之一，设有 100 米、500 米和 1200 米自由式 3 个游泳项目。1900 年第 2 届奥运会时，仰泳被分列出来。1904 年第 3 届奥运会又将蛙泳分列出来。1912 年第 5 届奥运会时，女子游泳被列为正式比赛项目。1956 年第 16 届奥运会又增加了蝶泳，从此定型为四种泳姿。

进入 21 世纪以来，我国的游泳运动呈现出良好的发展势头。中国游泳运动员进入国际水平的人数明显增加。2008 年北京奥运会上，我国游泳比赛获得 1 枚金牌、3 枚银牌、2 枚铜牌。2012 年伦敦奥运会上，我国获得 5 枚金牌、2 枚银牌、3 枚铜牌。2016 年里约奥运会上，我国获得 1 枚金牌、2 枚银牌、3 枚铜牌。

游泳运动不仅具有较好的观赏性和趣味性，而且具有很高的健身价值。在水中不能像在陆地上那样自然地呼吸，生理环境也产生了巨大的变化，同时又要克服水的阻力，因此，游泳运动能改善心血管系统、呼吸系统、神经系统和消化系统的功能，促进人体正常生长发育和新陈代谢，提高全身的协调性、肌肉力量和耐久力，增强耐寒能力。游泳对于身体瘦弱者和许多慢性病患者还是一种有效的体育医疗手段。游泳在生产、科研和国防建设上有很高的实用价值。游泳还能磨炼意志，培养勇敢顽强的精神。

第二节 游泳基本技术

一、熟悉水性

游泳运动是在水中进行的，因此初学者首先要体会与了解水的特性，逐步适应水的环境。消除怕水心理，培养对水的兴趣，主要目的是体会水的浮力和阻力，体会保持水中平衡的方法，并掌握游泳中的一些最基本的动作，如呼吸、浮体、滑行和站立等动作，为以后学习和掌握各种游泳技术打下基础。熟悉水性包括水中行走、呼吸练习、浮体练习、滑行练习。

（一）水中行走和移动练习方法

（1）向前、向侧行走和跑，水中跳跃、转身、下沉等，由扶池边行走过渡到独立自由行走。

（2）侧对池壁或面向池壁，手扶池边，向前、后迈步行走或向左、右迈步行走。

（3）扶壁或 5～6 人手拉手向前、后、左、右走动。

（4）与同伴手拉手成圆圈做游戏性的走、跑或互相推水、戏水。

（5）在水中比赛走、跑、捉人、接力等。

（6）独自划水向前走，进行跨步跳、跑和原地向上跳等动作。

（二）浸水与呼吸练习

游泳是用口吸气，然后在水中用鼻慢慢地呼气。这一练习能使初学者掌握呼吸方法，锻炼把头浸入水中的勇气，进一步消除怕水心理。（图 13-2-1）

（1）双手扶池边或拉同伴的手，练习用口吸气后闭气，然后下蹲把头全部浸入水中，停留片刻后起立。

（2）同上练习，要求把头浸入水中，然后用口鼻慢慢吐气，起立后再在水面上用口吸气。

（3）同上练习，吸气结束后，再把头浸入水中，连续有节奏地做吸、闭、呼动作。吸气要快而深，呼气时要慢，最后用力将气呼尽。

（4）两脚开立，按上述练习要求，连续做呼吸动作 20～30 次，稍休息后重复练习。

（5）吸气入水后，用鼻将气在水中呼出，起立出水后再用力吸气。

图 13-2-1

（三）浮　体

练习的目的是体会水的浮力，初步学会控制身体在水中平衡和水中站立的方法，树立学会游泳的信心。

（1）抱膝浮体练习（图 13-2-2）。吸气，入水憋气，下蹲团身抱膝，蹬离池底自然漂浮于水中，停留片刻后用手下压，抬头起立。

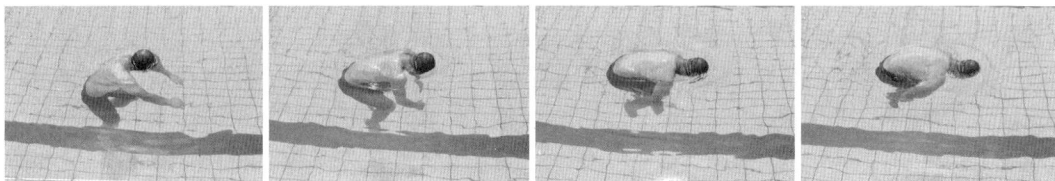

图 13-2-2

（2）展体浮体练习。吸气后，上体前倾，低头憋气，两臂、两腿自然放松展开，片刻后，上肢压水并收腿站立。

（四）滑　行

（1）蹬池底滑行（图 13-2-3）。两脚前后站立，两臂前伸并拢，吸气后屈膝，上体前倾浸入水中，然后脚用力蹬池底，两腿并拢，使身体呈流线型向前滑行。

图 13-2-3

（2）蹬壁滑行（图 13-2-4）。背对池壁，一手拉池槽，一脚站立，另一脚贴住池壁，一臂前伸。深吸气后低头，上体前倾在水中成俯卧，然后收起支撑腿，与另一腿并拢，随即将拉水槽的手放开与前伸的臂并拢，头夹于两臂之间，两脚用力蹬壁，使身体呈流线型向前滑行。这个练习，可用牵拉的方法帮助体会滑行的感觉，也可俯卧在水中，由同伴一手扶身体，一手抓腿做向前推的"发射鱼雷"游戏，也可通过比赛看谁蹬壁滑行远。

图 13-2-4

二、自由泳

自由泳，又称爬泳，是身体俯卧在水中，两腿交替上下打水，两臂轮流向后划水的一种泳姿。其动作结构比较合理，推进力均匀，阻力小，既省力又能产生最大速度，因此，爬泳是游得最快的一种姿势。在游泳竞赛中，自由泳项目运动员可以选择任何泳姿比赛，运动员几乎都用爬泳游进，故爬泳被称为"自由泳"。

自由泳在奥运会游泳比赛中占有很重要的地位。奥运会自由泳项目男子有50米、100米、200米、400米、1500米、4×100米接力、4×200米接力7项；女子有50米、100米、200米、400米、800米、4×100米、4×200米接力7项。自由泳项目在全部游泳项目34项中占14项，而且混合泳和混合泳接力中包括自由泳。自由泳往往被看作是衡量一个国家游泳水平的标志。

（一）身体姿势

游爬泳时，身体要尽量保持俯卧的水平姿势。但是为了取得更好的动作效果，头部应自然稍抬，两眼注视前下方，头的1/3露出水面，水平面接近发际，双腿处于最低点，身体纵轴与水平面成3°～5°的仰角。自由泳游进中，身体可以围绕身体纵轴做有节奏的转动，转动的角度一般为35°～45°。头部与身体纵轴成20°～30°角。如果速度加快，角度就会相对减少。身体俯卧水中，背部和臀部肌肉保持适当紧张，身体自然伸展呈流线型，两眼正视前下方。（图13-2-5）

图 13-2-5

（二）腿部动作

爬泳腿部动作虽有一定的推进力，但主要起平衡作用，能保持身体的稳定和协调双臂有力地划水。要求两腿自然并拢，脚稍内旋，踝关节放松，以髋关节为轴，由大腿带动小腿和脚掌，两腿交替做鞭打动作，两脚尖上下最大幅度30～40厘米，膝关节最大屈度约160°。（图13-2-6）

要求：大腿带小腿，两腿鞭打水。

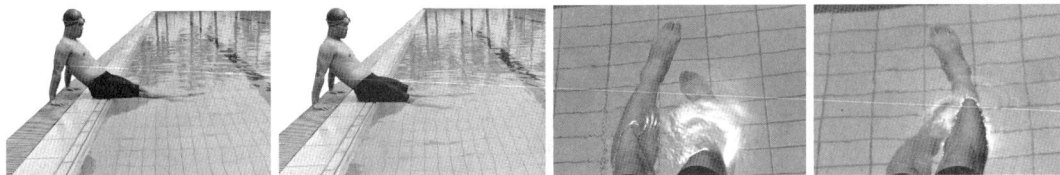

图 13-2-6

（三）臂部动作

臂部动作是推动身体前进的主要动力。一个周期分为入水、抱水、划水、出水和空中移臂五个不可分割的阶段。

1. 入 水

完成空中移臂后，手在控制下自然放松入水。手的入水点一般在身体纵轴和肩关节的前后延长线之间。入水时手指自然伸直并拢，臂内旋使肘关节抬高处于最高点，手掌斜向外下方，使手指首先触水，然后是前臂，最后是上臂自然插入水中。（图 13-2-7）

图 13-2-7

2. 抱 水

臂入水后，在积极向下方插入的过程中，手掌从向斜外下方转向斜内后方并开始屈腕、屈肘，肘高于手，以便能迅速过渡到较好的划水位置。抱水结束，手掌已经接近对水，肘关节屈至 150°左右，整个手臂像抱着一个大圆球似的为划水做准备。（图 13-2-8）

图 13-2-8

3. 划 水

划水是发挥最大推进作用的主要阶段，其动作过程可分为拉水和推水两个部分。紧接抱水阶段进入拉水，这时要保持抬肘，并使上臂内旋，同时继续屈肘，使手的动作迅速赶上身体的前进速度，能使拉水动作造成合理的动作方向。同时，主要肌肉群在良好的工作条件下进入推水动作。拉水至肩的垂直平面后，即进入推水部分，这时肘的屈度为 90°～120°。上臂再保持内旋姿势，带动前臂，用力向后推水。同时，肩部后移，以加长有效的划水路线。向后推水有一个从屈臂到伸臂的加速过程，手掌以从内向上、从下向上的动作路线加速划至大腿旁。整个划水动作，手的轨迹始于肩前，继之到腹下，最后到大腿旁，成 S 形。（图 13-2-9）

自由泳划手
换气配合

图 13-2-9

4. 出　水

划水结束时，掌心转向大腿，出水时小指向上，手臂放松，微屈肘。由上臂带动，肘部向外上方提拉带前臂和手出水面，掌心转向后上方。出水动作必须迅速而不停顿，同时应该柔和、放松。（图 13-2-9）

5. 空中移臂

紧接出水不停顿地进入空中移臂，移臂时，肘高于手。（图 13-2-9）

6. 两臂配合

游自由泳时，两臂划水发生的交叉位置有前交叉、中交叉和后交叉三种类型。前交叉是指一臂入水时，另一臂已前摆至肩前方与平面约成 30°角。中交叉是指一臂入水时，另一臂处在向内划水阶段与水平面约成 90°角。后交叉是指一臂入水时，另一臂划至腹下，手与水平面约成 150°角。（图 13-2-10）

图 13-2-10

（四）完整的动作配合技术

游自由泳时，一般是在两臂各划水一次的过程中进行一次呼吸。以向右边吸气为例，右手入水后，嘴和鼻开始慢慢呼气。右臂划水至肩下，开始向右侧转头和增大呼气量。右臂推水即将结束，则用力呼气。右臂出水时，张嘴吸气，至空中移臂的前半部为止，并开始转头还原。然后，直至臂入水结束，有一个短暂的闭气过程，脸部转向前下。头部稳定时，右臂入水，再开始下一个慢慢呼气的过程。

呼吸和臂的配合：自由泳的呼吸与臂、腿配合，初学者一般采用 6 : 2 : 1 的方法，即呼吸 1 次、臂划 2 次、腿打 6 次，这种配合方法易保持平衡和协调掌握自由泳技术。

要求：吸气时肩和头应向同侧转，使口在低于水平面的波谷中吸气，不能抬头。

三、蛙　泳

蛙泳是身体俯卧于水中，两肩与水面平行，依靠两臂对称向后划水、两腿向后对称蹬夹水而向前游进的姿势。整个动作与青蛙游水十分相似，所以取名为蛙泳。蛙泳的特点是游时省力，容易学，游动时动作全部在水下，声音较小，头部可以出水面呼吸，视野开阔，容易对准目标。蛙泳较省力，易持久，实用价值大，常用于渔猎、泅渡、救护、水上搬运等。常见比赛项目有男女 100 米、200 米等。

自由泳完整技术

蛙泳

蛙泳整体配合动作

140

（一）身体姿势

滑行时，身体俯卧水中，两臂前伸并拢，头略抬，水齐发际，稍挺胸，腹部和下肢尽量处于水平姿势，身体纵轴与前进方向成 5°～10° 角。在游进时，身体随划臂和呼吸动作有一定幅度的上下起伏。（图 13-2-11）

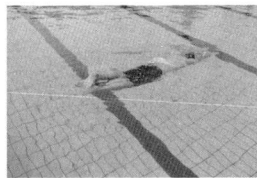

图 13-2-11

（二）腿部动作

腿部动作是游进中产生主要推进力的动作之一，技术分为收腿、翻脚和蹬夹水三个不可分割的动作阶段。

1. 收腿和翻腿

在两腿完全伸直并稍下沉时，屈髋和屈膝，同时两小腿向大腿后折叠与臀部靠拢，边分边收，两膝距离与肩同宽，大腿和小腿成 30°～40° 角，当腿和脚跟接近臀部时，两膝稍向里扣，脚尖向两侧外翻做翻脚动作。（图 13-2-12）

要求：收腿时同时屈膝、屈髋，以较慢的速度和较小的力量使脚后跟向臀部靠拢，以减小阻力；翻脚时，脚尖朝外，对水面增大，使脚内侧和小腿内侧对准蹬水的方向。

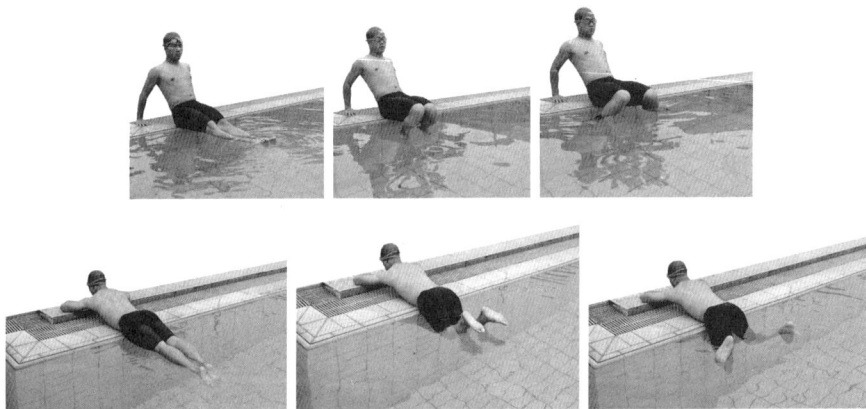

图 13-2-12

2. 蹬夹水

腿后蹬时，边后蹬边内夹，以蹬为主，蹬夹动作先伸髋，使髋、膝和踝关节相继伸直。（图 13-2-13）

要求：腿在向后蹬的同时向中间夹紧，蹬腿结束时两腿应并拢伸直，踝关节伸直。

图 13-2-13

蛙泳浮板
蹬腿技术

蛙泳蹬腿
技术

蹬边滑行
技术

3. 滑　行

蹬夹水结束后，由于蹬腿的惯性作用两腿有一个短暂的滑行阶段。这时，两腿应尽量伸直并拢，腿部肌肉和踝关节自然放松，为下一个动作周期做好准备。

（三）臂部技术

1. 划水与抓水

开始时，手臂前伸内旋，掌心转向外斜下方，两手分开向斜下方抓水。当手感到有压力时，便开始向侧、下、后、内呈椭圆曲线划水。要求划水以肩为轴，动作连贯，肘部保持比手高的位置。

2. 收手与伸臂

划水结束，臂由内向前收，两手相对，最后掌心向下并臂前伸。当两手收至下颌前下方时，借收手弧形惯性向前伸肘，两手靠近，掌心向下。（图 13-2-14）

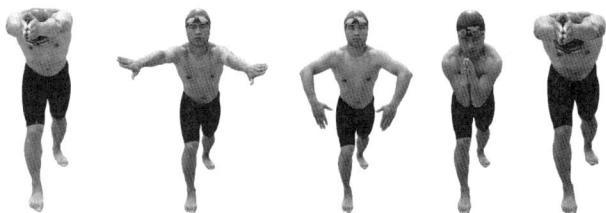

图 13-2-14

（四）呼　吸

呼吸要和臂的动作协调配合，划水结束时，抬头用鼻和口呼气，手臂划水时用口吸气，收手低头闭气，伸臂时徐徐呼气。

（五）臂、腿和呼吸的配合技术

蛙泳的呼吸一般在一次动作周期中吸一次气。臂、腿、呼吸的配合多采用1∶1∶1配合。

蛙泳在一个动作周期中，一般采用一次呼吸，一次划水，一次腿的配合。臂开始划水时，腿伸直不动，划水将结束，两腿自然放松，并在收手时开始收腿。手臂开始前伸时，收腿结束并做好翻脚动作，手臂接近伸直时，开始向后蹬腿。伸臂蹬腿结束后，身体伸直向前滑行。（图 13-2-15）

图 13-2-15

四、仰泳和蝶泳

（一）仰　泳

仰泳是人体仰卧在水中进行游泳的一种姿势。由于仰泳面部露出水面，呼吸方便，躺在水面上，比较省力，学习起来比较容易，因此深受中老年人和体质较弱者喜爱。仰泳技术组成：仰泳身体姿势，仰泳腿部技术，仰泳手臂技术，仰泳配合技术。

仰泳技术的产生和发展有较长的历史，1794 年就有了关于仰泳技术的记载，但是直到 19 世纪初，游仰泳时仍采用两臂同时向后划水，两腿做蛙泳的蹬水动作，即俗称的"反蛙泳"。自 1902 年出现自由泳技术后，由于自由泳技术合理和速度快，就开始有人采用类似爬泳的两臂轮流向后划水的游法。直到 1921 年才初步形成了现在的仰泳技术。

（二）蝶　泳

蝶泳是游泳项目之一。蝶泳技术是在蛙泳技术动作基础上演变而来的，是四种竞技游泳姿势中最后发展起来的泳姿。蝶泳的腿部动作酷似海豚，因此又称为"海豚泳"。

蝶泳的身体姿势与其他泳姿不同，它没有固定的身体位置。在游进中躯干各部分和头不断改变彼此间的相对位置。头和躯干有时露出水面，有时潜入水中，形成波浪形式上下起伏的变化位置。

蝶泳在游进中，是以横轴（腰际）为中心，躯干和腿做有节奏的摆动，发力点在腰腹部，然后以大腿带动小腿，两腿一起做上下的鞭状打水动作。由于这些动作与头和臂部的动作紧密联系在一起，形成蝶泳所特有的波浪动作，因此前进时身体的阻力较小。

第三节　游泳安全与防护

一、游泳的安全措施

游泳是在水中这种特定环境中进行的。如果没有掌握好游泳技术，就有可能发生溺水，甚至发生溺亡事故。因此，游泳者必须加强自我保护意识，树立安全第一的思想。

（一）要选择安全的游泳场地

游泳场地要有鲜明的标记标明水的深度，设有安全监督哨、救护器材、救护人员。初学游泳的人，不要到深水中去。

（二）要做好下水前的准备工作

由于游泳池水温低于人体体温，人们在下水后往往会发生肌肉抽搐、关节伸展不开等现象。为此，要求下水前进行各种徒手操、原地跑跳等准备活动，以增加身体热量，同时使颈、肩、腰、膝等关节和全身肌肉活动开。

（三）不准推人入水

在同伴毫无准备之际，突然推其入水，极容易发生意外伤害事故，因此在泳池中，严禁推人下水。

（四）不要在游泳池中潜泳

在游泳池中潜泳，耗氧大，容易引起缺氧窒息，且容易被人踢到、撞伤。

（五）游泳活动量要循序渐进

游泳练习，开始阶段活动量宜小。经过一段时间练习后，再逐渐增大，循序渐进，使人有个适应和提高过程。

（六）水温达 23℃～27℃方可游泳

如果水温低于人的体温，身体在水中散热快，能量消耗大。水温低于 23℃，人体受到冷水刺激，容易发生抽搐，甚至休克。

二、游泳的卫生知识

游泳是在水这种特定环境中进行的，如果不注意个人卫生，既影响水的清洁卫生，又会有害于人们的健康。因此，游泳者必须加强卫生意识。

（一）泳前体检

为保证游泳者的安全和健康，防止疾病传染，在游泳前必须进行体质检查。凡患有严重高血压、心脏病、精神病、癫痫等病人，绝不能下水游泳，以免发生意外。患有活动性肺炎、急慢性肾炎、支气管炎、哮喘等疾病的病人，抵抗力差，而游泳活动量大，体力消耗大，容易使病情加重，这类病人，应暂缓参加游泳。患有传染性肝炎、严重皮肤病、红眼病等病人及细菌性痢疾未痊愈者，绝不能下水，以免在公共场所互相传染。患有急慢性中耳炎及鼓膜穿孔者，游泳易使炎症加重，也暂时不要参加游泳。

（二）泳前淋浴

为保证池水的清洁与卫生，游泳者下水前，必须裸体冲净全身，方可穿上洁净的泳衣、泳裤，进入泳池。

（三）排泄物必须排入水槽

游泳时，常常会伴有痰或鼻涕等，一定要尽快抬头游到池边，向水槽或痰沟内排净，否则易污染池水。

（四）饭后和空腹不宜游泳

饭后即刻游泳，胃与心肺负担过重，容易引起昏迷和呕吐。一般饭后 1 小时游泳为宜。空腹时游泳，人体血糖低，易出现头晕或四肢无力，甚至有昏厥的可能。

三、游泳救护

游泳救护是保障游泳者生命安全的一项重要措施。要贯彻以防为主、以救为辅的精神，加强游泳救护。

（一）自我救护

（1）手指抽筋时，可将手握拳，然后用力张开，这样迅速反复做几次，直至抽筋手指恢复正常。

（2）小腿或脚趾抽筋时，可先吸一口气仰浮水上，用抽筋肢体对侧的手握住抽筋肢体的脚趾，先用力向身体方向拉，同时用同侧的手掌压在抽筋肢体的膝关节上，帮助抽筋腿伸直。

（3）大腿抽筋时，同样可采用拉长抽筋肌肉的办法缓解。

（二）间接救护

利用救生器材对较清醒的溺水者施救是救护的一种方法。施救时，要先吸引溺水者的注意力，并尽快选择救护器材进行施救，如将绳索、树枝或竹竿等抛给溺水者抓住后将其拖上岸，或将救生圈、球或木板等漂浮物掷给溺水者，使其扶住漂浮物保持镇静。

（三）直接救护

这是救护者徒手对溺水者施救的一种技术。救护者必须要有较好的游泳技术和救护知识。要选择能尽快游近溺水者的入水点，最好从背后接近，避免被溺水者抱住，双手托其头部或腋下（使其口鼻露出水面），采用侧泳将其拖带上岸。溺水者面对救护者时的救护方法：救护者用左（右）手抓住溺水者的左（右）手腕，用力向左（右）一拉，借助惯性使溺水者身体转 180°，背向自己，然后进行拖运。如果救护者抓不住溺水者的手，应迅速潜入水中，用双手拖住溺水者髋部，用力向左（右）旋转，使其背对自己，然后将其拖上岸。（图 13-3-1）

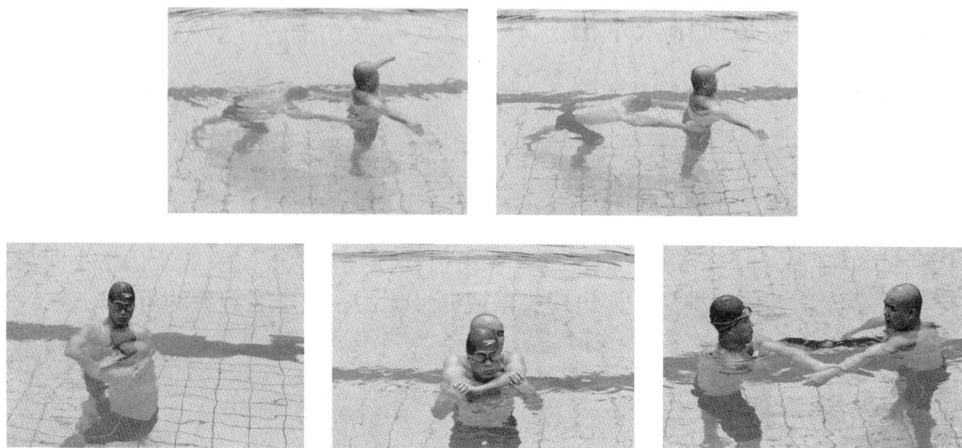

图 13-3-1

（四）对溺水者实施救护

1. 入水前的观察

入水前，若附近无其他人，应大声呼救，让其他人听到后前来增援。同时迅速脱去外衣裤和鞋袜，辨明水流方向、水面宽窄等以选择入水地点。

2. 入水

在熟悉的水域可采用跳得远、出水快的游泳动作入水。在不熟悉的水域或地势较高处入水，应屈腿团身，脚先入水，两臂展开压水，以防碰到水下不明物体。

3. 游近溺水者

入水后采用抬头自由泳或蛙泳，以便观察溺水者的情况，若同时有两人以上溺水者，应先救体力最差的一个，不要同时接触几个溺水者，以免被抱住难于解脱。救护者要冷静、沉着，游到溺水者身边，用左手抓住溺水者左手腕，用力向左拉，使溺水者背向自己后进行拖运，右手动作方向则相反。

4. 水中解脱

在水中救护时，若被溺水者抓住或抱住时，应设法解脱。解脱动作要迅速、熟练、突然，方能奏效。如果解脱不了，可深吸气做翻滚动作，将溺水者压入水中，溺水者为了向上呼气容易松手。常用解脱方法有以下几种。

（1）虎口解脱法。在水中救护时，若被溺水者抓住或抱住时，可采用虎口解脱法。即利用溺水者的虎口为支点，运用杠杆原理，用救护者的手臂将溺水者的手撬开，摆脱被抓的状态。

（2）推扭解脱法。被溺水者从前面抱住腰时，可采用推托溺水者下颌或扭转其颈部的方法解脱。（图 13-3-2）

（3）扳指解脱法。被溺水者从背后抱住腰时，可采用扳溺水者中指的方法解脱。

（4）托肘解脱法。若溺水者从前或后方将救护者躯干和手臂都抱住，可上托溺水者的肘部解脱。

图 13-3-2

5. 拖　运

拖运必须让溺水者口鼻露出水面，一手拉、拖溺水者，另一手划水，两腿做反蛙泳或侧蹬水动作。（图 13-3-3）

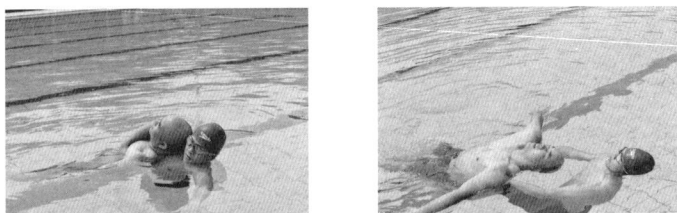

图 13-3-3

（五）岸上急救

将溺水者拖上岸后，先观察溺水者的状况，然后决定做人工呼吸和做心脏按压，同时找救护车。

1. 人工呼吸

溺水者如心脏有跳动时，应立即进行人工呼吸。在进行人工呼吸前，先清除溺水者口腔中的分泌物和其他异物等，使其上呼吸道通畅，再迅速进行排水。排水的方法是救护者一腿跪下，另一腿屈膝，将溺水者的腹部放在屈膝的大腿上，一手扶着溺水者的头，使其嘴向下，另一手压其背部，使其把水排出。排出水后，要立即进行人工呼吸。操作方法是：使溺水者仰卧，救护者一手托其下颏，另一手捏其鼻孔，然后深吸一口气，对准溺水者的口将气吹入。吹气后松开捏鼻孔的手，如此反复进行。每分钟做 14 ～ 20 次，不能间断，直至溺水者恢复呼吸为止。

2.心脏按压

溺水者如无心跳或心跳极弱时，要立即进行心脏按压。具体方法是：使溺水者仰卧，救护者跪在溺水者的身旁，将一手掌置于其胸骨下端，另一手掌覆在上，两手掌重叠在一起，两臂伸直，借助身体的重力，稳健有力地向下垂直加压，压力集中在手掌根部，使溺水者胸骨下陷3～4厘米，随后将手腕抬起，使胸廓扩张。这样有节奏地进行，每分钟60～80次。

当溺水者失去知觉时，最好是人工呼吸和心脏按压同时进行。方法是先做2次人工呼吸，然后做15次连续心脏按压，这样反复进行。

第十四章 武 术

第一节 武术运动概述

从历史角度来看，武术是以中国传统文化为理论基础的。从总体来说，武术理论较多受中国哲学影响，武术防身制敌方法较多受中国兵学影响，武术健身法较多受中医和养生术的影响，武术表演艺术较多受古代舞蹈的影响。

从锻炼的内容看，武术是徒手和器械的攻防动作。徒手攻防有长拳、太极拳、南拳等，器械攻防有剑术、刀术、枪术、棍术等。

从运动形式上看，武术包括基本功、实战和套路三种形式。其中，基本功包括增强肢体攻击力度和抗击力度的硬功，发展人体平衡能力和翻腾奔跑能力的方法，锻炼意、气、形、神完整一体的内功，提高肢体关节活动幅度及肌肉舒缩性能的柔功等；实战运动包括徒手搏斗（散打和推手）、短兵和长兵三项；套路运动是将单个攻防动作或具有攻防含义的动作，按一定的格式和运动规律组编成套练习，是一种相对稳定的程序化锻炼的表现形式，包括拳术套路和器械套路两类。

武术具有中国独特民族风格，带有攻防含义，是以拳术、器械、套路形式和实战为主的体育项目。

经常参加武术锻炼，不仅可以强健体魄、防身自卫，还能磨炼意志、陶冶情操、愉悦身心，增进交流和友谊。

第二节 武术基本功

一、手型、手法练习

（一）手 型

（1）拳：五指卷紧，拳面要平，拇指压于食指、中指第二指节上。（图14-2-1）

手 型

149

（2）掌：拇指外展或屈曲，其余四指伸直并拢向后伸张。（图 14-2-2）

（3）勾：屈腕，五指撮拢，或拇指与食指、中指撮拢成刁勾。（图 14-2-3）

图 14-2-1　　　　　　　图 14-2-2　　　　　　　图 14-2-3

手　法

（二）手　法

（1）冲拳：拳从腰间旋臂向前快速击出，力达拳面。（图 14-2-4）

（2）架拳：右拳向左经体前向头上方架起，拳轮朝上，臂成弧形。（图 14-2-5）

（3）劈拳：拳自上向下快速劈击，臂伸直，力达拳轮；抡臂时臂要抡成立圆劈击。（图 14-2-6）

图 14-2-4　　　　　　　图 14-2-5　　　　　　　图 14-2-6

（4）推掌：掌由腰间旋臂向前立掌推击，速度要快，臂要直，力达掌外沿。（图 14-2-7）

（5）亮掌：手臂微屈，抖腕翻掌，举于体侧或头上。（图 14-2-8）

（6）格肘：前臂上屈，手心向里，力在前臂，向内横拨为里格；向外横拨为外格。（图 14-2-9）

图 14-2-7　　　　　　　图 14-2-8　　　　　　　图 14-2-9

二、步法、腿法练习

（一）步　法

（1）弓步：前脚微内扣，全脚着地，屈膝半蹲，大腿成水平，膝部或脚尖垂直；另一腿挺膝伸直，脚尖内扣，斜向前方，全脚着地。（图14-2-10）

（2）马步：两脚左右开立，约为脚长的3倍，脚尖正对前方，屈膝半蹲，大腿成水平。（图14-2-11）

（3）虚步：后脚尖斜向前，屈膝半蹲，大腿接近水平，全脚着地；前腿微屈，脚面绷平，脚尖虚点地面。（图14-2-12）

（4）仆步：一腿全蹲，大腿和小腿靠紧，全脚着地，膝与脚尖稍外展，另一腿平铺接近地面，全脚着地，脚尖内扣。（图14-2-13）

（5）歇步：两腿交叉屈膝全蹲，前脚全脚着地，脚尖外展；后脚脚跟离地，臀部外侧紧贴小腿。（图14-2-14）

图14-2-10　　　图14-2-11　　　图14-2-12　　　图14-2-13　　　图14-2-14

（二）腿　法

（1）正踢腿：支撑腿伸直，全脚着地，另一腿膝部挺直脚尖勾起前踢，接近前额，动作要轻快有力，上体保持正值。（图14-2-15）

（2）侧踢腿：脚尖勾起，经体侧踢向脑后。其他同正踢腿。（图14-2-16）

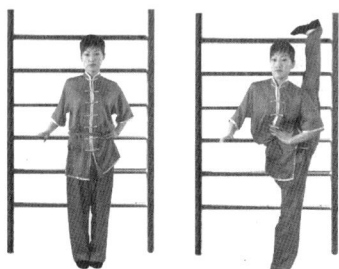

图14-2-15　　　　　　　　图14-2-16

（3）里合腿：支撑腿自然伸直，全脚着地，另一腿从体侧踢起，经面前向里做扇面摆动落下。其他同正踢腿。（图14-2-17）

（4）外摆腿：同里合腿，只是摆动方向相反。（图 14-2-18）

图 14-2-17　　　　　　　　　　　　　　　　图 14-2-18

（5）弹腿：支撑腿直立或微屈，另一腿由屈到伸向前弹出，高不过腰，膝部挺直，脚面绷平。小腿弹出轻快有力，力达脚尖。（图 14-2-19）

（6）蹬腿：支撑腿直立或稍屈，另一腿由屈到伸，脚尖勾起，用脚跟猛力蹬出，高不过胸，低不过腰。（图 14-2-20）

（7）踹腿：支撑腿直立或稍屈，另一腿由屈到伸，脚尖勾起内扣或外摆，用脚底猛力踹出；高踹与腰平，低踹与膝平，侧踹时上身倾斜，脚高过腰部。（图 14-2-21）

图 14-2-19　　　　　　　　图 14-2-20　　　　　　　　图 14-2-21

三、平　衡

（1）提膝平衡：支撑腿直立站稳，上体正直；另一腿在体前屈膝高提近胸，小腿斜垂里扣，脚面绷平内收。（图 14-2-22）

（2）扣腿平衡：支撑腿屈膝半蹲；另一腿屈膝，脚尖勾起并紧扣于支撑腿的膝后。（图 14-2-23）

（3）燕式平衡：支撑腿直立站稳。上体前俯略高于水平，挺胸展腹。后举腿伸直，高于水平，脚面紧绷。（图 14-2-24）

外摆腿

弹　腿

蹬　腿

提膝平衡

扣腿平衡

燕式平衡

图 14-2-22   图 14-2-23   图 14-2-24

四、跳跃翻腾

（1）腾空飞脚：摆动腿抬高，起跳腿上摆伸直，脚面绷平，腿高过肩，击手和拍脚连续快速，准确响亮。（图 14-2-25）

图 14-2-25

（2）旋风脚：摆动腿直摆或屈膝，起跳腿伸直，向内腾空转体 270°，异侧手击拍脚掌，腿高过肩，击拍响亮，转体 360° 落地。（图 14-2-26）

图 14-2-26

腾空飞脚

旋风脚

第三节　24 式简化太极拳

一、动作名称

24 式简化太极拳见表 14-3-1。

表 14-3-1　24 式简化太极拳动作名称

组　别	动作名称		
第一组	1. 起　势	2. 左右野马分鬃	3. 白鹤亮翅
第二组	4. 左右搂膝拗步	5. 手挥琵琶	6. 左右倒卷肱
第三组	7. 左揽雀尾	8. 右揽雀尾	
第四组	9. 单　鞭	10. 云　手	11. 单　鞭
第五组	12. 高探马	13. 右蹬脚	14. 双峰贯耳
第六组	15. 转身左蹬脚		
	16. 左下势独立	17. 右下势独立	
第七组	18. 左右穿梭	19. 海底针	20. 闪通臂
第八组	21. 转身搬拦捶	22. 如封似闭	23. 十字手
	24. 收　势		

二、24 式简化太极拳图示

第一组

1. 起　势

头颈正直，下颌微收，两肩松沉，精神集中。两臂下落和身体下落动作要协调。（图 14-3-1 至图 14-3-5）

图 14-3-1　　　　图 14-3-2　　　　图 14-3-3　　　　图 14-3-4　　　　图 14-3-5

2. 左右野马分鬃

动作要领：上体忌前俯后仰，胸部要宽松舒展。身体转动要以腰为轴。两臂分开时

保持弧形。（图 14-3-6 至图 14-3-15 ）

图 14-3-6

图 14-3-7

图 14-3-8

图 14-3-9

图 14-3-10

图 14-3-11

图 14-3-12

图 14-3-13

图 14-3-14

图 14-3-15

3. 白鹤亮翅

胸部不要挺出，两臂都要保持弧形，左膝要微屈。（图 14-3-16 至图 14-3-19 ）

图 14-3-16

图 14-3-17

图 14-3-18

图 14-3-19

第二组

4. 左右搂膝拗步

松腰松胯，沉肩垂肘，坐腕舒掌。搂膝拗步成弓步时，两脚跟横向距离约为 30 厘米。（图 14-3-20 至图 14-3-31 ）

图 14-3-20

图 14-3-21

图 14-3-22

图 14-3-23

图 14-3-24　　　　图 14-3-25　　　　图 14-3-26　　　　图 14-3-27

图 14-3-28　　　　图 14-3-29　　　　图 14-3-30　　　　图 14-3-31

5. 手挥琵琶

身体移动要平稳自然，不能耸肩，胸要放松。（图 14-3-32、图 14-3-33）

图 14-3-32　　　　　　　　图 14-3-33

6. 左右倒卷肱

退步做倒卷，松腰松胯。两手随转体走弧线，速度要均匀一致、避免僵硬。（图 14-3-34 至图 14-3-42）

图 14-3-34　　　　图 14-3-35　　　　图 14-3-36　　　　图 14-3-37

图 14-3-38　　　图 14-3-39　　　图 14-3-40　　　图 14-3-41　　　图 14-3-42

第三组

7. 左揽雀尾

身体重心移动时身体保持中正，两臂须走弧形。整个动作要松腰松胯，含胸拔背。（图 14-3-43 至图 14-3-63）

8. 右揽雀尾

动作与"左揽雀尾"相同，只是左右方向相反。

图 14-3-43　　图 14-3-44　　　图 14-3-45　　　图 14-3-46　　　图 14-3-47

图 14-3-48　　　图 14-3-49　　　图 14-3-50　　　图 14-3-51

图 14-3-52　　　图 14-3-53　　　图 14-3-54　　　图 14-3-55

图 14-3-56　　　　　图 14-3-57　　　　　图 14-3-58　　　　　图 14-3-59

图 14-3-60　　　　　图 14-3-61　　　　　图 14-3-62　　　　　图 14-3-63

第四组

9. 单　鞭

动作完成时，两肩要松沉，右勾手向后平举，左手要旋臂沉腕向前推掌。（图 14-3-64 至图 14-3-68 ）

图 14-3-64　　　　图 14-3-65　　　　图 14-3-66　　　　图 14-3-67　　　　　图 14-3-68

10. 云　手

以腰为轴左右转动，身体移动要平稳、不可忽高忽低。（图 14-3-69 至图 14-3-74 ）

图 14-3-69　　　　图 14-3-70　　　　图 14-3-71　　　　　图 14-3-72　　　　图 14-3-73　　图 14-3-74

11. 单 鞭

动作要领：动作衔接要连贯、流畅，上体保持正直，两肩松沉，上下要协调一致。（图 14-3-75、图 14-3-76）

第五组

12. 高探马

动作要领：上体要自然正直、避免身体后仰。右手前推时肘微下垂、左手收于腹前。（图 14-3-77、图 14-3-78）

图 14-3-75　　　　图 14-3-76　　　　图 14-3-77　　　　图 14-3-78

13. 右蹬脚

动作要领：身体要稳，分掌与蹬脚要协调。如面向南起势，蹬脚的方向应为东偏南约为 30° 角。（图 14-3-79 至图 14-3-81）

图 14-3-79　　　　图 14-3-80　　　　图 14-3-81

14. 双峰贯耳

动作要领：两臂要保持弧形。两拳前贯与弓步要同时完成。（图 14-3-82）

15. 转身左蹬脚

动作要领：扣脚转身时上体要保持正直，不可前俯后仰。此动作与右蹬脚方向成 180° 角。（图 14-3-83 至图 14-3-85）

图 14-3-82　　　　　图 14-3-83　　　　　图 14-3-84　　　　　图 14-3-85

第六组

16. 左下势独立

下势时，上体不可过于前倾。右脚提起时自然下垂。提膝和挑掌要协调一致。（图 14-3-86 至图 14-3-89）

图 14-3-86　　　　　图 14-3-87　　　　　图 14-3-88　　　　　图 14-3-89

17. 右下势独立

右脚尖触地后，以左脚为轴辗转。其他同"左下势独立"，只是左右方向相反。（图 14-3-90 至图 14-3-93）

图 14-3-90　　　　　图 14-3-91　　　　　图 14-3-92　　　　　图 14-3-93

第七组

18. 左右穿梭

身体中正，避免耸肩。如面向南起势，此动作方向应为正西偏北或正西偏南均约为 30° 角。（图 14-3-94 至图 14-3-101）

图 14-3-94

图 14-3-95

图 14-3-96

图 14-3-97

图 14-3-98

图 14-3-99

图 14-3-100

图 14-3-101

19. 海底针

上体不可太过前倾，背部肌肉要有被牵拉的感觉，避免低头和臀部外凸。（图 14-3-102、图 14-3-103）

20. 闪通臂

推掌时右臂微屈，上体不要侧倒。架推掌与弓步动作要协调一致。（图 14-3-104、图 14-3-105）

图 14-3-102

图 14-3-103

图 14-3-104

图 14-3-105

第八组

21. 转身搬拦捶

拳先内旋搬拦，然后再外旋向外画弧。打拳时右臂不要太直。（图 14-3-106 至图 14-3-111）

图 14-3-106　　　　　图 14-3-107　　　　　图 14-3-108

图 14-3-109　　　　　图 14-3-110　　　　　图 14-3-111

22. 如封似闭

身体避免后仰，两手后收时肘部略向外松开。两手掌推出的宽度不要超过两肩。（图 14-3-112 至图 14-3-115）

图 14-3-112　　　　图 14-3-113　　　　图 14-3-114　　　　图 14-3-115

23. 十字手

身体正直，头微向上顶。两臂圆满舒适，沉肩垂肘。意识引导松腰松垮。（图 14-3-116 至图 14-3-121）

图 14-3-116　　　　　图 14-3-117　　　　　图 14-3-118

图 14-3-119　　　　　　图 14-3-120　　　　　　图 14-3-121

24. 收　势

动作徐缓，心平气静地结束整套动作。（图 14-3-122 至图 14-3-124）

图 14-3-122　　　　　　图 14-3-123　　　　　　图 14-3-124

第四节　初级剑术

初级剑术

一、初级剑术动作名称

初级剑动作名称见表 14-4-1。

表 14-4-1　初级剑术动作名称

组　别	动作名称		
起　势			
第一段	1. 弓步直刺	2. 回身后劈	3. 弓步平抹
	4. 弓步左撩	5. 提膝平斩	6. 回身下刺
	7. 挂剑直刺	8. 虚步架剑	
第二段	1. 虚步平劈	2. 弓步下劈	3. 带剑前点
	4. 提膝下截	5. 提膝直刺	6. 回身平崩
	7. 歇步下劈	8. 提膝下点	

组　别	动作名称		
第三段	1. 并步直刺	2. 弓步上挑	3. 歇步下劈
	4. 右截腕	5. 左截腕	6. 跃步上挑
	7. 仆步下压	8. 提膝直刺	
第四段	1. 弓步平劈	2. 回身后撩	3. 歇步上崩
	4. 弓步斜削	5. 进步左撩	6. 进步右撩
	7. 坐盘反撩	8. 转身云剑	
结束动作			

二、初级剑术图示

预备式

持剑时，前臂与剑身要紧贴并垂直于地面。两肩要松沉，上身微挺胸、收腹，两膝挺直。（图 14-4-1 至图 14-4-10）

图 14-4-1　　　　　图 14-4-2　　　　　图 14-4-3

图 14-4-4　　　　　图 14-4-5　　　　　图 14-4-6

图 14-4-7　　　　图 14-4-8　　　　　图 14-4-9　　　　　图 14-4-10

第一段

1. 弓步直刺

动作要领：做弓步时，前腿屈膝蹲平，两脚全脚着地。上身稍前倾，腰要向左拧转、塌下，臀部不要凸起。两肩松沉，右肩前顺，左肩后引。剑尖稍高于肩。（图 14-4-11）

2. 回身后劈

上步、转身、平劈和剑指向上侧举必须协调一致。转身后，腰要向右拧转，左脚不要移动，剑身与持剑手臂必须成直线。（图 14-4-12）

3. 弓步平抹

抹剑时，手腕用力须柔和。（图 14-4-13）

图 14-4-11　　　　　　图 14-4-12　　　　　　图 14-4-13

4. 弓步左撩

剑由前向后和由后向前弧形撩起时，应与提膝和向前落步的动作协调一致，握剑不可太紧。成弓步后，上身略向前倾，直背、收臀，剑尖稍低于剑指。（图 14-4-14、图 14-4-15）

5. 提膝平斩

剑从左向右后平绕时，上身应后仰，使剑从脸部上方平绕而过，不可从头顶上绕行。提膝时，左腿必须挺膝伸直站稳，右腿屈膝尽量上提，右脚贴护于裆前，上身稍向前倾，挺胸、收腹。（图 14-4-16）

图 14-4-14　　　　　图 14-4-15　　　　　　　图 14-4-16

6. 回身下刺

右手持剑要先屈肘收于身前，在右脚向前落步和上身右转的同时，使剑用力刺出。左腿伸直，右腿稍屈，腰向右拧转，剑指、两臂和剑身须成一条直线。（图 14-4-17）

7. 挂剑直刺

挂剑、下插、直刺三个分解动作必须连贯，并与跨步、提膝、转身、弓步的动作

要协调一致。成弓步后，两脚全脚均着地，上身稍前倾、挺胸、塌腰。（图14-4-18至图14-4-20）

图14-4-17　　　　图14-4-18　　　　图14-4-19　　　　图14-4-20

8. 虚步架剑

虚步必须虚实分明，右肘略屈使剑身成立剑架于额前上方，左臂伸直。（图14-4-21、图14-4-22）

第二段

1. 虚步平劈

动作要领：虚步必须虚实分明，劈剑时手腕要挺直。（图14-4-23）

2. 弓步下劈

劈剑时，右肩前顺，左肩后引，剑尖与手、肩成一直线。（图14-4-24）

图14-4-21　　　　图14-4-22　　　　图14-4-23　　　　图14-4-24

3. 带剑前点

向前点击时，右臂前伸、屈腕，力点在剑尖，手腕稍高于肩，剑尖略低于手。成丁步后，右大腿尽量蹲平，左脚绷直，脚尖点地放在右脚足弓处，两腿必须并拢。上体稍前倾，挺胸、收腹、塌腰。（图14-4-25、图14-4-26）

4. 提膝下截

剑从右向左的圆形画弧下截是一个完整的动作，必须连贯起来做。左膝尽量提高，脚面绷平；右腿膝部挺直，站立要稳。右臂与剑身成一条直线，剑身斜平。（图14-4-27、图14-4-28）

图 14-4-25   图 14-4-26   图 14-4-27   图 14-4-28

5. 提膝直刺

抱剑与落步，直刺与提膝，动作应协调一致。（图 14-4-29、图 14-4-30）

6. 回身平崩

收剑和平崩两个动作必须连贯起来做。平崩时，上体向右拧转，但左脚不得移动。（图 14-4-31、图 14-4-32）

图 14-4-29   图 14-4-30   图 14-4-31   图 14-4-32

7. 歇步下劈

成歇步时，左大腿盖压在右大腿上面，左脚全脚着地，右脚脚跟离地，臀部坐在右小腿上。劈剑时，右臂尽量向前下方伸直，剑身与地面平行。劈剑与跃步成歇步动作须同时完成。（图 14-4-33）

8. 提膝下点

仰身外绕剑与提膝下点两个动作要连贯、同时完成。右腿独立时，膝部挺直，左膝尽量上提。点剑时，右手腕要下屈，剑身、右臂、左臂和剑指要在同一个垂直面内。（图 14-4-34、图 14-4-35）

图 14-4-33   图 14-4-34   图 14-4-35

第三段

1. 并步直刺

两腿半蹲时大腿要蹲平，两膝、两脚均应紧靠并拢。上体前倾，直背、落臀。两臂伸直，剑尖与肩相平。（图 14-4-36、图 14-4-37）

2. 弓步上挑

左臂伸直、左肩前顺，剑指略高过肩；右臂伸直上举，剑刃朝前后方向。上体挺胸、直背、塌腰。（图 14-4-38）

3. 歇步下劈

成歇步时，左大腿盖压在右大腿上面，左脚全脚着地，右脚脚跟离地，臀部坐在右小腿上。劈剑时，右臂尽量向前下方伸直，剑身与地面平行。劈剑与跃步成歇步动作需同时完成。（图 14-4-39）

图 14-4-36　　　　　图 14-4-37　　　　　图 14-4-38　　　　　图 14-4-39

4. 右截腕

两腿应虚实分明，上体稍前倾，剑身平衡于右额前上方，剑尖稍高于剑柄。（图 14-4-40）

5. 左截腕

两腿应虚实分明，上体稍前倾，右臂外旋稍屈肘，右手腕与肩同高，手心向上，剑身与地面平行。（图 14-4-41）

6. 跃步上挑

跃步和上挑动作应协调一致，迅速进行。挑剑时，腕部要猛然用力上屈。达到平衡状态后，右腿略屈膝站稳，左小腿尽量向上抬起。上体向右拧转，剑身斜举于右侧上方，持剑手略松，便于手腕上屈。（图 14-4-42、图 14-4-43）

图 14-4-40　　　　　图 14-4-41　　　　　图 14-4-42　　　　　图 14-4-43

7. 仆步下压

做仆步时，左腿要全蹲，臀部要紧靠脚跟，不要凸起，两脚全脚着地。上体前探时要挺胸，两肘略屈，环抱于身前。（图 14-4-44、图 14-4-45）

图 14-4-44　　　　　图 14-4-45

8. 提膝直刺

右腿独立须挺膝站稳，左膝尽量上提，脚面绷平，脚尖下垂。上体稍右倾，右肩、右臂和剑身要成一条直线，左臂屈成半圆形。（图 14-4-46）

第四段

1. 弓步平劈
向前劈剑和剑指绕环两个动作应协调一致、同时完成，两肩要放松。（图 14-4-47）

2. 回身后撩
右脚站立要稳，左脚脚面绷平，上体挺胸，两肩放松。（图 14-4-48）

图 14-4-46　　　　　图 14-4-47　　　　　图 14-4-48

3. 歇步上崩

向前跃步、歇步和剑尖上崩三个动作要连贯协调，跃步要远，落地要轻（前脚掌先着地）。上崩时腕部要猛然用力上屈，剑尖高与眉平。歇步时上体前俯，胸须内含。（图14-4-49、图14-4-50）

4. 弓步斜削

斜削时，剑尖斜向脸前右上方，略高于头。（图14-4-51、图14-4-52）

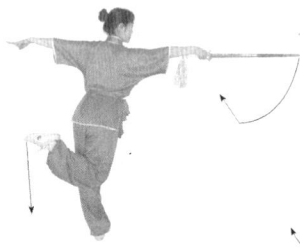   

图14-4-49　　　　　图14-4-50　　　　　图14-4-51　　　　　图14-4-52

5. 进步左撩

剑身的两个画弧动作，应连贯成一个完整的绕环动作。撩剑时，右腿微屈，左腿伸直，身体重心落于右腿，剑尖稍微朝下。（图14-4-53、图14-4-54）

6. 进步右撩

同上述进步左撩，唯左右方向相反。（图14-4-55、图14-4-56）

图14-4-53　　　　　图14-4-54　　　　　图14-4-55　　　　　图14-4-56

7. 坐盘反撩

坐盘必须和反撩动作协调进行。坐盘时，左腿盘坐地面，左脚背外侧着地；右腿盘落于左腿上，全脚着地，脚尖朝身前。上身倾俯时肘、胸要内含，剑尖与右臂、左肘、左肩成一条直线。（图14-4-57）

8. 转身云剑

转身和云剑动作必须连贯，云剑要平、要快，腕关节放松。（图14-4-58、图14-4-59）

结束动作

身体重心落于右腿，上身前倾，挺胸，塌腰，两肩松沉，左肘略上提，剑身紧贴前臂后侧，并与地面垂直。（图14-4-60、图14-4-61）

图 14-4-57 　　　图 14-4-58 　　　图 14-4-59 　　　图 14-4-60 　图 14-4-61

第五节 散 打

一、散打运动概述

散打，又称散手。散打是两个人在规则的制约下，以踢、打、摔等徒手攻防手段，通过攻、防、进、退、还击和反还击进行格斗的对抗性运动项目。

散打运动在继承传统武术的基础上，形成了独特的技术风格。它有别于传统武术的"点到为止"，也不同于"一招制敌"的实用技击技术。比赛双方没有固定的动作顺序，而是互以对方的技击动作随机应变，斗智较技，以长制短。它要求运动员熟练地掌握技术，具有敏捷的应变能力。

散打运动是较技、较力、斗智、斗勇，对抗性强的运动项目。它对提高人体的速度素质、力量素质、柔韧素质、耐力素质等身体素质，提高内脏器官的机能，改善神经系统的灵活性等方面有很好的促进作用；能有效地提高人的应变能力，发展思维的敏捷性，增强竞争意识；还能培养顽强果断、勇于进取的意志品质，养成尊师爱友、讲礼崇德的良好品质。

二、散打基本技术

基本技术是指在实战中完成进攻与防守动作的方法，是竞技水平的重要体现。其主要内容有基本姿势、步法、拳法、腿法、摔法和防守技术等。

散打基本
姿势

散打基本
步法

（一）基本姿势

两脚前后开立，距离稍宽于肩；两脚脚尖微内扣，后脚脚跟稍离地；两膝微屈，身体重心落在两脚之间；两臂弯曲，左臂屈肘约成90°角，肘尖下垂，左拳置于体前，拳眼斜朝上，高与鼻平；右臂屈肘小于90°，右拳置于右肋前，略高于下颌部，上臂内侧紧贴右侧肋部，肘自然下垂。胸、背保持自然，下颌微收，两眼平视前方。左脚在前称"正架"，右脚在前称"反架"。（图14-5-1）

图 14-5-1

（二）基本步法

1. 前进步
以基本姿势站立（以下均同），前脚先向前进半步，后脚紧接着跟进半步。（图14-5-2）

【要点】步幅不宜过大，上体姿势不变，跟步要快速、紧凑。

2. 后退步
后脚先向后退半步，前脚紧接着向后回收半步。（图14-5-3）

【要点】同前进步。

3. 上 步
后脚向前上一步，左右拳前后交换成右脚在前的反架实战姿势，两眼平视前方。（图14-5-4）

【要点】身体重心平稳，移动迅速，前后脚保持适当距离。

图 14-5-2

图 14-5-3

图 14-5-4

4. 撤 步
左脚向后撤一步，成右脚在前、左脚在后，左脚脚后跟离地，右脚脚尖外展，身体重心偏右脚。（图14-5-5）

【要点】与上步同。

5. 垫 步
后脚蹬地向前脚内侧并拢，同时前腿屈膝提起。（图14-5-6）

【要点】后脚向前脚并拢要迅速，垫步与提膝不可脱节、停顿；身体向前移动时，不能向上腾空。

6. 插 步
身体重心前移，同时后脚经前脚后面前插，两脚成交叉状，随之前脚向前上步。（图14-5-7）

【要点】插步时上体略右转，插步后前脚上步要快，迅速还原成基本姿势。

图 14-5-5　　　　　　　　　图 14-5-6　　　　　　　　　图 14-5-7

7. 闪　步

左脚向左侧移半步，右脚随之向左滑步；同时身体向右转动约为 90°。右侧与左侧闪步动作相同，方向相反。（图 14-5-8）

【要点】步法灵活，躲闪快速、敏捷。

8. 纵　步

（1）单腿纵步：前腿屈膝上提，后腿连续蹬地向前移动。（图 14-5-9）

（2）双腿纵步：两脚同时蹬地，使身体向上或向前、后、左、右跳跃移动。（图 14-5-10）

【要点】腰胯紧收，上体正直，腾空不宜过高。

图 14-5-8　　　　　　　　　图 14-5-9　　　　　　　　　图 14-5-10

9. 环绕步

右（左）脚蹬地，左（右）脚向左（右）斜前（后）方滑移，着地后右（左）脚也向左（右）斜前（后）方滑移。（图 14-5-11、图 14-5-12）

【要点】连续滑移，步子应成弧形环绕，后脚步幅稍大于前脚，上体和上肢姿势不变。

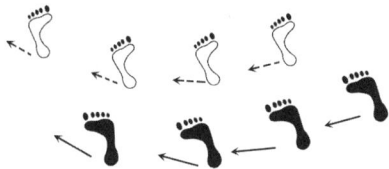
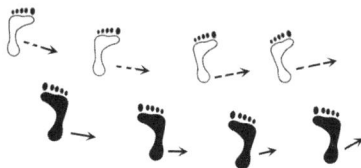

图 14-5-11　　　　　　　　　　　　图 14-5-12

（三）基本拳法

1. 冲　拳

（1）左冲拳：基本姿势站立，右脚蹬地，上体微右转；同时左拳内旋，直线向前冲出，力达拳面，右拳收至下颌处。（图14-5-13）

（2）右冲拳：右脚蹬地，并以前脚掌为轴向内转，转腰送肩，上体左转；同时右拳内旋，直线向前冲出，力达拳面。左拳收至右肩前。（图14-5-14）

【要点】冲拳时，上体不可前倾，腰要拧转；上臂催动前臂，不可先向后引拳再冲出。

2. 掼　拳

（1）左掼拳：上体微右转，同时左臂内旋，抬肘至水平，使拳向外、向前、向内成平面弧形横击，臂微屈，拳心朝下，力达拳面。（图14-5-15）

（2）右掼拳：右脚蹬地，上体左转，同时右臂内旋，抬肘至水平，使右拳向外、向前、向内成平面弧形横击，拳心朝下，力达拳面。（图14-5-16）

【要点】击打要借助转体的力量，转腰、发力协调一致，上体保持正直；不可掀肘，拳走弧形。

图14-5-13　　图14-5-14　　　　图14-5-15　　　　图14-5-16

3. 抄　拳

（1）左抄拳：上体先向左转，身体重心微下沉；随之左膝及上体瞬间挺伸，并向右转体；同时左臂外旋，左拳由下向前上方勾起，拳心朝里，力达拳面。（图14-5-17）

（2）右抄拳：右脚蹬地，扣膝合胯，腰稍右转。同时右臂外旋，右拳由下向前上方勾起，拳心朝里，力达拳面。（图14-5-18）

图14-5-17　　图14-5-18

【要点】发力时，上体不可后仰、挺腹；身体重心下沉，脚蹬地拧转，上体跟着拧转，以加大抄拳的力量。动作要连贯顺达，用力由下至上，发力短促。

（四）基本腿法

1. 蹬 腿

（1）左蹬腿：右腿直立或微屈支撑，左腿屈膝前抬，脚尖勾起，当膝高于髋关节时，膝关节快速蹬伸，力达脚跟；亦可送髋，脚掌下压，力达前脚掌。（图14-5-19）

（2）右蹬腿：身体重心前移，左腿直立或微屈支撑，右腿屈膝向前抬起，勾脚，膝关节快速蹬伸，力达脚跟；亦可送髋，脚掌下压，力达前脚掌。（图14-5-20）

【要点】上体不可过于后仰，屈膝高抬，爆发用力，快速连贯。

图14-5-19　　　　　　　　　　　　　　图14-5-20

2. 侧踹腿

（1）左侧踹腿：身体重心右移，右腿直立或微屈支撑；同时左腿屈膝抬起与髋同高，小腿外翻，脚尖勾起，展髋、挺膝向前踹出，上体微侧倾，力达脚底。（图14-5-21）

（2）右侧踹腿：身体左转180°，身体重心移至左腿，左腿直立或微屈支撑；同时右腿屈膝抬起与髋同高，小腿外翻，脚尖勾起，展髋、挺膝向前踹出，上体微侧倾，力达脚底。（图14-5-22）

【要点】上体、大腿、小腿和脚要成一条直线，大腿带动小腿直线用力。

图14-5-21　　　　　　　　　　　　　　图14-5-22

3. 鞭 腿

（1）左鞭腿：身体重心后移，右腿直立或微屈支撑，上体稍右转并侧倾，右脚脚跟内转；同时，左腿屈膝内扣、绷脚背向左侧提起，随即伸髋、挺膝，向前鞭甩小腿，脚面绷平，小趾外侧朝上，力达脚背。（图14-5-23）

（2）右鞭腿：身体重心移至左腿，上体向左转，左脚跟内转；同时，右腿扣膝、绷脚背向右侧摆起，随即右腿经外向斜上、向里、向前鞭甩小腿，脚面绷平，小趾外侧朝上，力达脚背。（图14-5-24）

【要点】扣膝，绷脚背，发力时大腿带动小腿，力点准确。

散打基本腿法

图 14-5-23   图 14-5-24

4. 勾踢腿

左腿稍屈支撑，上体左转；同时，右脚脚尖勾紧，大腿带动小腿以踝关节与脚背接合部为力点，向前弧形勾踢，脚底内侧贴地面擦行，右手向右斜下拨搂对方颈部。（图 14-5-25）

【要点】勾踢腿不可向后预摆；勾踢时接触用力，上下肢协调配合。

图 14-5-25

（五）基本摔法

散打基本摔法

1. 抱腿前顶

基本姿势，上左步，身体下潜，双手抱住对手的双腿，用力回拉；同时用左肩前顶对手的大腿或腹部，将对手摔倒。（图 14-5-26）

【要点】抱腿要紧，两臂和肩向相反方向协调用力。

2. 夹颈过背

右臂夹住对手颈部，右侧髋部贴紧对手小腹，两腿屈膝；随即两腿蹬直，向下弓腰、低头，将对手背起后摔倒。（图 14-5-27）

【要点】夹颈牢固，屈膝、蹬伸、弓腰、低头协调连贯。

图 14-5-26   图 14-5-27

3. 夹颈打腿

左手夹住对手颈部，同时右脚变步与左脚平行；随即右转体，用左小腿向后横打对手左小腿外侧，将对手摔倒。（图 14-5-28）

【要点】夹颈牢固，身体紧贴对手，打腿与转体协调一致。

4. 抱单别腿摔

抱住对手左腿后，用左腿别住对手右腿腘窝，用胸肩贴住对手左腿向前下靠压。（图14-5-29）

【要点】靠压有力，腿要别紧，不能让对手右腿有活动的余地。

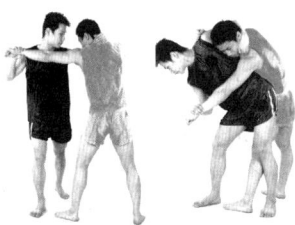 

图 14-5-28　　　　　　　　　　　　图 14-5-29

5. 接腿勾踢

左手抄抱住对手右腿，右手向对手颈部下压，右脚勾踢对手左脚；同时上体右转，右手回拉，将对手摔倒。（图14-5-30）

【要点】接抱腿准确；转腰、压颈、勾踢动作要协调有力，快速完整。

6. 接腿上托

两手抓住对手的脚后跟，屈臂上抬，两手迅速上托并向前上方推送，使对手向后倒地。（图14-5-31）

【要点】抓脚准而牢，推托动作快速、连贯。

图 14-5-30　　　　　　　　　　　　图 14-5-31

（六）基本防守技术

1. 后　闪
身体重心后移，上体略后仰闪躲。（图14-5-32）
2. 侧　闪
两膝微屈，俯身，上体向左侧或右侧闪躲。（图14-5-33）
3. 下躲闪
两腿屈膝下蹲，同时缩头、含胸、收下颌，弧形向下躲闪，眼看对手。（图14-5-34）

散打基本防守技术

图 14-5-32　　　　　　　图 14-5-33　　　　　　　图 14-5-34

4. 拍　挡

左手以掌心为力点向里横向拍挡。（图 14-5-35）

5. 外　格

左前臂边内旋边向左斜举，以内臂部位为力点向外格挡。（图 14-5-36）

图 14-5-35　　　　　　　　图 14-5-36

6. 拍　压

左拳变掌，以掌心或掌根为力点由上向前下方拍压。（图 14-5-37）

7. 勾　挂

左臂以肘关节为轴，由上向下、向外伸肘下挂于身体左侧，随即前臂内旋，以前臂和勾手勾挂住对手的来腿。（图 14-5-38）

8. 前抄抱

左手由上向下、向右上屈肘画弧，掌心向上，以前臂里侧部位为接触点，向上抄抱对手的来腿；同时，右臂贴腹夹紧，以掌心为接触点向前推抱。（图 14-5-39）

图 14-5-37　　　　　　　图 14-5-38　　　　　　　图 14-5-39

9. 侧抄抱

身体左转，右肩前领；左手由下向左上伸肘，左臂屈肘置于胸前，前臂内旋，手心

向外；两肘关节相对靠近，以两前臂和掌心为接触点，同时合抱来腿。（图14-5-40）

10.阻　挡

两脚蹬地，身体重心稍前移，以肩部和手心阻挡对手直线形拳法的进攻，以臂部阻挡对手直线形腿法的进攻。（图14-5-41）

图14-5-40　　　　　　　　　　　　　图14-5-41

第六节　八段锦

一、八段锦简介

八段锦由八节动作组成，因简便易学，深受人们喜爱，被比喻成"锦"（精美的丝织品），故名八段锦。八段锦是中国古代导引术中的一个重要组成部分，是一套针对一定脏腑、病症而设计的练功功法。其中，每一句歌诀都明确提出了动作的要领、作用和目的。功法中伸展、前俯、后仰、摇摆等动作，分别作用于人体的三焦、心肺、脾胃、肾腰等部位和器官，可以防治心火、五劳七伤等各种疾病，并有滑利关节、发达肌肉、增长气力、强壮筋骨、帮助消化和调整神经系统的功能。

八段锦之所以对人体有良好的作用，是因为它的动作对某一脏器起到一定的针对性作用。这种作用是综合性的、全身性的，并非头痛医头、脚痛医脚。只有把八段锦各节动作综合起来，才能起到调脾胃、理三焦、去心火、固肾腰的作用。

二、八段锦动作说明

八段锦

预备动作

（1）两脚并步站立；两臂自然垂于体侧；身体中正，目视前方。（图14-6-1）

（2）随着松腰沉髋，身体重心移至右腿；左脚向左侧开步，脚尖朝前，约与肩同宽；目视前方。（图 14-6-2）

（3）两臂内旋，两掌分别向两侧摆起，约与髋同高，掌心向后；目视前方。（图 14-6-3）

（4）上一个动作不停止。两腿膝关节稍屈；同时，两臂外旋，向前合抱于腹前成圆弧形，与脐同高，掌心向内，两掌指间距约为 10 厘米；目视前方。（图 14-6-4）

图 14-6-1　　　　　图 14-6-2　　　　　图 14-6-3　　　　　图 14-6-4

（一）两手托天理三焦

（1）接上式。两臂外旋微下落，两掌五指分开在腹前交叉，掌心向上；目视前方。（图 14-6-5）

（2）上一个动作不停止。两腿徐缓挺膝伸直；同时，两掌上托至胸前，随之两臂内旋向上托起，掌心向上；抬头，目视两掌。（图 14-6-6）

（3）上一个动作不停止。两臂继续上托，肘关节伸直；同时，下颌内收，动作略停；目视前方。（图 14-6-7）

（4）身体重心缓缓下降；两腿膝关节微屈；同时，十指慢慢分开，两臂分别向身体两侧下落，两掌捧于腹前，掌心向上；目视前方。（图 14-6-8）

本式托举、下落为一遍，共做六遍。

图 14-6-5　　　　　图 14-6-6　　　　　图 14-6-7　　　　　图 14-6-8

（二）左右开弓似射雕

（1）接上式。身体重心右移；左脚向左侧开步站立，两腿膝关节自然伸直；同时，两掌向上交叉于胸前，左掌在外，两掌心向内；目视前方。（图 14-6-9）

（2）上一个动作不停止。两腿徐缓屈膝半蹲成马步；同时，右掌屈指成"爪"，向右拉至肩前；左掌成八字掌，左臂内旋，向左侧推出，与肩同高，坐腕，掌心向左，犹如

拉弓射箭之势；动作略停；目视左掌方向。（图 14-6-10）

（3）身体重心右移；同时，右手五指伸开成掌，向上、向右划弧，与肩同高，指尖朝上，掌心斜向前；左手指伸开成掌，掌心斜向后；目视右掌。（图 14-6-11）

（4）上一个动作不停止。身体重心继续右移；左脚回收成并步站立；同时，两掌分别由两侧下落，捧于腹前，指尖相对，掌心向上；目视前方。（图 14-6-12）

图 14-6-9

图 14-6-10

图 14-6-11

图 14-6-12

（5）动作五至动作八同动作一至动作四，只是左右相反。（图 14-6-13 至图 14-6-16）

（6）本式一左一右为一遍，共做三遍。第三遍最后一动时，身体重心继续左移；右脚回收成开步站立，与肩同宽，膝关节微屈；同时，两掌分别由两侧下落，捧于腹前，指尖相对，掌心向上；目视前方。（图 14-6-17）

图 14-6-13

图 14-6-14

图 14-6-15

图 14-6-16

图 14-6-17

（三）调理脾胃须单举

（1）接上式。两腿徐缓挺膝伸直；同时左掌上托，左臂外旋上穿经面前，随之臂内旋上举至头左上方，肘关节微屈，力达掌根，掌心向上，掌指向右；同时，右掌微上托，随之臂内旋下按至右髋旁，肘关节微屈，力达掌根，掌心向下，掌指向前，动作略停；目视前方。（图 14-6-18）

（2）松腰沉髋，身体重心缓缓下降；两腿膝关节微屈；同时，左臂屈肘外旋，左掌经面前落于腹前，掌心向上；右臂外旋，右掌向上捧于腹前，两掌指尖相对，相距约 10 厘米，掌心向上；目视前方。（图 14-6-19）

（3）同动作（1）（2），只是左右相反。（图 14-6-20、图 14-6-21）

（4）本式一左一右为一遍，共做三遍。第三遍最后一动时，两腿膝关节微屈；同时，右臂屈肘，右掌下按于右髋旁，掌心向下，掌指向前；目视前方。（图 14-6-22）

图 14-6-18　　　图 14-6-19　　　图 14-6-20　　　图 14-6-21　　　图 14-6-22

（四）五劳七伤往后瞧

（1）接上式。两腿徐缓挺膝伸直；同时，两臂伸直，掌心向后，指尖向下，目视前方（图 14-6-23）；然后上一个动作不停止，两臂充分外旋，掌心向外；头向左后转，动作略停；目视左斜后方。（图 14-6-24）

（2）松腰沉髋，身体重心缓缓下降；两腿膝关节微屈；同时，两臂内旋按于髋旁，掌心向下，指尖向前；目视前方。（图 14-6-25）

（3）同动作（1），只是左右相反。（图 14-6-26、图 14-6-27）

（4）同动作（2）。（图 14-6-28）

（5）本式一左一右为一遍，共做三遍。第三遍最后一动时，两膝关节微屈；同时，两掌捧于腹前，指尖相对，掌心向上；目视前方。（图 14-6-29）

图 14-6-23　　图 14-6-24　　图 14-6-25　　图 14-6-26　　图 14-6-27　　图 14-6-28 图 14-6-29

（五）摇头摆尾去心火

（1）接上式。身体重心左移；右脚向右开步站立，两腿膝关节自然伸直；同时，两掌上托与胸同高时，两臂内旋，两掌继续上托至头上方，肘关节微屈，掌心向上，指尖相对；目视前方。（图 14-6-30）

（2）上一个动作不停止。两腿徐缓屈膝半蹲成马步；同时，两臂向两侧下落，两掌扶于膝关节上方，肘关节微屈，小指侧向前；目视前方。（图 14-6-31）

（3）身体重心向上稍升起，而后右移；上体先向右倾，随之俯身；目视右脚。（图 14-6-32）

（4）上一个动作不停止。身体重心左移；同时，上体由右向前、向左旋转；目视右脚。（图 14-6-33）

（5）身体重心右移，成马步；同时，头向后摇，上体起立，随之下颌微收；目视前

方。（图 14-6-34）

图 14-6-30

图 14-6-31

图 14-6-32

图 14-6-33

图 14-6-34

（6）动作六至动作八同动作三至动作五，只是左右相反。（图 14-6-35 至图 14-6-37）

（7）本式一左一右为一遍，共做三遍。做完三遍后，身体重心左移，右脚回收成开步站立，与肩同宽；同时，两掌向外经两侧上举，掌心相对；目视前方（图 14-6-38）。随后松腰沉髋，身体重心缓缓下降。两腿膝关节微屈；同时屈肘，两掌经面前下按腹前，掌心向下，指尖相对；目视前方（图 14-6-39）。

图 14-6-35

图 14-6-36

图 14-6-37

图 14-6-38

图 14-6-39

（六）两手攀足固肾腰

（1）接上式。两腿挺膝伸直站立；同时，两掌指尖向前，两臂向前、向上举起，肘关节伸直，掌心向前；目视前方。（图 14-6-40）

（2）两臂外旋至掌心相对，屈肘，两掌下按于胸前，掌心向下，指尖相对；目视前方。（图 14-6-41）

（3）上一个动作不停止。两臂外旋，两掌心向上，随之两掌掌指顺腋下向后插；目视前方。（图 14-6-42）

（4）两掌心向内沿脊柱两侧向下摩运至臀部；随之上体前俯，两掌继续沿腿后向下摩运，经脚两侧置于脚面；抬头，动作略停；目视前下方。（图 14-6-43）

（5）两掌沿地面前伸，随之上体起立，两臂伸直上举，掌心向前；目视前方。（图 14-6-44）

（6）本式一上一下为一遍，共做六遍。做完六遍后，松腰沉髋，身体重心缓缓下降；两腿膝关节微屈；同时，两掌向前下按至腹前，掌心向下，指尖向前；目视前方。（图 14-6-45）

图 14-6-40　　图 14-6-41　　图 14-6-42　　图 14-6-43　　图 14-6-44　　图 14-6-45

（七）攒拳怒目增气力

（1）接上式。身体重心右移，左脚向左开步；两腿徐缓屈膝半蹲成马步；同时，两掌握固，抱于腰侧，拳眼朝上；目视前方。（图 14-6-46）

（2）左拳缓慢用力向前冲出，与肩同高，拳眼朝上；瞪目，视左拳冲出方向。（图 14-6-47）

（3）左臂内旋，左拳变掌，虎口朝下；目视左掌（图 14-6-48）；左臂外旋，肘关节微屈；同时，左掌向左缠绕，变掌心向上后握固；目视左拳。（图 14-6-49）

（4）屈肘，回收左拳至腰侧，拳眼朝上；目视前方。（图 14-6-50）

图 14-6-46　　　图 14-6-47　　　图 14-6-48　　　图 14-6-49　　　图 14-6-50

（5）动作四至动作六同动作一至动作三，只是左右相反。（图 14-6-51 至图 14-6-54）

（6）本式一左一右为一遍，共做三遍。做完三遍后，身体重心右移，左脚回收成并步站立；同时，两拳变掌，自然垂于体侧；目视前方。（图 14-6-55）

图 14-6-51　　　　图 14-6-52　　　　图 14-6-53　　　　图 14-6-54　　　图 14-6-55

（八）背后七颠百病消

（1）接上式。两脚跟提起；头上顶，动作略停；目视前方。（图 14-6-56）

（2）两脚跟下落，轻震地面；目视前方。（图 14-6-57）

（3）本式一起一落为一遍，共做七遍。

收　势

（1）接上式。两臂内旋，向两侧摆起，与髋同高，掌心向后；目视前方。（图14-6-58）

（2）两臂屈肘，两掌相叠置于丹田处（男性左手在内，女性右手在内）；目视前方。（图14-6-59）

（3）两臂自然下落，两掌轻贴于腿外侧；目视前方。（图14-6-60）

图14-6-56　　　　图14-6-57　　　　　图14-6-58　　　　图14-6-59　　　图14-6-60

第十五章 跆拳道

第一节 跆拳道概述

一、跆拳道的起源及发展

现代跆拳道主要有两种：一种是以参加比赛为主要目的的竞技跆拳道，也就是人们通常所说的跆拳道。它是奥运会正式比赛项目，以腿法为主。竞技跆拳道在比赛中禁止用拳击打对手头面部，不能使用膝、肘的击打动作，不能抱摔对手。另一种是被称为武道的跆拳道，它的训练内容比较丰富，包括踢、打、摔、拿等格斗技术，以及品势、功力测试、表演等。它不但能使用摔法制服对手，而且能用拳击打对手面部，与竞技跆拳道有很大区别。

1966 年，韩国成立了第一个国际性跆拳道组织——国际跆拳道联盟（简称 ITF）。1972 年，国际跆拳道联盟总部迁到加拿大的多伦多。1973 年 5 月，第二个跆拳道联盟——世界跆拳道联盟（WTF）在韩国汉城（今首尔）成立，同时第 1 届跆拳道世界锦标赛也在汉城举行，当时有来自 19 个国家和地区的选手参加。1980 年，国际奥委会正式承认了世界跆拳道联盟。在短短 30 多年里，跆拳道这项运动在世界范围内得到了迅猛发展。

二、跆拳道比赛场地

跆拳道的比赛场地由有弹性的防滑垫铺，不小于 10 米 × 10 米，不大于 12 米 × 12 米，中间边长 3.3 米的八角形为比赛区域。（图 15-1-1）

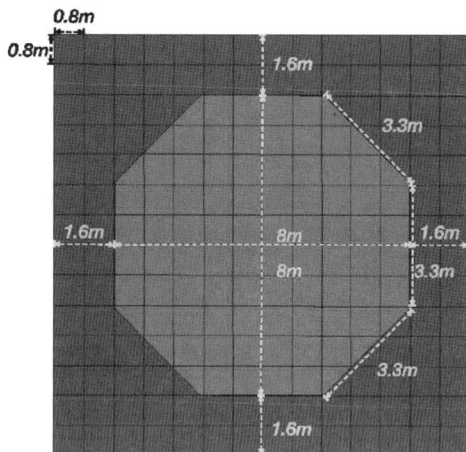

图 15-1-1

三、跆拳道比赛装备

比赛时，两名对抗的运动员要穿跆拳道道服，系腰带，还要戴上头盔用以保护头部，并且穿上护甲。护甲的颜色是红色或蓝色。护甲要穿在道服外面，头盔的颜色要与护甲的颜色相一致。其他保护装备还有穿在道服里面的护裆、护臂和护腿。尽管这些护具的重量都很轻，但在比赛过程中，由于全身包裹严密，运动员仍会大汗淋漓。

四、跆拳道比赛规则要点

跆拳道比赛时，双方运动员都要穿道服和护具，戴头盔，用脚或直拳击打对手的合法部位，即只能击打对手被护具包裹的锁骨以下、髋骨以上的躯干部位和头部（禁止用拳击打对手头部）。

（一）行　礼

比赛开始前，双方运动员互相敬礼以表示尊重。场上裁判发出"准备（Joon-bi）"和"开始（Shi-jak）"口令后，比赛正式开始。

（二）比赛时间

跆拳道比赛分为 3 局，每局 2 分钟，局间休息 1 分钟。青方和红方选手使用规则允许的技术动作努力击败对手。比赛结果根据双方运动员三局的得分总和来计算，得分多者为胜者。

（三）允许攻击的部位

跆拳道竞赛规则允许攻击的部位只有两个：一是头部，二是躯干。在对抗中，允许使用拳和脚的技术攻击躯干被护具包裹的部分，但禁止攻击后背脊柱；允许使用脚的技术攻击对手头部，但不能攻击对手的后脑部位。即可以用脚踢击对手头部和被护甲包裹的躯干部位，但不能用脚踢击对方后脑部分，同时禁止用拳击打头部。运动员可以使用拳的技术击打被护甲包裹的躯干的前面和侧面部位。

（四）得　分

在比赛中，用拳击打对手躯干部位一次只能得1分，而用脚击打上对手头部则至少可以得3分。因此，虽然用脚踢技术击打对手头部的难度比较大，但许多运动员在比赛中也还是千方百计地使用脚击打头部的技术以尽可能多得分。比赛由1名主裁判员在场上主持，其他2名或3名边裁判员根据运动员的技术使用情况负责评判并打分。

（五）警告和扣分

现在的跆拳道规则对运动员倒地的判罚比较严厉。一般来说，运动员故意倒地就有可能被裁判员判罚一个警告。但如果是意外滑倒和被对手重击倒地或是技术性倒地（即在使用动作时无法控制身体平衡而倒地），则不被判罚。如果一名运动员被对方合理技术击中而身体摇晃或摔倒（一般是被击中头部），裁判员要数秒数到8。如果数到8时，该运动员站起来表示能继续比赛，则比赛继续进行；如果运动员没有站起来，则另一方赢得比赛。

在比赛中，如果一方采用搂抱、推拉对手，消极逃避比赛，用肘、膝顶击对手，摔倒对手，故意用拳攻击对手面部等犯规动作，则会被判罚警告或扣分（一个扣分扣1分）。

场上的教练员打断比赛进程或使用过激言语、行为，严重违犯体育道德，也会被主裁判警告或扣分。

如果一名运动员累计被扣掉10分，则要被判"犯规败"，也就意味着输掉了这场比赛。

（六）加时赛

在一场比赛中，如果双方打满3局而出现平分的情况时，要进行加时赛。加时赛时，先得到2分的一方获胜。比赛结束后，运动员在比赛区域内相对而站，听到裁判员的口令后互相行礼，等候裁判员的判定。裁判员举起哪一侧选手的手臂，就说明哪一侧的运动员获胜。

五、跆拳道观赛礼仪

跆拳道比赛，以腿法为主，动作强调击打要有力度和准确。双方攻防转换速度非常快，并且在进攻和防守时鼓励运动员发声扬威。因此，跆拳道比赛时，场上场下喊声不断，看到漂亮的击打，无论是否得分，观众都可以大声地喝彩。

跆拳道有较为规范的礼仪要求。运动员入场时，要向裁判员敬礼，向教练敬礼，向对手敬礼，有时运动员还会向观众敬礼以示尊重，此时观众应给予掌声回应。

在观看跆拳道比赛中禁止吸烟；手机要关机或设置在振动、静音状态。严禁向场内投掷杂物，不能发出嘘声和吹口哨等，这些都被认为是不文明行为。

六、跆拳道著名运动员简介

（一）陈　中

陈中，河南焦作人，中国跆拳道运动员。陈中学习跆拳道前在焦作市篮球业余体校进行了 4 年的篮球训练。1995 年开始练习跆拳道，进入北京体育大学竞技体校，教练陈立人；1997 年 1 月入选国家集训队；2000 年从北京体育大学竞技体校毕业，进入北京体育大学运动系。参加 2000 年悉尼奥运会、2004 年雅典奥运会，并获得两届奥运会冠军。

（二）吴静钰

吴静钰，中国女子跆拳道队运动员，先后就读于苏州大学、天津理工大学。2006 年，吴静钰夺得了中国亚运会历史上第一块跆拳道金牌，2007 年又成为世锦赛冠军。作为跆拳道界家喻户晓的人物，她成了对手竞相研究的对象。2008 年，吴静钰获得北京奥运会 49 公斤级冠军。2011 年 5 月 2 日，吴静钰在世锦赛 49 公斤级争夺中，以两次关键的"踢头"攻势连克两名劲敌，个人第二次夺得世锦赛冠军。2012 年 8 月的伦敦奥运会上，吴静钰在 49 公斤决赛中夺得金牌，蝉联奥运会冠军。

第二节　跆拳道基础技术

一、跆拳道的基本知识

跆拳道训练把人体的各个关节部位充分地武器化，使身体各个部位能随时爆发出强大的攻击力。这里介绍跆拳道训练过程中经常使用的身体各部位，初学者首先要掌握这些"攻击武器"的名称和攻击的着力点，通过正确、艰苦的训练，这些部位将变得锐利、强硬，在实战中成为威力无比的"随身武器"。

（一）拳的握法

（1）正拳：伸开手掌（图15-2-1），四指并拢弯曲（图15-2-2），拇指弯曲压在食指和中指上（图15-2-3），利用食指及中指形成的平面攻击目标（图15-2-4）。

图15-2-1　　　　　图15-2-2　　　　　图15-2-3　　　　　图15-2-4

（2）平拳：四指并拢，第一、第二指关节弯曲握紧，拇指向食指用力靠拢。（图15-2-5）

（3）食指拳、中指拳：分别运用食指和中指的突出部分作为攻击部位，主要用于攻击人体的太阳穴、咽喉、人中、眼睛、心窝等要害部位。这两种拳法受力面积小，击打强度大。（图15-2-6、图15-2-7）

图15-2-5　　　　　　　　图15-2-6　　　　　　　　图15-2-7

（二）手腕的使用部位

手腕主要用于格挡防卫，分内腕、外腕、上腕、下腕四个格挡部位。
（1）内腕：拇指根部下沿附近部位。（图15-2-8）
（2）外腕：尺骨附近部位。（图15-2-9）
（3）上腕：腕的背面部位。（图15-2-10）
（4）下腕：掌底周边的下沿部位。（图15-2-11）

图15-2-8　　　　　图15-2-9　　　　　图15-2-10　　　　　图15-2-11

（三）手指的使用方法

手指的攻击方法有平贯手（图15-2-12）、一指贯手（图15-2-13）、二指贯手（图15-2-14）和勾手（图15-2-15）等。

用平贯手（四指并拢微屈，以中指前端为力点）可插击对手心窝、肋部、下颌、脖颈等部位。一指贯手、二指贯手可戳击对手的眼睛。勾手主要用于攻击对手的裆部、心窝、咽喉、眼睛等。

图 15-2-12　　　　图 15-2-13　　　　图 15-2-14　　　　图 15-2-15

（四）掌的使用部位

（1）手刀：四指伸开并拢微弯曲，拇指向食指靠紧，着力点是小手指侧的掌外沿（图 15-2-16）。手刀多用于砍击对手颈部、锁骨等要害部位。

（2）背刀：握法与手刀要领相同，但使用部位相反，即用食指侧攻击。背刀主要用于砍击对手下颌、颈部、肋部或用于防守。（图 15-2-17）

（3）熊掌：握法与平拳相同，利用第三指关节和掌面扒击对手。（图 15-2-18）

（4）抵掌：握法开始与手刀相同，然后手掌后仰，利用掌根攻击对手面部、胸部和下颌。（图 15-2-19）

（5）弧形掌：四指并拢，手指微屈，拇指向内张开，掌成弧形，主要用于掐击对手脖颈。（图 15-2-20）

图 15-2-16　　　图 15-2-17　　　图 15-2-18　　　图 15-2-19　　　图 15-2-20

（五）脚的使用部位

（1）脚前掌：脚趾以下、脚心以上的部位（图 15-2-21），多用于前踢、旋踢、后旋踢等腿法。

（2）脚跟：脚底的后跟部位（图 15-2-22），多用于蹬踢、侧踢、后踢等腿法。

（3）脚踵：脚的后部（图 15-2-23），用于劈踢、摆踢、后旋踢等腿法。

（4）脚刀：即脚的外侧部（图 15-2-24），多用于侧踢，铲击对方的颈部、肋部等部位。

（5）脚背：即脚的背部（图 15-2-25），多用于旋踢、横踢、扫踢等腿法。

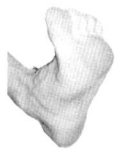

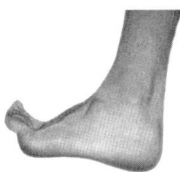

图 15-2-21　　　图 15-2-22　　　图 15-2-23　　　图 15-2-24　　　图 15-2-25

（六）肘的使用部位及攻击技术

1.肘的使用部位

肘关节在贴身近战中的威力很大，着力点主要在肘尖骨（图15-2-26）、肘尖骨前端（图15-2-27）及肘尖骨后端（图15-2-28）。肘法在实战中短小凌厉，灵活自如，可攻击对手身上的各要害部位。

2.肘的攻击技术

（1）挑肘：右实战势预备（图15-2-29），左肘尖前端由下向前、向上挑击对手腹部、胸部、下颌等要害部位（图15-2-30、图15-2-31）。

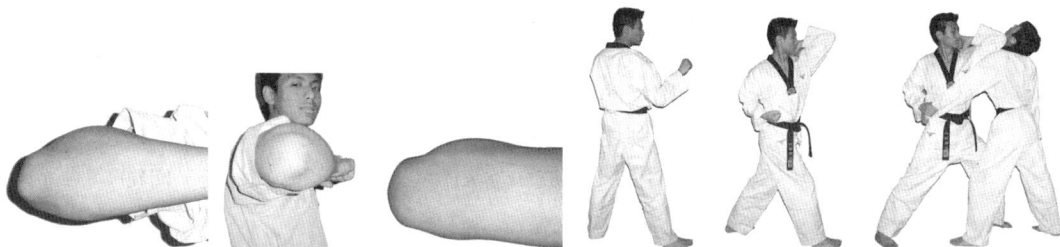

图14-2-26　　图15-2-27　　　图15-2-28　　　图15-2-29　　图15-2-30　　　图15-2-31

（2）顶肘：左实战势预备（图15-2-32），右脚侧进一步，右手屈肘，以肘尖向侧方顶击对手中段腹部、腰部、心窝等要害部位（图15-2-33、图15-2-34）。顶击时左手用力推右拳，以增加肘击的速度与力量。

（3）横肘：左实战势预备（图15-2-35），以右手肘前端由后向前横击对手的腹部、胸部、腰部、肋部、颈部、头部等要害部位（图15-2-36、图15-2-37）。横击时快速扭动腰部，以增加肘击的力量。

图15-2-32　图15-2-33　　图15-2-34　　　　图15-2-35　　图15-2-36　　　图15-2-37

（4）沉肘：左实战势预备（图15-2-38），左脚侧退半步，左手抬高屈肘，用肘尖向下直线下砸对手背部、后脑等要害部位（图15-2-39、图15-2-40）。下砸时配合快速沉身，以借全身下沉增加力量。

图 15-2-38   图 15-2-39   图 15-2-40

（七）膝的使用部位及攻击技术

1. 膝的使用部位

膝的使用部位即腿弯曲时的膝关节，以膝头为着力点。膝法在近战中可以顶撞对手的头部、胸部、腹部和肋部，威力巨大。

2. 膝的攻击技术

（1）正顶膝：左实战势预备（图 15-2-41），右脚用力蹬地，借地面反弹力迅速屈膝提起，同时双手回拉（图 15-2-42）；上一个动作不停，右脚膝关节向正前上方用力冲顶，力达膝尖（图 15-2-43、图 15-2-44）。

图 15-2-41   图 15-2-42   图 15-2-43   图 15-2-44

（2）侧撞膝：左实战势预备（图 15-2-45），右脚用力蹬地从体侧屈膝提起（图 15-2-46）；上一个动作不停，右膝由外向内横向撞击，同时支撑的左脚脚跟拧转 90 ～ 180°，上身向左扭转，髋向前送（图 15-2-47、图 15-2-48）。

图 15-2-45   图 15-2-46   图 15-2-47   图 15-2-48

二、跆拳道的基本站姿

（一）自然立

两脚分开与肩同宽，两手握拳置于体侧，眼睛平视前方。（图 15-2-49）

（二）骑马立

两脚分开，膝关节稍弯曲下蹲，身体重心落在两脚之间，挺胸立腰，目视前方。（图 15-2-50）

（三）前屈立（弓步）

两脚前后分开，间隔大约三脚半的距离，前腿膝部弯曲，后腿绷直。（图 15-2-51）

（四）高前屈立（前行步）

如同走路姿势，两腿前后分开大约一脚半的距离，约 2/3 的体重在前脚。（图 15-2-52）

图 15-2-49　　　　图 15-2-50　　　　　图 15-2-51　　　　　图 15-2-52

（五）后屈立

前脚和后脚间隔一步半的距离，后脚脚尖外展成 90°，前脚膝部弯曲，脚尖向前，身体重心偏向后脚。（图 15-2-53）

（六）猫足立

两腿膝部稍向内弯曲，前脚脚跟提起，脚掌着地，后脚踏实，体重大部分落在后脚。（图 15-2-54）

（七）交叉立

两脚交叉，微屈膝下蹲，一脚全脚掌着地支撑身体，另一脚脚跟提起，脚前掌着地。如一脚向另一脚的前侧落地，称为前盖步（图 15-2-55）；一脚向另一脚的后侧落地，称为后插步（图 15-2-56）。

（八）单脚立

站立脚的膝关节微弯曲，另一脚提起，如脚内侧贴于站立腿的膝关节内侧，称为鹤立步（图15-2-57）；如一脚放在支撑腿的腘窝处，称之为金鸡立（图15-2-58）。

（九）跪立步

前脚屈膝半蹲，后脚脚跟提起，脚掌着地跪下，膝关节离地面大约一寸（1寸≈3.33厘米），此步型在传统跆拳道动作中应用较多。（图15-2-59、图15-2-60）

图 15-2-53　　　　　　　　　图 15-2-54　　　　　　　　　图 15-2-55

图 15-2-56　　　　图 15-2-57　　　　图 15-2-58　　　图 15-2-59　　　图 15-2-60

三、跆拳道的腿法

跆拳道以其变幻莫测、优美潇洒的腿法著称于世，被世人称为踢的艺术，这是跆拳道区别于其他格斗术的一个重要特点。

跆拳道实战中一般使用的部位包括脚前掌、脚背、脚刀、脚跟和脚踵。利用这些部位可以进行站立踢、跳动踢、助跑踢、转身踢和飞踢等不同形式的踢法，而且每种踢法踢击的部位各有不同。实战过程中，要根据具体情况运用脚踢进攻和防守。例如，可根据对方所处的位置、暴露的部位、防守的姿势，以及双方的距离来选择不同的踢法。脚踢时要利用步法保持身体的平衡，并有效接近对方做出踢击动作，同时注意两臂的防守。踢击完成后马上回到准备姿势，准备下一次的进攻和防守。腿回位时动作要快，以免被对方抓住或抱住。

脚踢的练习方法主要是靠平时用各种腿法踢击悬挂的沙袋，反复练习，提高踢击的力量、速度和高度。

（一）实战势

以左实战势为例。两脚前后分开，略宽于肩，双膝微屈，脚跟提起，身体重心落在两脚之间。前后脚尖均朝斜前方45°左右，肩放松，微含胸收腹，上体斜对或侧对对手，下颌微收，眼睛平视对手，颈部放松，双手握拳或半握拳，左手屈肘约为110°，右手屈肘约为90°，双肘尖自然下垂。右实战势与左实战势要领相同，唯左右相反。（图15-2-61）

前 踢

（二）前 踢

前踢是跆拳道腿法中最直接、最轻快、最敏捷的一种腿法，也是重要的基础腿法。练好前踢技术，能为今后学习蹬踢、旋踢、下劈、侧踢、摆踢等腿法技术打下良好的基础。

【动作要领】左实战势预备（图15-2-62），右脚蹬地屈膝提起，大小腿折叠夹紧，身体重心移至左脚（图15-2-63），当右膝关节抬至最高部位时，右脚脚踝伸直，脚背绷直，向正前上方快速弹击踢出，力达脚尖（图15-2-64）。

【要点】膝关节夹紧，小腿放松，要有弹性；高踢时往前、往上送；小腿回收与前踢的速度要一样快。主要攻击部位有面部、下颌、腹部和裆部。

图15-2-61   图15-2-62   图15-2-63   图15-2-64

（三）蹬 踢

蹬踢威力强大，属重创型腿法，在实战中强攻对方的中段要害，往往一招即能结束战斗，彻底摧垮对方。在功力比赛或表演中，选手们常采用蹬踢击断木板或耐火砖，以检测或显示选手的攻击威力。

【动作要领】左实站势预备（图15-2-65），右脚掌蹬地借反作用力迅速屈膝提起，眼视正前方（图15-2-66），上一动作不停，右脚尖上勾，以脚跟为发力点，直线向正前方猛力蹬出（图15-2-67），当右脚完全伸直后，迅速收腿还原成实战式。左腿蹬踢动作同右腿蹬踢一样，唯左右腿相反。

【要点】提膝时膝关节尽量上提，蹬腿才有一定高度；蹬腿前大小腿尽量折叠，蹬击力量才够猛；提膝后不要停顿，借势迅速向前蹬击，挺膝送髋，身体重心前扑，以获得最远的打击距离和最大的打击力度；要疾踢速收，支撑腿可稍弯曲，以保持身体的灵活性和平衡性。

（四）劈踢（下劈）

劈踢是跆拳道腿法中的"王牌"。此腿法威力惊人，堪称"绝招"。高手们常在对抗中迅速将腿高举过头，从上面迎头下击，用脚掌下劈对手面部或以脚踵下砸对方胸部或肩部。其动作之快、力量之猛，会令对手防不胜防，且打击力度入里透内，是击倒对手的有效方法，属高难度重创型腿法。

【动作要领】左实站势预备（图15-2-68），右脚向前提起，身体重心移至左脚（图15-2-69），上一动作不停，右腿经左腿内侧由下向自己头顶上方迅速踢起，当右脚上踢至最高处时，支撑腿自然弯曲，上体微后仰，以右脚掌为力点，迅速向前下方劈击，同时右髋前送（图15-2-70）。

【要点】劈踢是先由下向上，再由上向前、向下打击目标的特殊踢击方法。劈踢腿向上摆时应尽量高高举起，踝关节放松，身体重心也应上提（支撑脚脚跟提起），以便于下劈时蓄劲发力；上摆时要轻快，不能过度用力向上，以免影响下劈的速度；下劈果断，脚掌绷直，从提膝到举腿下压，应快速连贯，一气呵成，整个动作要放松、自然、协调，起腿要快，落地要轻；双手配合保持平衡的同时，又要注意防护身体中段。

图 15-2-65　　图 15-2-66　　图 15-2-67　　图 15-2-68　　图 15-2-69　　图 15-2-70

（五）侧　踢

侧踢又称侧踹，以脚跟为力点，可在中远距离发挥攻击威力，在跆拳道中属重创型腿法。

【动作要领】右实战势预备（图15-2-71），左脚蹬地屈膝提起，身体重心移到右脚，腰向右转（图15-2-72），上一动作不停，支撑脚脚尖外转，当左脚提起、膝关节超过腰部时迅速转腰朝向目标并猛力挺膝送髋，左腿伸直，以脚跟或脚刀攻击对方胸部、腹部和腰肋部（图15-2-73）。

【要点】提膝、支撑脚旋转、拧腰和送髋要一气呵成，疾踢速收；提膝时膝关节内收同时收髋，侧踹时上体侧倾，尽量伸直、展髋，以增加击打距离及打击力度；侧踢时大腿带动小腿直线向侧方发力，身体重心尽量偏离攻击方向，以增加后助推力。

侧　踢

图 15-2-71   图 15-2-72   图 15-2-73

（六）后　踢

后踢是跆拳道比赛中的主要得分手段之一，即转身后蹬攻击对手的腹部、胸部和头部。

【动作要领】左实战势预备（图 15-2-74），上体从右向后方转身，两脚随着旋转，同时向右后转头，目视踢击方向（图 15-2-75）；右脚随即屈膝提起，身体重心移至左脚（图 15-2-76），当身体转向正后方时，支撑脚跟转朝攻击方向，右脚掌提至左腿膝关节高度时，右脚尖勾起，右脚跟沿左腿内侧向后方直线猛力挺膝蹬出，目视攻击目标，上体略前俯，双手臂夹紧防护身体中段（图 15-2-77）。

【要点】转身、提膝、后蹬要协调一致、快速连贯，力达脚跟或脚全掌；转踢时先转动头部，同时带动腰部扭转，以加大后踢的速度和准确度；后踢时上体前倾，使身体远离对手，不易受到反击，同时也有利于后蹬腿借助腰腹力量的蹬出；后踢要沿直线进攻，当上体转到背部朝向目标时，就要停止转动，此时肩关节稍下压，上体微前倾，以保持身体的平衡。

图 15-2-74   图 15-2-75   图 15-2-76   图 15-2-77

（七）横踢（旋踢）

横踢是击中对手中段胸部、腹部、腰部以及肋部要害的主要得分手段。它快速、灵巧，既能用于进攻，又能用于反击，与下一个腿法动作连接也较方便。

【动作要领】左实站势预备（图 15-2-78），右腿屈膝从左腿内侧向上提起，大小腿折叠，身体重心移至左腿，目视攻击方向（图 15-2-79）；右脚跟内转，同时上体左转，右脚背绷直，拧脚转髋（图 15-2-80）；上一动作不停，上体左转的同时侧倾，右脚以膝关节为轴，脚背由右向左绷展横向弹击（图 15-2-81）。

横　踢

198

【要点】横踢时全身放松，迅速连贯，协调一致，整个动作在瞬间完成；支撑脚以脚掌为轴，随整个横踢动作旋转；横踢时右髋前送，带动腰部发力，攻击脚水平横向踢击，以脚背正面为力点，像鞭子抽出一样打击目标；大腿带动小腿用力快速弹击。上体前倾，以避免对方的攻击，双手屈肘保护身体中段。

图 15-2-78　　　图 15-2-79　　　图 15-2-80　　　图 15-2-81

（八）转身 360°旋踢（旋风踢）

这是中段、上段旋踢的变化踢法，这种踢法配合步法的快速逼近，加上身体的旋转踢击，可在远距离攻击，并重创对手。这也是比赛中常用的腿法之一，现代跆拳道称之为旋风踢。

【动作要领】右实战势预备（图 15-2-82），上体左转（图 15-2-83），上一个动作不停止，左脚从后方直线向前上步，以右脚为支撑脚，左脚悬空继续旋转 90°，接着左腿为支撑腿，右腿屈膝抬起（图 15-2-84），右脚背绷直横弹对手的中段、上段（图 15-2-85）。

图 15-2-82　　　图 15-2-83　　　图 15-2-84　　　图 15-2-85

【要点】进步要快，转身快速连贯，整个踢击过程一气呵成，其余要点同横踢要点。

（九）摆踢（反勾踢）

摆踢主要用于攻击对手的面部，其力量虽然不是很大，但轻快隐蔽，能主动进攻或骚扰对手。

【动作要领】左实战势预备（图 15-2-86），右脚先向前方屈膝提起（图 15-2-87），支撑脚脚尖外展，上体左转，右髋前送（图 15-2-88），上体侧倾，右脚踝关节放松，向侧上方伸直（图 15-2-89），右腿膝关节用力，小腿向后横向反勾，力达脚掌（图 15-2-90）。

【要点】先端后勾要连贯，不可停顿。横勾时腰部随攻击方向的转换发力。

图 15-2-86　图 15-2-87　图 15-2-88　图 15-2-89　图 15-2-90

（十）后旋踢

后旋踢是一种难度较大的后方型腿法，要求练习者具备良好的柔韧素质和平衡技巧。

【动作要领】左实战势预备（图 15-2-91），左脚尖内扣，上体向后扭转的同时转头（图 15-2-92），继续转动腰部，右脚提起，身体重心移至左支撑脚，眼睛朝向目标（图 15-2-93），借助腰髋向右后旋转产生的惯性力，右脚由屈到伸、从下向上、从外向内弧线摆击，力达脚掌或脚跟（图 15-2-94），并借助腰扭转的余力和腿摆击的惯性，右脚从右后方顺势下落收回，还原成实战势。

【要点】转身、扭头、提膝、后摆整个动作要快、准、狠，一气呵成；支撑脚随转身而旋转，要灵活而稳定，身体转到一半时，眼睛要紧盯目标；攻击腿后旋摆击时，上体倾斜髋前送，以延长击打距离，增大击打力度；接触目标时，加快拧腰，用力加速小腿，使小腿反勾像鞭子一样地抽打出去。

图 15-2-91　　图 15-2-92　　图 15-2-93　　　图 15-2-94

（十一）腾空型腿法

腾空型腿法最能代表跆拳道潇洒、优美、凶狠、强劲的踢法特点，给人耳目一新的感觉。

（1）跳前踢如图 15-2-95、图 15-2-96 所示。

（2）空中二段同时前踢如图 15-2-97 所示。

（3）跳旋踢如图 15-2-98 所示。

（4）跳侧踢如图 15-2-99 所示。

（5）跳后踢如图 15-2-100 所示。

图 15-2-95

图 15-2-96

图 15-2-97

图 15-2-98

图 15-2-99

图 15-2-100

第三节　跆拳道提高技术

一、跆拳道的约束对练

约束对练又称规定对打，就是将前面所学的技术动作，以两个人做假想的攻防练习。如一方做出一个进攻的动作，另一方则做出一个相应的防守动作，然后再进行反击，称为一步对练。依此类推有两步对练、三步对练。下面仅对三步对练的一些方法进行简单的介绍。

（一）正拳上段攻击—外腕上防—平拳反击

（1）双方正站势预备，互相行礼，准备攻击（图 15-3-1）。以下各组练习均以此站势开始。

（2）对方右脚上前一步，右手正拳攻我方上段，我方右脚后退一步，左手屈臂上格挡。（图 15-3-2）

（3）对方上左脚，左手正拳攻我方上段，我方退左脚，右手上格挡。（图 15-3-3）

（4）对方再上右脚，右拳攻我方上段，我方继续退右脚左手上格挡。（图 15-3-2）

（5）我方右手平拳反攻对方咽喉。（图 15-3-4）

（6）我方反过来连续进攻三次，对方防守三次再反击我方。

（7）双方回到原位，互相站立行礼。以下每组动作完成后也应这样结束。

图 15-3-1   图 15-3-2   图 15-3-3   图 15-3-4

（二）手刀下劈攻击—手刀交叉防—前踢反击

（1）对方右脚上前一步成右前屈立，右手刀下劈攻我方头部，我方退右脚成左前屈立，双手刀交叉上段防御。（图 15-3-5）

（2）对方上左脚、左手刀下劈我方头部，我方退左脚，双手刀交叉上段防御。（图 15-3-6）

（3）对方再上右脚以右手刀下劈我方头部，我方继续退右脚，双手刀交叉防御。（图 15-3-5）

（4）我方交叉的双手顺势擒住对方手腕，再用右脚前踢攻击对手中段。（图 15-3-7）

（三）正拳中段攻击—手刀外防—贯手反击

（1）对方上右脚，右拳攻我方中段，我方退右脚，左手刀中段外防。（图 15-3-8）

（2）对方左手顺攻，我方退左脚，右手手刀外防。（图 15-3-9）

（3）对方继续上右步，右手顺攻，我方退右脚，左手刀中段外防。

（4）我方侧上右步，同时右手弧形手掐击对方颈部。（图 15-3-10）

图 15-3-5   图 15-3-6   图 15-3-7

图 15-3-8   图 15-3-9   图 15-3-10

（四）正拳中段攻击—手刀内防—肘尖击头

（1）对方右手正拳攻我方中段，我退左脚后屈立，右手刀内防格挡。（图15-3-11）

（2）对方上左脚，左手正拳攻击我方中段，我方退右脚，左手刀内挡。（图15-3-12）

（3）对方再上右脚顺攻，我方继续退左脚，右手刀内挡。（图15-3-11）

（4）我方上左脚，同时左手肘尖攻击对方头部。（图15-3-13）

（五）正拳中段攻击—外腕内防—前踢反击

（1）对方上右脚，右手正拳攻击我方中段，我方退右脚，左手腕内格挡。（图15-3-14）

（2）对方上左脚，左手正拳攻击我方中段，我方退左脚，右手腕内格挡。（图15-3-15）

（3）对方再上右脚，右手正拳攻击我方中段，我方再退右脚，左手中段内挡。（图15-3-14）

（4）我方右脚前踢攻击对手中段。（图15-3-16）

图15-3-11　　　　　　　　图15-3-12　　　　　　　　图15-3-13

图15-3-14　　　　　　　　图15-3-15　　　　　　　　图15-3-16

（六）正拳中段攻击—内腕外防—侧踢反击

（1）对方上右脚，右手正拳攻我中段，我方退右脚成左屈立，左手中段外格挡。（图15-3-17）

（2）对方上左脚，左手正拳攻我中段，我方退左脚，右手中段外格挡。（图15-3-18）

（3）对方再上右脚，右手正拳攻我中段，我方继续退右脚，左手中段外格挡。（图15-3-17）

（4）我方左脚侧踢反击对手中段。（图15-3-19）

（七）前踢攻击—外腕下防—旋踢反击

（1）对方右脚前踢我方中段，我方退右脚成高前屈立，左手下扫外防格挡。（图15-3-20）

（2）对方左脚前踢攻我方中段，我方退左脚，右手下扫外防格挡。（图15-3-21）

（3）对方再用右脚前踢我方中段，我方继续退右脚左手下格挡。（图15-3-20）

（4）我方右脚旋踢攻击对手上段。（图15-3-22）

图 15-3-17

图 15-3-18

图 15-3-19

图 15-3-20

图 15-3-21

图 15-3-22

二、跆拳道品势

　　跆拳道的练功规定套路称为"品势""架势""型"，是跆拳道的一种表现形式，是跆拳道精神意志的体现，类似于我国的武术套路，由若干技击动作编排组合而成。但跆拳道的品势与中国武术套路在风格上有着本质的区别。武术套路追求高难、优美，而跆拳道的品势则着重体现力度、节奏、精神与气质，突出技击实用性。品势通过假设与对手搏击的攻防练习，使练习者熟练掌握各种技击动作，以便在实际搏斗中能灵活运用。因此，练习品势是跆拳道选手入门的必由之路。

　　品势的练习，可使练习者正确掌握攻防动作的技术和规格，提高速度素质、力量素质、柔韧素质、灵敏素质等身体素质，增强体能，树立自信心，培养一往无前的意志品质。跆拳道共有太极、高丽、金刚、太白、平原、十进、地跆、天拳、汉水、一如等24套国际统一架型。本书仅介绍太极一型、太极二型作为初学者的跆拳道入门的架型练习。

　　太极型是跆拳道入门必修的最基础的套路，共分八型（又称八段、八章、八场），以太极、八卦、阴阳为指导思想，将进攻、防守、前进、后退、快慢、刚柔等特点表现出来。

（一）太极一章

"太极"就是天地分开前万物的原始形态。太极一章象征八卦中的"乾"，"乾"代表天，上天是宇宙万物的根源，太极一章也是跆拳道的根源。要想掌握好跆拳道，必须先练好太极一章中基本的正拳，防上、中、下三段，前踢及前屈立。"乾"为天，为阳，有刚强之意。演练此型要招式明朗，节奏分明，内心坚定沉着，精神集中，通过一招一式表现出坚定的信念和阳刚之美。演武线如图15-3-23所示。

起势：自然站立于A处，面向E方向，双手握拳置于腹前，挺胸立腰，目视正前方。（图15-3-24）

1. 左腕下防

身体左转90°，面朝B方向，同时左手腕由上向下外格挡，右拳收抱于腰间。（图15-3-25）

2. 右拳顺攻

右脚向前进步成右高前屈立，同时右拳向前顺冲，左手收抱于腰间。（图15-3-26）

3. 右腕下防

右脚向H方向后退一步，身体右转180°，同时右手下扫防。（图15-3-27）

4. 左拳顺攻

左脚向H方向进一步，左手向前顺冲拳，右手收回抱于腰间。（图15-3-28）

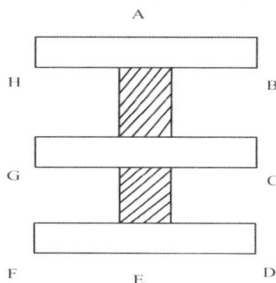

太极一章演武图
图15-3-23

太极一章

　图15-3-24　　图15-3-25　　图15-3-26　　图15-3-27　　图15-3-28

5. 左腕下防

左脚朝E方向进一步成前屈立，身体左转，左手防下段。（图15-3-29）

6. 右拳逆冲

上一动作不停，右手逆位冲拳，同时左手收抱于腰间。（图15-3-30）

7. 左腕内防

右脚向G方向上步成高前屈立，身体右转90°，左手内格挡，同时右手抱于腰间。（图15-3-31）

8. 右拳逆冲

左脚向G方向进步，成高前屈立，右拳向前逆向平冲。（图15-3-32）

9. 右腕内防

身体左转180°，左脚向C方向上步，右手向内格挡，同时左手抱于腰间。（图15-3-33）

图 15-3-29　　　　图 15-3-30　　　　图 15-3-31　　　　图 15-3-32　　　　图 15-3-33

10. 左拳逆攻

右脚向C方向进步，左手向前逆位冲拳。（图15-3-34）

11. 右腕下防

身体右转，右脚向E方向上步成前屈立，右手下扫防御。（图15-3-35）

12. 左拳逆攻

接上势，右拳收抱于腰间，同时左拳向前逆位冲拳。（图15-3-36）

13. 左腕上防

身体左转90°，左脚移向D方向，左手腕上段防御。（图15-3-37）

14. 右脚前踢

双手位置不变，右脚前踢中上段。（图15-3-38）

图 15-3-34　　　　图 15-3-35　　　　图 15-3-36　　　　图 15-3-37　　　　图 15-3-38

15. 右拳顺攻

右脚向前落地成高前屈立，同时右拳顺位平冲拳。（图15-3-39）

16. 右腕上防

向右后转身180°，右脚向F方向移步，同时右手外腕上防。（图15-3-40）

17. 左脚前踢

双手位置不变，左脚前踢中上段。（图15-3-41）

18. 左拳顺攻

左脚向前落地成高前屈立，左手向前顺位冲拳，右手抱于腰间。（图15-3-42）

19. 左腕下防

身体右转，左脚向A方向上步成前屈立，左腕向下扫防。（图15-3-43）

图 15-3-39　　　　图 15-3-40　　　　图 15-3-41　　　　图 15-3-42　　　　图 15-3-43

20. 右拳顺攻

右脚向A方向上步成右前屈立，右手向前顺位冲拳。（图 15-3-44）

收势：上体向左后转身180°，左脚同时后撤一步，成预备势。（图 15-3-45）

（二）太极二章

太极二章是八卦中"兑"的表现，"兑"者，内柔外刚，因此太极二章型虽然柔和，但却是强力攻击之法，由下端防御，中端正拳、前踢，上端防御等技术交互构成。演武路线如图 15-3-46 所示。

图 15-3-44　　　图 15-3-45

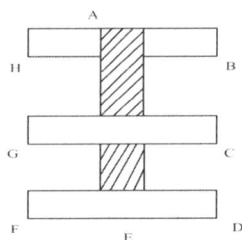

太极二章演武图
图 15-3-46

起势：自然站立于A处，面向E方向，双手握拳置于腹前，挺胸立腰，目视正前方。（图 15-3-47）

1. 左腕下防

身体左转90°，面朝B方向，同时左手外腕由上向下格挡，右拳收抱于腰间。（图 15-3-48）

2. 右拳顺攻

右脚向B方向上一大步成右前屈立，同时右拳向前顺冲，左手收抱于腰间。（图 15-3-49）

3. 右腕下防

右脚向H方向后退一步，身体右转180°，同时右手由上向下格挡，左手收抱于腰间。（图 15-3-50）

4. 左拳顺攻

左脚向H方向上一大步成左前屈立，同时左拳向前顺冲，右拳收抱于腰间。（图 15-3-51）

图 15-3-47　　　图 15-3-48　　　图 15-3-49　　　　图 15-3-50　　　　图 15-3-51

5. 右腕内防

身体左转，左脚向E方向进一步成高前屈立，同时右手握拳屈肘，借转身之势由外向内格挡，右拳与肩同高或略高于肩，左拳收回至腰间。（图15-3-52）

6. 左腕内防

右脚向E方向再上一步成高前屈立，同时左手握拳屈肘，由外向内格挡，左拳与肩同高或略高于肩，右拳收回至腰间。（图15-3-53）

7. 左腕下防

身体左转面朝C方向，左脚由后向前侧进一步，同时左手握拳由上向下扫防，右手收抱于腰间。（图15-3-54）

8. 右脚前踢

右脚向前上方踢击。（图15-3-55）

9. 右拳顺攻

右脚向前落地成右前屈立，同时右拳向前上方冲拳，左手握拳收抱于腰间。（图15-3-56）

图15-3-52　图15-3-53　图15-3-54　图15-3-55　　　图15-3-56

10. 右腕下防

身体向后转身180°，右脚向G方向上步，同时右手腕由上向下格挡，左手握拳收抱于腰间。（图15-3-57）

11. 左脚前踢

左脚向前上方前踢。（图15-3-58）

12. 左拳顺攻

左脚向G方向落地后成左前屈立，同时左拳向前上方冲拳，右手握拳收抱于腰间。（图15-3-59）

13. 左腕上防

左脚向E方向上步，身体左转90°，左手握拳屈肘向上格挡，右手握拳收抱于腰间。（图15-3-60）

14. 右腕上防

右脚继续向前上步，右手握拳屈肘向上格挡，左手握拳收抱于腰间。（图15-3-61）

图 15-3-57　　　　图 15-3-58　　　　图 15-3-59　　　　图 15-3-60　　　　图 15-3-61

15. 右腕内防

以右脚为轴，身体向左后 270° 转身，左脚向 F 方向移步，同时右手握拳屈肘，借转身之势，右手握拳由外向内格挡。（图 15-3-62）

16. 左腕内防

原地向右后转身 180°，面向 D 方向，左手握拳由外向内格挡，右手握拳收抱于腰间。（图 15-3-63）

17. 左腕下防

身体左转 90°，左脚向 A 方向上步成高前屈立，同时左手握拳由上向下格挡防御，右手握拳收抱于腰间。（图 15-3-64）

18. 右脚前踢

右脚向前上方（A 方向）前踢，双手握拳护于体侧。（图 15-3-65）

图 15-3-62　　　　图 15-3-63　　　　图 15-3-64　　　　图 15-3-65

19. 右拳顺攻

右脚落地成高前屈立，同时右手握拳向前（A 方向）顺位平冲拳，左手握拳收抱于腰间。（图 15-3-66）

20. 左脚前踢

左脚向正前方（A 方向）踢击，双手握拳护于体侧。（图 15-3-67）

21. 左拳顺攻

左脚落地成高前屈立，同时左手握拳向前（A 方向）顺位平冲拳，右手握拳收抱于腰间。（图 15-3-68）

22. 右脚前踢

右脚再向前上方（A 方向）踢击，双手握拳护于体侧。（图 15-3-69）

图 15-3-66　　　　图 15-3-67　　　　图 15-3-68　　　　图 15-3-69

23. 右拳顺攻

右脚落地成高前屈立，同时右手握拳向前（A方向）顺位平冲拳，左手握拳收抱于腰间。（图 15-3-70）

收势：身体向左后转身180°，左脚同时后撤一步，成预备势。（图 15-3-71）

图 15-3-70　　　　　　图 15-3-71

第四节　跆拳道裁判法

一、裁判员的组成

（1）未使用电子护具时，设1名主裁判和3名副裁判。

（2）使用电子护具时，设1名主裁判和2名副裁判。

二、裁判员的安排

（1）比赛确定以后再行安排临场裁判员。

（2）主裁判或副裁判与场上运动员属同一地区时须回避，如裁判员人数不足时副裁判员可例外。

三、主　裁

（1）掌握和控制整场比赛。

（2）在比赛中根据场上情况即时宣布"Shi-jak"（开始）、"Ke-man"（结束）、"Kal-yeo"（分开）、"Kye-sok"（继续）、"Kye-shi"（计时）、"Gam-jeom"（扣分）、"Kyong-go"（警告），胜负的判定和进退场等。

（3）根据竞赛规则独立行使判决权力。

（4）主裁判不记录得分。

（5）比分相同或无分时，主裁判在第四局结束后根据优势情况判定胜负。

四、边　裁

（1）及时记录有效得分情况。

（2）如实回答主裁判的问询。

五、裁判员的服装

（1）裁判员应穿着协会规定的服装。

（2）裁判员不得携带妨碍比赛的物品。

六、记录员

记录员负责竞赛计时、暂停时间、终止竞赛，记录得分和违规情况。

七、跆拳道裁判员手势

（一）运动员进场

向上屈肘抬臂，伸出食指，发出"Chung"（青）、"Hong"（红）的口令，同时双手食指指向运动员位置。（图15-4-1、图15-4-2）

（二）立正／敬礼

屈臂上举，掌心相对，五指并拢至眉高，发出"Cha-ryeot"（立正）的口令。两掌心相对下按，使前臂在胸前成一直线，同时发出"Kyeong-rye"（敬礼）的口令。（图15-4-3、图15-4-4）

（三）准　备

右手掌屈臂抬至右耳处，左脚向前一步成左前弓步，右臂迅速向前伸直，略高于腰部，同时发出"Joon-bi"（准备）的口令，左手握拳自然下垂。（图15-4-5至图15-4-7）

图15-4-1　　图15-4-2　　图15-4-3　　图15-4-4　　图15-4-5　图15-4-6　　图15-4-7

（四）开　始

从"准备"姿势略收左腿，两臂在胸前张开，然后迅速向中间合拢，同时发出"Shi-jak"（开始）的口令。（图15-4-8、图15-4-9）

（五）分开／结束

左腿向前一步成左前弓步，发出"Kal-yeo"（分开）或"Ke-man"（结束）的口令，同时右手迅速劈下，动作同"准备"动作。（图15-4-10、图15-4-11）

（六）继　续

右手直臂平伸，迅速屈臂至右耳处，同时发出"Kye-sok"（继续）的口令。（图15-4-12、图15-4-13）

图15-4-8　　　图15-4-9　　图15-4-10　　　图15-4-11　　　图15-4-12　　　图15-4-13

（七）宣告胜负

主裁判发出"立正/敬礼"的口令和手势，令双方行礼。（图15-4-14至图15-4-18）

青方获胜时，主裁判右手握拳屈臂至胸前后手掌伸开向右上方迅速举起，同时发出"Chung Seung"（青胜）的口令，另外一侧手臂握拳自然下垂。

当红方获胜时，主裁判出左手做同样动作，并发出"Hong Seung"（红胜）的口令。

（八）计　时

用右手食指指向计时台，并发出"Kye-shi"（计时）的口令。（图15-4-19）

（九）暂　停

伸出两手食指交叉成X型，并发出"Shi-gan"（暂停）的口令。（图15-4-20）

图15-4-14　图15-4-15　图15-4-16　图15-4-17　　图15-4-18　　图15-4-19　图15-4-20

（十）读　秒

两手握拳，按右手拇指到左手小指的顺序依次伸直，开始读秒并显示给运动员，当读到"5"和"10"时掌心要面向运动员。（图15-4-21）

（十一）接触行为

右手伸开，五指并拢，屈右臂使右手贴近左肩。（图15-4-22、图15-4-23）

（十二）消极行为

两手相向握拳，屈臂至胸前成一直线，向两侧分开再合拢两次。（图15-4-24、图15-4-25）

（十三）攻击行为

左掌屈臂举起至肩高，以右拳面击左掌一次。（图15-4-26、图15-4-27）

（十四）不当行为

竖起右手食指屈臂举至嘴唇前。（图15-4-28）

图 15-4-21 图 15-4-22 图 15-4-23 图 15-4-24 图 15-4-25 图 15-4-26 图 15-4-27 图 15-4-28

（十五）判罚警告

发出"Kal-yeo"（分开）口令后面向犯规者，伸出右手食指指向该运动员，并发出"Chung"（青）或"Hong"（红）的口令，然后做出犯规行为的相应手势（如攻击行为），右后握拳屈肘至左肩，再用力挥出食指，并发出"Kyong-go"（警告）的口令。（图 15-4-29 至图 15-4-31）

（十六）判罚扣分

发出"Kal-yeo"（分开）口令后，裁判将运动员带到比赛开始的地方，面向犯规者伸出右手食指指向该运动员，同时发出"Chung"（青）或"Hong"（红）的口令，然后做出犯规行为的相应手势，成立正姿势，右臂伸直，食指上指，并发出"扣分"（Gam-jeom）的口令。（图 15-4-32 至图 15-4-34）

图 15-4-29　　图 15-4-30　　图 15-4-31　　　图 15-4-32　　　图 15-4-33　　图 15-4-34

第十六章　健身健美

第一节　健身健美概述

一、健美的发展

（一）国际健美的发展概况

健美运动始于古希腊，最初只由男性参加，以男子粗壮的脖子、发达的胸肌、粗壮的双腿为美。古希腊人炫耀力量和人体健美，并在古代奥林匹克运动会上展示。19世纪末，德国人尤金·山道首创了通过各种姿态来展示人体美的运动，为现代健美运动的发展奠定了基础，他也被公认为"国际健美运动的创始人"和"世界上第一位健美运动员"。20世纪20年代，《肌肉发达法》《力的秘诀》等颇具影响的专著从理论上肯定了健美运动的作用。从20世纪30年代起，在欧美一些国家，健美表演逐渐变成一项竞技比赛——健美比赛，并扩展到世界各地。20世纪40年代初，加拿大人本·韦德和乔·韦德兄弟周游90多个国家和地区，宣传推广健美运动，于1946年创建了国际健美联合会（IFBB），总部设在加拿大的蒙特利尔。20世纪60年代，职业健美运动开始崛起。女子健美运动于20世纪40年代开始兴起。20世纪70年代有了正式的女子健美比赛。1998年1月31日，在日本长野召开的国际奥委会执委会会议上正式承认国际健美联合会，并接纳健美运动为奥林匹克大家庭的一员。从此，翻开了世界健美史上崭新的一页。

（二）中国健美的发展概况

现代健美运动是一项较年轻的体育运动项目。20世纪20年代由欧美传入中国，1924年，上海沪江大学学生赵竹光参加了由美国人举办的健身函授科，开始进行健美锻炼，因效果卓著，吸引了大量爱好者参加。1940年5月，赵竹光和他的学生曾维琪一起创办了"上海健身学院"，为中国健美运动的发展培养了一批骨干力量。1942年，曾维琪在上海成立了"现代体育馆"。赵竹光、曾维琪为中国健美运动的发展做出了巨大贡献。1944 年在上海举行了中国第 1 届男子健美比赛。1981 年,《健与美》等杂志相继问世,全国部分专业体育院校和部分高校开设了健美选修课。20 世纪 90 年代,国家教委明文规定在各大学体育课中增加健美教材内容。中国于 1985 年 11 月加入国际健美联合会(IFBB)。1989 年 9 月 20 日,中国正式加入亚洲健美联合会。1993 年,"中国健美协会(CBBA)"正式成立。2000 年,中国健美协会开始进行全国等级健身指导员的培训工作。

二、健身健美的特点和锻炼价值

(一)健身健美的特点

1.增进健康,美化身心

健身健美,顾名思义,就是要"强健身体"和"优美形体"。它的主要作用不仅是增进健康、增强体质,而且对美的要求极高,它将体育和美育有机地结合在一起,能给人以美的享受。它在练习的动作和手段、教学训练的内容和方法以及比赛的内容和评分标准中,都充分体现了这一特点。因此,这就要求我们要注重人体的健康,整体的匀称、协调、优美,加强各方面的修养,规范自己的行为道德,陶冶美好的情操,真正把体育和美育、外在美和内在美融合在一起。

2.强壮体格,发达肌肉

健身健美的主要目的之一是健体强身,发达人体各部位的肌肉。因此,在锻炼中采用各种各样的动作方式和动作组合进行多种重复次数的负重练习,其目的就在于以"超负荷训练"获得"超量恢复",促进新陈代谢,使人体体格强壮,全身各部位的肌肉得到最大限度的发展。

3.设备简单,易于开展

健身健美可以徒手或依靠自抗力进行练习,也可以利用各种简单的轻、重器械进行练习,还可以采用一些自制的器械甚至简单的家具进行练习。它不受时间、场地和器械的限制,可在室内,也可在室外,只要有几平方米的场地就行,因此比较容易开展。

4.适应面广,男女老少皆宜

健身健美练习的动作多种多样,既可徒手也可使用杠铃和哑铃。练习的次数、组数和运动量可根据练习者的体力进行调整。因此,它能够充分满足男女老少的不同需求。

5.促进人际交往,提高生活质量

健身健美经常是几个人在一起进行的,锻炼时大家互相帮助,交流心得,很自然地促进了人际交往,并使自己走出自我封闭的体系,消除工作、事业、学习和生活上的一些不良情绪,克服一些弱点,改变不良习惯,从而提高自己的生活质量。

（二）健身健美的锻炼价值

经常进行健身健美，能够发达肌肉，增强肌力，改善和提高内脏器官系统的机能水平，提高中枢神经系统的机能水平，调节心理，陶冶情操，改善体型和体态，矫正畸形。

1. 发达肌肉，增强肌力

人体运动器官由肌肉、骨骼、关节和韧带组成。人体的运动靠骨骼肌产生肌张力，引起肌肉的收缩和伸展，从而产生各种动作。按照生物界"用进废退"的自然规律，健身健美中的各种动作方式，能对运动器官产生积极的作用，引起各部位产生积极的反应，从而使肌纤维逐渐强壮发达，使肌力也大大增强。持久地进行健身健美，不仅能使肌肉的生理横断面增大，肌肉饱满、发达，肌肉的力量增强，还能促进骨骼的新陈代谢，提高骨骼的抗拉、抗压和抗扭的性能，对关节、韧带的生长发育起到良好的促进作用。

2. 改善和提高内脏器官系统的机能水平

健身健美不仅可以增强心肌，增大心脏的容量，增强血管的弹性，提高心脏和血管的舒张能力，使心搏有力，心输出量增加，心率降低，还能使血液中的红细胞、白细胞和血红蛋白增加，从而提高人体吸收营养素的水平，以及机体的代谢能力和抵抗疾病的能力。

健身健美能提高呼吸深度，增加每次呼吸时的气体交换量，有利于呼吸肌的休息；提高呼吸系统的功能储备，从而保证在激烈运动时满足气体交换的需要，提高机能水平。

健身健美还能提高消化系统的机能。因为肌肉活动时要消耗大量的营养物质，需要及时补充，而肌肉的活动可促使胃肠蠕动增加，消化液分泌增多，所以能提高消化系统的消化和吸收能力。

3. 提高中枢神经系统的机能水平

中枢神经系统由脑和脊髓构成，它负责管理和调节人体内部各器官系统的活动，保证人体内部环境的平衡，同时维持人体与外部环境的平衡。健身健美能提高中枢神经系统的功能以及人体对内外环境的适应能力，促进智力开发，提高思考问题的敏捷性。

4. 调节心理，陶冶情操

人的心理活动本质是人脑对外界客观事物的反映。紧张的体力或脑力劳动以后，机体必然产生疲劳的感觉。现代生活的紧张节奏，会使人产生压抑感或其他一些不良的情绪。经常进行健身健美锻炼，可以起到调节心理活动，陶冶情操的作用。优美明快、节奏鲜明的音乐，协调有力的集体健身以及各种能很快见到明显锻炼效果的肌肉活动，均可对日常的紧张劳动和工作起到良好的调节作用，从而产生积极的心理影响，使人产生积极向上、追求美好未来的健康情绪和良好的情操。

5. 改善体形体态、矫正畸形

健身健美可以塑造较理想的形体和体态，如使男子变得体格魁梧，肌肉发达，女子变得体态丰满；还可以使肥胖者减少多余的脂肪，减轻体重、增强体质、美化形体；使消瘦衰弱的人发达肌肉、增加体重、增强体质、改善形体。

健身健美对矫正人体的某些畸形或某些缺陷有特殊的效果。不论是由于先天还是后天造成的身体畸形或缺陷，如鸡胸、含胸或因病引起的局部肌肉萎缩或外伤骨折、外科手术后引起的肌肉萎缩或肌力衰退等，都可以通过进行有针对性的健身健美练习，达到较理想的治疗效果。

第二节　健身健美训练方法

针对人体不同部位的健美，其方法均有所不同。

一、腿部肌群

两腿是人体的基座，承担着整个身体的重量，如两腿无力，将会给日常生活和工作带来不便，更谈不上健美。人的衰老从腿开始。两腿无力，行走活动减少，会导致心肺功能下降，所以应重视腿部肌群的锻炼。

（一）股四头肌、臀大肌

1. 负重深蹲

在负重深蹲动作过程中，应始终抬头、挺胸、紧腰，使杠铃垂直上升，意念集中在股四头肌、臀大肌上。（图 16-2-1）

2. 跨　举

做跨举的下蹲和起立时，上体要挺直，两臂伸直，不得屈臂和耸肩。起立时应完全靠腿部力量。屈膝下蹲时，不可突然下蹲，应以股四头肌、臀大肌的力量控制杠铃缓缓下降，意念集中在股四头肌、臀大肌上。（图 16-2-2）

负重深蹲

图 16-2-1　　　　　　　　　　　图 16-2-2

（二）股二头肌

1. 俯卧腿弯举

做俯卧腿弯举时，腹部要始终紧贴凳面，臀部不能撅起，意念集中在股二头肌上。（图 16-2-3）

2. 立姿腿弯举

做立姿腿弯举时，动作不可太快，待股二头肌极力收缩后，稍停，再缓缓放下。意念始终集中在股二头肌上。（图 16-2-4）

 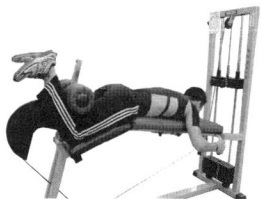 

图 16-2-3   图 16-2-4

（三）小腿肌群

1. 立姿提踵

做立姿提踵的动作时，要保持重心稳定，下降时，脚跟要低于垫木面。意念集中在小腿肌群上。（图 16-2-5）

2. 坐姿提踵

做坐姿提踵动作的过程中，杠铃横杠的位置要正对脚跟，脚跟下降时，要低于垫木面。意念集中在小腿肌群上。（图 16-2-6）

图 16-2-5   图 16-2-6

二、胸部肌群

胸部肌群包括位于胸前皮下的胸大肌、位于胸廓上部前外侧胸大肌深层的胸小肌和位于胸廓外侧面的前锯肌。在锻炼胸肌时，需要采用不同的动作从不同的角度对胸肌进行不同的刺激，才能使胸部肌肉练得既发达又有线条。

（一）杠铃平卧推举

做杠铃平卧推举时，要求上推路线要垂直。意念集中在胸大肌上。（图 16-2-7）

（二）仰卧飞鸟

做仰卧飞鸟时，要求肩、肘、腕始终在同一垂面内。意念集中在胸大肌和三角肌前束上。（图 16-2-8）

图 16-2-7　　　　　　　　　　　　　　图 16-2-8

三、背部肌群

背部肌群主要由上背部斜方肌、中背部背阔肌和下背部骶棘肌三部分组成。强壮发达的背部肌肉，使上体成 V 字形，并能使腰背挺直，塑造良好的体型。

（一）直立耸肩

在做直立耸肩动作过程中，两臂不得上提杠铃，臂部和两手仅起固定杠铃的作用。耸肩时，不得弯腰、弯背。意念始终集中在斜方肌上。（图 16-2-9）

（二）单杠引体向上

在单杠引体向上动作过程中，身体不能摆动，向上拉时不能用蹬腿力量，拉得越高越好。意念始终集中在背阔肌上。（图 16-2-10）

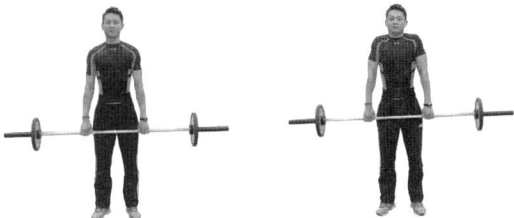

图 16-2-9　　　　　　　　　　　　　图 16-2-10

四、肩部三角肌

肩部是否健美，主要看三角肌发达与否。三角肌位于肩部皮下，呈三角形，底向上，尖向下，从前后外侧包裹着肩关节，它的最前部和最后部的肌纤维呈梭形，而中部肌纤维呈多羽状，这种结构使三角肌具有较大的力量。

（一）颈前推举

做颈前推举时，要求上体保持正直，不得借助腰、腿力量。意念集中在三角肌前束上。（图 16-2-11）

（二）颈后推举

做颈后推举时，要求两肘始终保持外展，杠铃垂直向上推。意念集中在三角肌后束上。（图 16-2-12）

图 16-2-11

图 16-2-12

五、臂部肌群

臂部肌群分上臂肌和前臂肌。上臂肌主要是肱肌、肱二头肌和肱三头肌；前臂肌主要是旋前圆肌、屈手肌、伸手肌、手肌。

（一）上臂肌群

1. 杠铃弯举
做弯臂时，上体切忌前后摆动。意念集中在肱肌、肱二头肌上。（图 16-2-13）
2. 反握引体向上
在反握引体向上的上拉过程中，不得借助腰、腹的振摆来做动作。意念集中在肱二头肌上。（图 16-2-14）

图 16-2-13   图 16-2-14

（二）前臂肌群

反握腕弯举：手腕向上弯曲时，要尽量收缩前臂肌。意念集中在前臂屈肌群上。（图 16-2-15）

图 16-2-15

六、腹部肌群

腹部肌群由腹直肌、腹外斜肌和腹内斜肌构成。

（一）单杠悬垂举腿

做单杠悬垂举腿的动作时不得借助身体摆动的助力，意念集中在下腹部。（图 16-2-16）

（二）仰卧起坐

仰卧起坐的做上体前屈时动作要慢，不得后仰助力。意念集中在腹直肌上。（图 16-2-17）

图 16-2-16   图 16-2-17

第十七章　形体训练

第一节　形体训练概述

　　形体课程有多种名称，比如形体、形体训练、形体艺术训练、形体舞蹈、形体与舞蹈、形体芭蕾和芭蕾形体等，其表达的意思都差不多，都离不开形体的内涵、舞蹈的内涵。其学习的内容也差不多，主要针对人体进行舞蹈基本功夫的练习。在体育难美类项目里需要形体训练，在艺术舞蹈界需要芭蕾形体训练，这两个领域在名词说法和具体界定上各有争议。

　　形体是指人体的外在表现，它是一门艺术，人体只有在四肢、躯干、头部及头部五官的合理配合下才能显示出姿态美、体态美、线条美和外部形态与内部情感的和谐统一美。舞蹈不但要做动作还要表达一定的内涵，就是所谓的舞蹈感觉和肢体语言，二者结合在一起就是形体舞蹈。简而言之，就是动作一定不要很复杂，但又要有一定的内涵，重在培养气质，给人一种高雅、舒服、很有活力的感觉。

第二节　形体基本技术

一、站时脚的基本位置

　　（1）并步（正步）：两脚并拢，脚尖向前。（图17-2-1 ①）

　　（2）小八字立（自然站立）：两脚跟靠拢，两脚尖向斜前方成八字形。（图17-2-1 ②）

　　（3）大八字开立：两脚左右或前后分开，同肩宽站立。（图17-2-1 ③）

　　（4）丁字步：前脚脚跟在后脚脚弓处站立，两脚尖向斜前方成丁字形（图17-2-1 ④）

并步　　　丁字步　　　小八字　　　左右开立　　　前后开立

（脚底鞋印图解）

双脚并拢，膝关节伸直

双脚脚跟并拢，脚尖分开90°

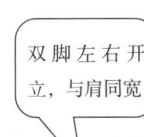

双脚左右开立，与肩同宽

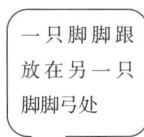

一只脚脚跟放在另一只脚脚弓处

① 正步　　　　② 小八字　　　　③ 大八字　　　　④ 丁字步

图 17-2-1

二、身体站立姿势

站立姿势分直立和起踵立两种。（图 17-2-2）

动作要领：抬头、眼平视、挺胸、收腹、立腰、夹背、夹臀、夹大腿

直　立　　　起踵立（正）　　　起踵立（侧面）

图 17-2-2

三、手　型

常见手型有拳、掌、大巴掌、虎掌、剑指、兰花指、芭蕾舞手形。（图 17-2-3）

芭蕾舞的手型和兰花指差不多，不过是食指往后稍翘，中指、无名指、小指并拢，齐平，拇指和往后翘的食指成一个√型，不过虎口是圆的，（不是从上面看是√形的，是从左右边看是√形）

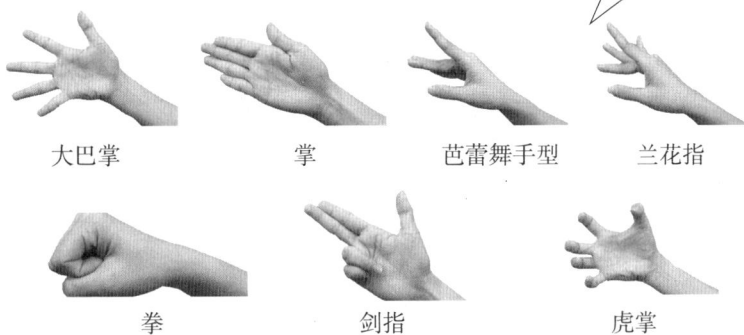

大巴掌　　　　　掌　　　　芭蕾舞手型　　　兰花指

拳　　　　　剑指　　　　　虎掌

图 17-2-3

四、芭蕾舞手臂的七个基本位置（七位）

芭蕾舞手臂的七个基本位置如图 17-2-4 所示。

一 位

手自然下垂，胳膊肘和手腕处稍圆一些。手臂与手成椭圆形，放在身体的前面，手的中指相对，并留有一拳的距离

二 位

手臂呈椭圆形，抬到横隔膜高度。（上半身中部，腰以上胸以下位置）动作过程中要注意保持胳膊肘和手指这两个支撑点的稳定

三 位

手在二位的基础继续上抬，放在额头的前上方，不要过分的向后摆，三位就像是把头放在椭圆形的框子里

四 位

左手不动，右手切回到二位，组成四位

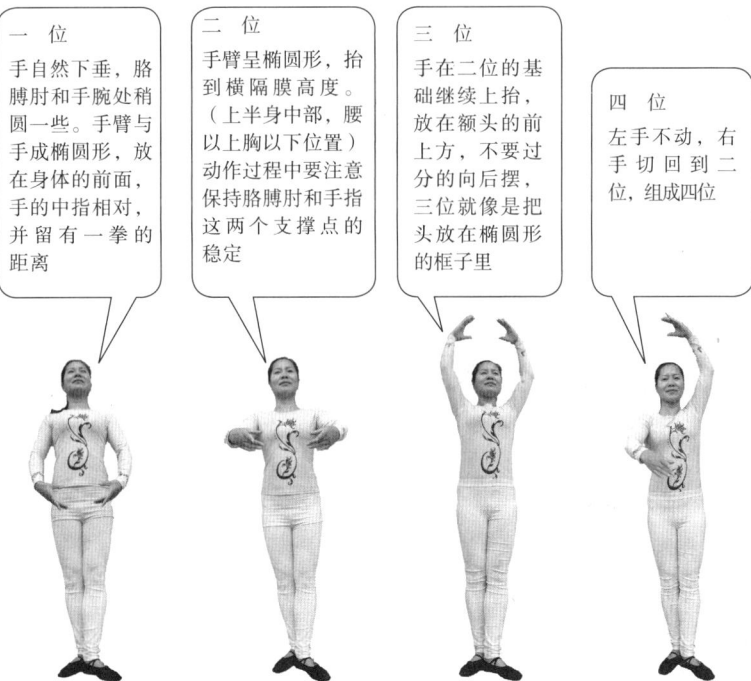

图 17-2-4

五　位
左手不动，右手保持弯度成椭圆形。从手指尖开始慢慢向旁打开。在过程中胳膊肘和手指两个支撑点要保持在一个水平面上。手要放在身体的前面一点，不要过分向后打开，起到一个延续双肩线条的作用

六　位
右手不动，左手从三位切回到二位，组成六位，形成舞姿

七　位
右手不动，左手打开到旁边，双手相同地放在身体的两侧

结　束
双手从七位（手心朝前）画一个小半圈，手心朝下，向两边伸长后，胳膊肘先弯曲下垂，逐渐收回到一位。结束

图 17-2-4（续）

以上是芭蕾的七个手位，从七位到一位的做法是：七位随吸气使手心朝下，然后双手稍往上抬，略高于肩，随着呼气用手腕下沉来带动手臂轻柔地下降，逐渐回到原一位的手位上。

手位练习中最容易出现的问题是肘关节，如一位时肘关节容易贴身，二位时肘关节容易下沉，三位时肘关节容易前冲，七位时肘关节容易下垂，同时还须注意不要耸肩，要压肩，头顶漩涡处好像有一根绳子向上拉起，让头颈尽量显得长点。

手位运动必须遵循从位置到位置的原则。在训练时不必完全按照手位顺序一至七位进行，可以自由随意地进行。手位练习可以根据需要自由编排组合，进行左右两边的手位练习，不管怎么编排，有两条原则不能违背，一条是必须从一位开始，最后收回一位，一位是一切手位的基础；另一条是手位在运动变化中，途径的手位必须清楚到位，不可随意，必须走最长的运动路线。

五、芭蕾五位脚及擦地练习

（一）五位脚

芭蕾五位脚如图 17-2-5 所示。

开：是指髋关节向人体两侧外开，髋关节的打开，舒展了人体的线条，增加了人体下肢的表现能力，芭蕾中的"开"有一定的难度，必须要从髋关节到膝关节、腕关节、脚趾尖全部打开，切忌容易打开的部位使劲打开，不容易打开的部位不打开，这样容易造成上下扭曲，导致肌肉或韧带拉伤。髋关节的开可以舒展人体的线条，肩关节的外开

不仅有利于后背的直挺及收紧，而且练习者能增添高亢的精神及挺拔的气质。

绷：绷脚也有两个重要作用，一是绷脚毫无疑问延长了腿的长度，强化了腿的流线型的优美；二是绷脚训练能使踝关节得到强有力的锻炼，增强了踝关节以下到趾关节的灵敏性。绷脚必须从踝关节开始把力量一直贯入到脚趾，让脚趾去找脚心，实际上脚背、脚趾绷得越紧，腿部膝关节也会越收紧。动力腿只要一动，尤其是离地，必须绷脚。

直：要求身体挺拔直立，不能塌腰凸臀，不能挺胸叠肚，也包括腿在需要直时，必须收紧膝关节。直有两个目的，一是从精神气质角度，使人有一种精神倍增、赏心悦目的潇洒和帅气，给人一种朝气蓬勃的青春美的享受；二是从技能、技术训练的角度，在任何情况下，上身因舞姿造型的需要而出现前倾后仰左倒右出时，人体的重心必须严格保持稳定，重心的稳定是人体在直立状态下的必需，唯有这样才能使舞蹈从容不迫，一气呵成。

立：一是在人体的整体概念上，立会给人带来升提的感觉，这是一种轻盈、敏捷和精神气质的美，这一点与直有相类似处；二是指腰部的立，这一点才是立的真髓。

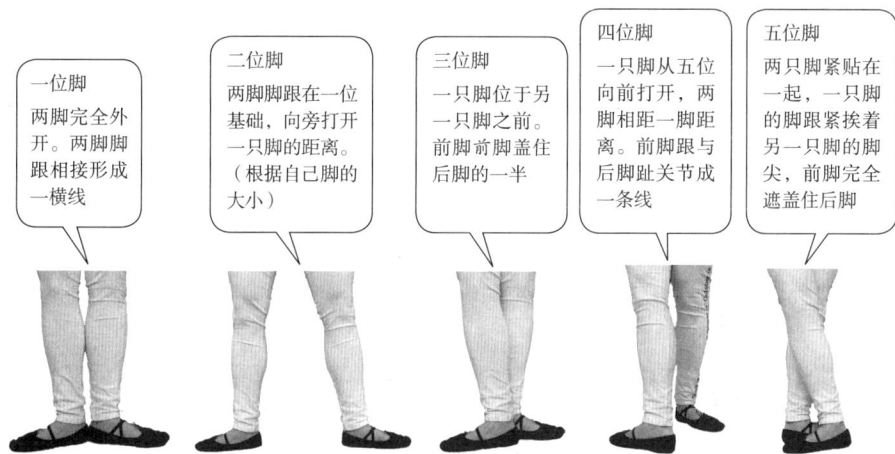

一位脚
两脚完全外开。两脚脚跟相接形成一横线

二位脚
两脚脚跟在一位基础，向旁打开一只脚的距离。（根据自己脚的大小）

三位脚
一只脚位于另一只脚之前。前脚前脚盖住后脚的一半

四位脚
一只脚从五位向前打开，两脚相距一脚距离。前脚跟与后脚趾关节成一条线

五位脚
两只脚紧贴在一起，一只脚的脚跟紧挨着另一只脚的脚尖，前脚完全遮盖住后脚

图 17-2-5

（二）扶把擦地练习

扶把：就是固定在芭蕾练舞房墙壁上的木质支架，每堂芭蕾舞课都是从扶把练习开始。基本芭蕾舞步练习需要借助扶把保持身体平衡。扶把练习是所有芭蕾训练的基础。练习时，手臂轻轻地搭在扶把上，身体平衡的同时，放松肘关节。（图 17-2-6）

腿部动作是一种动力腿张开和闭合的摆腿练习。擦地练习是芭蕾中几种不同的腿部动作之一，一只脚沿地板向外伸直，以脚尖点地结束。擦地动作可用于腿部的热身训练，腿部肌肉塑造，外开动作改善。擦地动作分为前擦地、侧擦地和后擦地。

脚慢慢地滑向一侧，身体重心始终在主力腿上。脚跟离地、脚尖点地，腿尽力向外侧伸展

脚跟外开，一只脚慢慢地滑向前方，身体重心落在主力腿上。脚跟离地、脚尖点地，腿尽力向前方伸展

脚慢慢地滑向身后，身体重心始终在主力腿上。脚跟离地、脚尖点地，腿尽力向外后伸展

脚慢慢地撤回到五脚位的状态，擦地练习完成

侧擦地　　　　前擦地　　　　　后擦地①　　　　后擦地②

图 17-2-6

六、步　法

形体与舞蹈中的步法有很多，有足尖步、正踢腿、侧踢腿、后踢腿、华尔兹步、柔软步、弹簧步、滚动步、跑跳步、交换步、变换步、波尔卡步、跳踏步和跨跳等。

足尖步　　　　　正踢腿　　　　　侧踢腿　　　　　后踢腿　　　　　华尔兹步

柔软步　　　　　弹簧步　　　　　滚动步　　　　　跑跳步　　　　　交换步

变换步　　　　　波尔卡步　　　　跳踏步　　　　　跨　跳　　　　　鹿　跳

七、韧　带

本书主要涉及的韧带包括踝关节韧带、腹背韧带、肩胸腰韧带和跨步韧带，采用的压韧带的方法，都是针对公共体育学生设计的安全有效的方法。压韧带的方法主要涉及三个环节：预热、用力发力和放松。根据各个韧带部位的不同，三个环节也有所不同，但是主题思想一致。

（一）踝关节韧带

（1）预热：首先将踝关节和腕关节活动开，然后站立姿势用力压开踝关节韧带，压完踝关节用力内扣放松。为方便授课，教学中一般反复做3次，每次10下，第10次发力。

（2）用力发力：跪在垫子上，双脚脚跟并拢，用臀部力量震荡压踝关节；一般做3次，每次做完脚趾内扣放松，注意内扣时候脚跟也要并拢。

（3）用力发力：跪在垫子上，双手撑在膝关节前15厘米处，用力提臀和提膝关节，10次。

（4）用力发力：两人一组，其中A跪在垫子上，固定住身体和双脚，重点是脚跟并拢不准左右倒，B一只脚踩在A跟腱处，一只脚踩在脚跟上，发力用力10次，最后一次加力。

（5）用力发力：站立姿势，左脚站立，右脚提踵，脚尖放在左脚脚跟处，脚趾要翻过去绷脚尖，用左腿膝关节压右脚小腿中间部位，10次，最后一次加力，压完右脚内扣放松。另外一只脚也是同样的方法。

（6）放松：站立姿势，双脚屈膝内扣，左右脚交替原地踩踏放松；一只脚站立，另一只脚抬起甩脚放松。另一只脚也是同样的方法。

踝关节韧带

（二）腹背韧带

（1）预热：先自己分腿坐在垫子上，两脚伸直蹦脚尖，左手抓左脚脚踝，右手抓右脚脚踝，抬头挺胸向前压上体，反复震荡10次，然后同样方法压左脚10次，右脚10次。

（2）用力发力：两人一组，A双脚伸直分腿坐在垫子上，B站在A背后蹲下或跪下或俯下上体，双手十指大巴掌，八字手掌分别压在A肩胛骨处，用A身体的重量向下压10次，最后一次加力。

（3）用力发力：B用臀部坐在A肩胛骨处，抬脚，用身体重量压10次，最后一次加力。

（4）用力发力：同2和3方法，但要求A并腿。

（5）放松：A站起来抖动或微跳动放松身体。

腹背韧带

（三）肩胸腰韧带

（1）预热：两人一组面对面站立，相距两手臂距离，两手放在对方肩膀上拉压肩膀，10次，最后一次加力；或者把杆压肩部韧带预热拉开。

（2）用力发力：两人一组，A趴在地上，两手向前伸直，B分腿站在A肩膀两侧，两

肩胸腰韧带

手十字扣手指，放在A肘关节下方，边托举起来边震荡放松，抬起至30°角，B双膝分别顶在A双肩后面，膝关节用力向下发力，托举双手扣住肘关节向上发力，注意发力由轻到重，慢慢地逐渐加力发力压肩，直到A发出声音受不了为止，或者A双小腿抬起，说明差不多了，B立刻停止用力；强调同样用力发力的方法压胸部和腰部，然后B立刻双膝顶在A肩胛背处压胸部韧带；最后顶在腰部压腰部韧带，此时要求A身体重心低，双膝下跪。

（3）放松：A把B上体慢慢地放下到垫子上，然后A双膝跪在B背部，B双手分别放在A肩膀上，用身体的重量压肩揉肩，给A放松肩部和腰背部。

（四）胯部韧带

1. 纵 胯

跨步韧带：纵胯

（1）预热：先自行正压腿、侧压腿拉开胯部韧带。

（2）用力发力：两人一组，A正压腿姿势，B分腿站在A臀部两侧，A双手抓住B手臂，把A上体摆正抬起，B双手抗在A双臂腋下，用膝关节顶压住A上方臀大肌向下慢慢逐步发力用力，力量由小到大，直到A受不了为止，最后再快速用一下力然后放松。换腿方法相同。

（3）放松：双手把杆后踢腿，压哪条腿在后，就后踢哪条腿10次，注意膝关节绷直，抬头双眼找后踢腿的脚尖，身体成反弓尽量向后。

2. 横 胯

跨步韧带：横胯

（1）预热：先自行双手撑地，绷直膝关节和脚尖，双脚两侧拉开。

（2）用力发力：两人一组，A趴着跪在地上，双手向前撑地，双膝尽量分腿分开，B站在A后面，要求A大腿和地面保持垂直，B也可以固定住A的大腿和地面保持垂直，然后B双手八字手掌；放在A臀大肌上方，向下轻轻发力，注意是轻轻发力，不能重手，因为横胯一般韧带都不好，不能太大力，以免拉伤。

（3）放松：B放手，A双腿并拢躺在地上，双手一侧倒地，左腿屈膝向右大腿并腿用力压，B可以协助压在左脚膝关节外侧，帮助用力向下压；然后换条腿用同样方法做。

波浪

八、波 浪

手波浪、体波浪。

九、形体矫正

（一）体型存在的问题

形体矫正

学生正步站立，要求抬头、挺胸、收腹、立腰、夹背、夹臀、夹大腿，观察学生上体肩膀和下肢。一般上体肩膀有溜肩、扛肩、关肩、驼背等，下肢有X形腿、O形腿。

（二）体型的矫正

肩膀：两人一组，B脚跟靠墙，身体贴墙站立，A八字手掌压在B肩膀两侧的三角肌前束上，A身体成前后弓箭步，A用身体的力量把B的肩膀向墙面用力压。

下肢：两人一组，B侧身躺在垫子上，要求腰胯部和膝关节绷直，A坐在B侧面大腿根部，用身体的重量压紧B两条大腿。同样的方法，A坐在B侧面膝关节处，帮助矫正O形腿。同样方法，A坐在B侧面小腿中间，帮助矫正X形腿。

十、音 乐

形体课程中，音乐是作为动作配合的灵魂而存在，是运动练习中离不开的元素，学生应培养乐感和音乐素养。

第十八章　健美操 ✎

第一节　健美操概述

一、健美操的起源及发展

（一）国际健美操的起源和发展

现代健美操萌芽于20世纪60年代初期，最早是美国国家航空航天局为宇航员设计的体能训练内容，并很快风靡世界。健美操作为一项独立的体育运动项目是在20世纪80年代末，其明显的标志是《简·方达健美术》一书的出现。好莱坞演员简·方达对健美操运动在世界范围内的流行与发展起了巨大的推动作用。

健美操不仅在欧美等发达国家蓬勃发展，而且在一些发展中国家和地区也得到不同程度的开展。它以强大的生命力迅速在全世界流行起来，越来越多的人喜爱健美操并积极地参与到健美操锻炼中来，形成了世界范围的"健美操热"。

目前，国际上较具影响力的健美操组织共7个，包括国际健身协会（IDEA）、国际有氧运动与体适能联合会（FISAF）、澳大利亚健身集团（Australian Fitness Network）、亚洲运动与专业体适能学院（AASFP）、国际体操联合会（FIG）、国际健美操冠军联合会（ANAC）和国际健美操联合会（IAF）。这些健美操的国际组织均致力于健美操的发展及其在全世界的普及，为扩大健美操在世界范围的影响、提高运动技术水平做出重要贡献。

（二）我国健美操发展简况

早在20世纪30年代，《女子健身体操集》的出版标志着我国已经出现了追求人体健与美运动的雏形。现代健美操于 20 世纪 80 年代传入我国，并奠定了广泛的群众基础。根据健美操的不同特性，按动作的难易、运动强度的高低以及不同层次的需要，我国制定了《健美操运动员技术等级规定动作》和《健美操大众锻炼标准》，为我国健美操的普及和发展创造了条件。

21 世纪以来，健美操项目被列入我国许多高校的教学大纲，使健美操在高校得到了广泛推广，扩大了健美操的社会影响。

二、健美操的分类

根据当今世界和我国健美操的发展状况和未来的发展趋势，以不同的运动目的和任务为标准，健美操可分为健身性健美操、竞技性健美操和表演性健美操三大类。

（一）健身性健美操

健身性健美操，也称"大众健美操"，其动作简单，实用性强，音乐速度较慢，且为了保证一定的运动负荷和锻炼的全面性，动作多为重复，并以对称的形式出现。其练习的主要目的是锻炼身体、保持健康。

健身性健美操按练习形式可分为徒手健美操、器械健美操和特殊场地健美操。

（二）竞技性健美操

竞技性健美操是一项在音乐伴奏下，能够表现连续、复杂、高强度成套动作的运动项目，该项目起源于传统的有氧健身运动。竞技性健美操的主要目的是"竞赛"。

竞技性健美操比赛的项目包括男子单人操、女子单人操、混合双人操、三人操和集体五人操。

（三）表演性健美操

表演性健美操是事先编排好的、专为表演而设计的成套健美操，时间一般为 2 ～ 5 分钟，其主要练习目的是"表演"。

表演性健美操的动作比健身性健美操的动作更为复杂多变，所以对参与者的身体素质要求较高。参与者不仅要具备较好的协调性，还要有一定的表演和集体配合的意识。

三、健美操的锻炼价值

健美操作为一项很有特色的运动，从增强人体健康的角度来说，具有良好的作用，尤其是对于改善心肺功能、控制体重、减肥和塑造体型、提高协调性和韵律感均具有较好的效果。

第二节　健美操基本技术

一、健美操的基本步法

基本步法

基本步法是健美操动作中的最小单位，是组成组合动作、成套动作的基础。健美操的基本步法按照冲击力分为三种：无冲击类动作、低冲击类动作和高冲击类动作。许多低冲击类动作也可以做成高冲击类动作。根据动作完成形式的不同，我们又将基本步法分为五类，即交替类、迈步类、点地类、抬腿类、双腿类。基本步法的练习，可以提高练习者的协调性、节奏感和韵律感。（表18-2-1）

表18-2-1　健美操基本步法

类　别	原始动作形式	无冲击力形式	低冲击力形式	高冲击力形式
交替类		踏步、走步、一字步、V字步、漫步	跑步	
迈步类	侧并步		并步、迈步点地、迈步吸腿、迈步后屈腿、侧交叉步	并步跳、小马跳、迈步吸腿跳、迈步后屈腿跳、侧交叉步跳
点地类	点地		脚尖点地、脚跟点地	
抬腿类	抬腿		吸腿、摆腿、弹踢腿	吸腿跳、摆腿跳、踢腿跳、弹踢腿跳、后屈腿跳
双腿类		半蹲、弓步、提踵、弹动		并腿跳、分腿跳、开合跳、弓步跳

（一）交替类

交替类动作是指两脚始终依次交替落地的动作。（图18-2-1）

1.踏　步

两腿依次抬起，依次落地。在下落时，踝关节、膝关节、髋关节依次有弹性地缓冲。在落地时，由前脚掌过渡到全脚掌，两臂屈肘前后自然摆动，上体保持正直，抬头挺胸。

2. 走　步

迈步向前走时，脚跟先落地，过渡到全脚掌，向后走时则相反。在落地时，膝关节、踝关节有弹性地缓冲。

3. 一字步

一脚向前一步，另一脚向前并步，然后再依次还原。向前迈步时，先脚跟着地，过渡到全脚掌，前后均要有并腿过程，每一拍动作膝关节始终有弹性地缓冲。

4. V字步

一脚向前侧方迈一步，另一脚随之向另一方迈一步，成两腿开立，屈膝，然后再依次退回原位。两腿膝关节、踝关节始终保持弹动状态，分开后成分腿半蹲，身体重心在两腿之间。

5. 漫　步

一脚向前迈出，屈膝，身体重心随之前移，另一脚稍抬起，然后原地落下。或者向后撤一步，身体重心后移，另一脚稍抬起，然后原地落下。两脚始终交替落地，身体重心随动作前后移动，但始终保持在两脚之间。

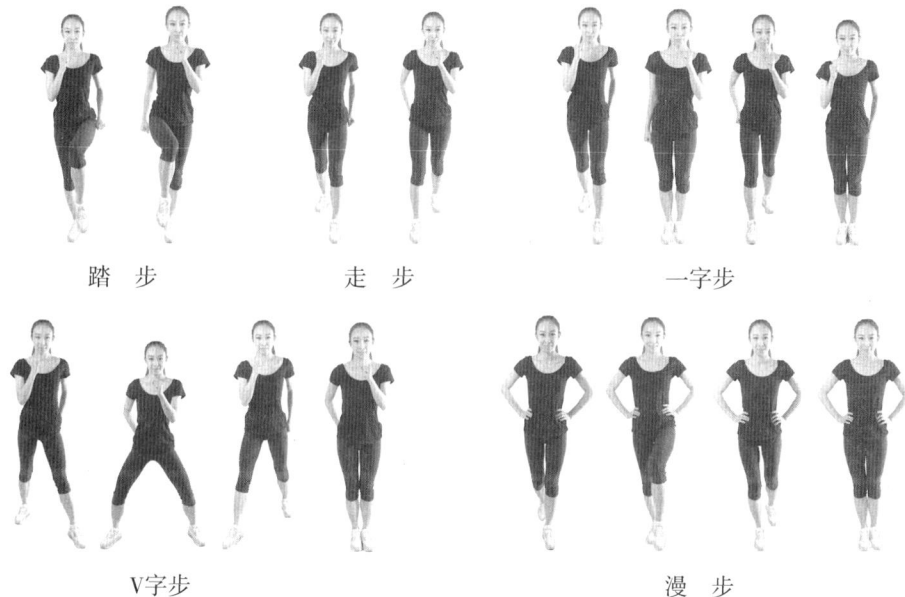

踏　步　　　　走　步　　　　一字步

V字步　　　　漫　步

图 18-2-1

（二）迈步类

迈步类动作是指一条腿先迈出一步，身体重心移到这条腿上，另一腿用脚跟、脚尖点地或吸腿、屈腿、踢腿等，然后反向迈步重复上述动作的过程。（图 18-2-2）

1. 并　步

一脚迈出，另一脚随之并拢，屈膝点地，再向反方向迈步。两膝始终保持弹动，动作幅度和力度可随风格而定。

2. 迈步点地

一脚向侧迈一步，两腿经屈膝移身体重心，另一脚再向前、侧或后用脚尖或脚跟点地。两膝同时有弹性地屈伸。

3. 迈步吸腿

一脚迈出一步，另一腿屈膝抬起，然后向反方向迈步。动作要经过屈膝半蹲，抬膝时，支撑腿稍屈膝。

4. 迈步后屈腿

一脚迈出一步，另一腿后屈，然后向反方向迈步。动作要经过屈膝半蹲，支撑腿稍屈膝，后屈腿的脚跟靠近臀部。

5. 侧交叉步

一脚向侧迈一步，另一脚在其后交叉，随之再向侧迈一步，另一脚并拢，屈膝点地。第一步要脚跟先落地，身体重心快速随着脚步而移动，保持膝关节、踝关节弹动。

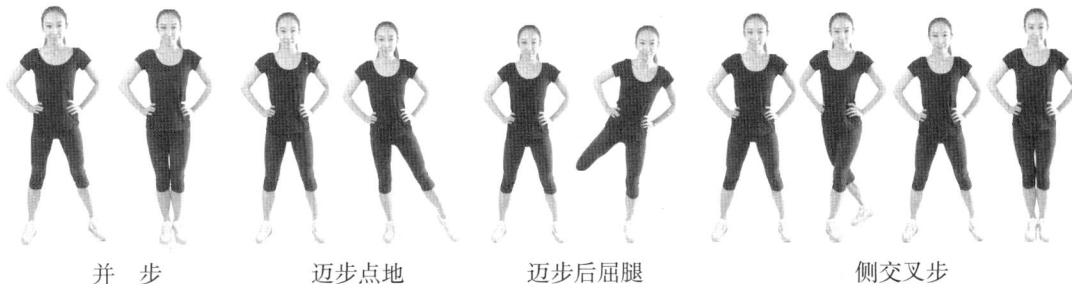

并　步　　　　迈步点地　　　　迈步后屈腿　　　　侧交叉步

图 18-2-2

（三）点地类

点地类动作是指一腿屈膝站立，另一腿伸出。用脚尖或脚跟点地后还原并腿位置的动作。（图 18-2-3）

1. 脚尖点地

一腿稍屈膝站立，另一腿伸出，脚尖地点，然后还原到并腿姿势。可做向前、侧、后的脚尖点地。

2. 脚跟点地

一腿稍屈膝站立，另一腿伸出，脚跟点地，然后还原到并腿姿势。支撑腿要始终保持屈膝站立，并且随动作有弹性地屈伸。

脚尖地点　　　　跟点地

图 18-2-3

（四）抬腿类

抬腿类动作是指一脚站立、另一脚抬起的动作。（图 18-2-4）

1. 吸　腿

一腿屈膝抬起，落下还原。支撑腿要保持屈膝弹动，大腿上抬过水平位置，小腿垂直于地面，脚面绷直。落地时，由脚尖过渡到脚跟，两腿交替进行。跳起时，脚离地，上体保持正直。

2. 弹踢腿

一脚站立（跳起），另一腿先向后屈，然后向前下方弹踢，还原。弹踢时要有控制，两膝之间要靠拢，前弹时不要过分用力，膝关节、髋关节运动伸展要有控制。

吸　腿　　　　　弹踢腿

图 18-2-4

（五）双腿类

双腿类动作是身体直立、身体重心在两腿之间的动作。（图 18-2-5）

1. 并腿跳

两腿并拢跳起，落地缓冲要有控制。

2. 开合跳

由并腿跳起，分腿落地，然后再由分腿跳起，并腿落地。

3. 弓　步

两腿前后分开，两脚平行站立，蹲下、起来。一腿后摆由脚尖过渡到前脚掌（脚跟不需要着地），脚尖方向向前。半蹲时后腿膝关节向下，身体稍前倾，收腹立腰，重心始终落在两脚之间。

开合跳　　　　　弓　步

图 18-2-5

二、健美操上肢基本动作

（一）常用手型

健美操的手型分为并掌、开掌、花掌、立掌和拳。（图18-2-6）

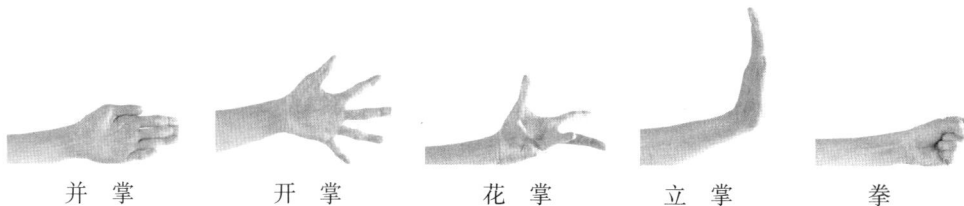

并　掌　　　　开　掌　　　　　花　掌　　　立　掌　　　拳

图 18-2-6

（二）上肢动作

（1）自然摆动。（图18-2-7）

（2）举。（图18-2-8）

（3）冲拳。（图18-2-9）

（4）屈臂提拉。（图18-2-10）

（5）直臂上摆。（图18-2-11）

（6）双臂交叉。（图18-2-12）

三级套路

图 18-2-7　　　　　　　　图 18-2-8　　　　　　　　图 18-2-9

图 18-2-10　　　　　　　图 18-2-11　　　　　　　图 18-2-12

第十九章　体育舞蹈

第一节　体育舞蹈概述

一、体育舞蹈的起源

　　舞蹈来源于生活，产生于早期人类的劳动生活之中，并随着人类社会的发展而发展。它经历了对舞、圈舞、行列舞、集体舞等演变过程，并与欧洲贵族在宫廷举行的交谊舞会结合，成为流传广泛的社交舞，具有了健身、社交和娱乐的性质。19世纪初，华尔兹出现了近距离的握抱方式。1924年，英国皇家舞蹈教师协会对各种舞姿、舞步、跳法等进行规范、整理和美化加工，制定了有关舞蹈理论、技巧音乐、服装等统一标准，并将国际标准舞的命名公布于世。第二次世界大战后，英国皇家舞蹈教师协会又将拉丁舞纳入国际体育舞蹈的范畴。从此，国际标准舞（简称"国标"）就有了摩登舞和拉丁舞两大系列共十种舞。1992年，国际标准舞被列为奥运会表演项目，随后国际标准舞又被称为"体育舞蹈"。

二、体育舞蹈的分类及风格特点

　　体育舞蹈按舞蹈的风格和技术结构，分为摩登舞和拉丁舞两大类；按竞赛项目可分成三大类：摩登舞、拉丁舞和团体舞。其中，摩登舞包括华尔兹、维也纳华尔兹、探戈、狐步和快步；拉丁舞包括伦巴、恰恰恰、桑巴、牛仔舞和斗牛舞。

　　体育舞蹈是由文艺范畴的舞蹈演变而来的体育项目。因此，它具有文艺性和体育性的双重特点，是具有自娱性和表演观赏性的竞技舞蹈。

（一）摩登舞

1. 摩登舞的风格特点

摩登舞显示出一种矜持、高贵，严肃中略带活泼、典雅的风格。男士需身着燕尾服，女士则以飘逸、艳丽的长裙表现她们的华贵、美丽。它的舞步流畅，轻柔洒脱，舞姿优美，起伏有序。音乐节奏清晰，富于技巧性，是老少皆宜的舞蹈。

2. 摩登舞的分类

（1）华尔兹（W）。华尔兹用W表示，也称"慢三拍"，是摩登舞项目之一。舞曲旋律优美抒情，节奏为 $\frac{3}{4}$ 的中慢板，每分钟 28～30 小节。每小节 3 拍为一组舞步，每拍一步，第一拍为重拍，3 步一起伏循环。通过膝、踝、足底、跟掌趾的动作，结合身体的升降、倾斜、摆荡，带动舞步移动，使舞步起伏连绵，舞姿华丽典雅，是维也纳华尔兹（快三步）的变化舞种。19 世纪中叶，维也纳华尔兹传到美国，当时美国崇尚舒缓、优美的舞蹈和音乐，于是将快节奏的维也纳华尔兹逐渐改变成悠扬而缓慢，具有抒发性旋律的慢华尔兹舞曲，舞蹈也改成连贯滑动的慢速步型，即今天的华尔兹。

（2）维也纳华尔兹（V）。维也纳华尔兹用V表示，也称"快三步"，是摩登舞项目之一。舞曲旋律流畅华丽，节奏轻松明快，为 $\frac{3}{4}$ 拍节奏，每分钟 56～60 小节，每小节为 3 拍，第一拍为重拍，第四拍为次重拍。基本步伐是 6 拍走 6 步。两小节为一循环，第一小节为一次起伏。基本动作是左右快速旋转步，完成反身、倾斜、摆荡、升降等技巧。舞步平稳轻快，热烈奔放，舞姿高雅庄重。维也纳华尔兹源于奥地利的一种农民舞蹈，由男女成对扶腰搭肩共同围成一个圆圈而舞，故被称为"圆舞"。著名的约翰·施特劳斯为维也纳华尔兹谱写了许多著名的圆舞曲。

（3）狐步（F）。狐步也称"福克斯"，用F表示，是摩登舞项目之一。舞曲抒情流畅，节奏为 $\frac{4}{4}$ 拍，每分钟 28～30 小节，每小节为 4 拍，第一拍为重拍，第三拍为次重拍。基本步伐是 4 拍走 3 步，每四拍为一循环，分块、慢步，第一步为慢步（S），占 2 拍；第二、第三步快步（Q），各占一拍，基本节奏为慢、快、快（S、Q、Q）。以足踝、足底、掌趾的动作，完成升降起伏，注重反身、肩引导和倾斜技术。舞步流畅平滑，步幅宽大，舞态优雅从容飘逸，似行云流水。20 世纪起源于欧美，后流行于全球。

（4）快步（Q）。快步用Q表示，是摩登舞项目之一。舞步明亮欢快，舞步轻快灵活，跳跃感强，是体育舞蹈中一种轻快欢乐的舞蹈。节奏为 $\frac{4}{4}$ 拍，每分钟 50～52 小节。每小节 4 拍，第一拍为重拍，第三拍为次重拍。舞步分快步和慢步。快步用Q表示，时值为一拍；慢步用S表示，时值为 2 拍。基本节奏是慢、慢、快、快、慢。舞步组合有跳步、荡腿、滑步等动作。快步起源于美国，20 世纪流行于欧美和全球。

（5）探戈（T）。探戈用T表示，是摩登舞项目之一。 $\frac{2}{4}$ 拍节奏，每分钟 30～34 小节。每小节 2 拍，第一拍为重拍。舞步有快步和慢步，快步占半拍，用Q表示；慢步占一拍，用S表示。基本节奏是慢、慢、快、快、慢（S、S、Q、Q、S）。舞曲节奏带有停顿并强调切分音；舞步顿挫有力，潇洒豪放；身体无起伏、无升降、无旋转；表情严肃，有左顾右盼的头部闪动动作。探戈源于阿根廷民间，20 世纪传入欧洲上层社会，后流行于世界各国。

（二）拉丁舞

1. 拉丁舞的风格特点

拉丁舞与摩登舞不同的是，舞伴之间可贴身，可分离，可各自在固定范围内辐射式地变换方向和角度，展现舞姿。步法灵活多变，各舞种通过对胯部及身体摆动的不同技术要求，完成各种舞步，表现各种风格。舞姿妩媚潇洒，婀娜多姿，风格生动活泼，热情奔放；曲调缠绵浪漫、活泼热烈、节奏感强；着装浪漫洒脱，男着上短下长的紧身或宽松装，女着紧身短裙，显露女性的曲线美。

2. 拉丁舞的分类

（1）伦巴。现代伦巴是由古巴舞蹈吸收 16 世纪非洲黑人舞蹈和西班牙波莱罗舞蹈逐渐完善形成的。舞蹈动作曾受雄鸡走路启发；20 世纪 20—50 年代又受美国爵士乐和舞蹈的影响。20 世纪 30 年代初，皮埃尔夫妇在英国表演和推广古巴伦巴受到极大欢迎，并逐渐风行欧洲。伦巴在拉丁舞中是一种具有魅力的舞蹈，它的音乐缠绵，舞蹈风格柔媚而抒情，以表达情侣之间的爱情为主题，被称为拉丁舞之魂。伦巴的音乐是 $\frac{4}{4}$ 拍，音乐速度为每分钟 27～31 小节，胯部动作是由控制身体重心的一脚向另一脚移动而形成向两侧做"∞"型摆动，具有舒展优美，婀娜多姿，柔媚抒情的风格。

（2）恰恰恰。恰恰恰是拉丁舞项目之一。节奏为 $\frac{4}{4}$ 拍，每分钟 30～32 小节。每小节 4 拍，强拍落在第一拍，4 拍跳 5 步构成，包括两个慢步和 3 个快步。第一步踏在第二拍，时间值占一拍；第二步占一拍；第三、第四两步各占半拍；第五步占一拍，踏在舞曲的第一拍上。胯部每小节向两侧摆动 6 次。舞曲热情奔放，舞步花哨利落，步频较快，诙谐风趣。恰恰恰源于非洲，后传入拉丁美洲，在古巴得到发展。恰恰恰由于名称鲜明，节奏欢快易记，加之邦伐斯鼓和沙锤的咚咚沙沙声与动作相吻合，舞蹈又有诙谐、花哨的风格，所以倍受欢迎。

（3）桑巴。桑巴用 S 表示，是拉丁舞项目之一。舞曲欢快热烈，节奏为 $\frac{2}{4}$ 拍或 $\frac{4}{4}$ 拍，每分钟 52～54 小节。强拍落在每小节的第二拍或第四拍。每小节完成一个基本舞步。舞步在全脚掌踏地和半脚掌垫步之间交替完成，通过膝关节上下屈伸弹动，使全身前后摇摆，并沿着舞程线绕场行进，属"游走型"舞蹈。特点是流动性大，动律感强，步法摇曳紧凑，风格热烈奔放。桑巴源于巴西，是巴西一年一度狂欢节的舞蹈，是巴西音乐和舞蹈的灵魂。

（4）斗牛舞。斗牛舞用 P 表示，是拉丁舞项目之一。斗牛舞音乐旋律高昂雄壮、舞态威猛、步法悍厉奋张，是由西班牙风格进行曲伴舞的一种拉丁舞。节奏为 $\frac{2}{4}$ 拍，每分钟 60～62 小节。一拍一步，8 拍一循环，音乐结构固定不变，共分 3 段，每段音乐之间有明显的停顿。特点是舞步流动大，沿着舞程线绕场行进，"游走型"舞蹈。舞姿挺拔，无胯部动作及过分膝关节屈伸。用踝关节和脚掌平踏地面完成舞步。动静鲜明，力度感强，发力迅速，收步敏捷顿挫。斗牛舞源于法国，盛行于西班牙，系据西班牙斗牛场面创作而成。男为斗牛士，气宇轩昂，刚劲威猛，女披红色斗篷，英姿飒爽，柔美多变。

（5）牛仔舞。牛仔舞用 J 表示，是拉丁舞项目之一，源于美国西部。牛仔舞旋律欢快，舞步带有踢踏动作，节奏快速兴奋，动作粗犷；节奏为$\frac{4}{4}$拍，每分钟 42 ～ 44 小节，6 拍跳 8 步。由踏步、并合步，结合跳跃、旋转等动作组合而成。要求脚掌踏地，腰部和胯部做钟摆式摆动。特点是舞曲欢快、有跃动感、舞步丰富多变，其强烈的扭摆和连续快速的旋转，常使人眼花缭乱，亢奋热烈。

三、体育舞蹈的锻炼价值

（一）健身价值

体育舞蹈的运动强度、运动时间可自由掌握。跳舞时心肌收缩加强，血流加快，能增强心肺机能。

（二）健心价值

积极参加体育舞蹈的活动者，其心理健康水平显著高于普通人，说明体育舞蹈对心理健康的促进作用是十分明显的。在翩翩起舞的过程中，人的注意力必须集中在欣赏优雅的舞曲和依照音乐节奏将内心情感抒发在舞姿上。因为注意力的转移，其他部分机体能得到调整和休息，所以体育舞蹈具有消除疲劳、陶冶情操、康复机体、消除心理障碍的作用。

（三）社会价值

舞蹈是人们交流思想、抒发情感、消除隔阂、相互沟通的最好形式之一。体育舞蹈在日常生活中既具有娱乐的功能，又具有交际的功能，当人与人之间相处时，体育舞蹈者秀雅合度的动作易于引起他人的注意，成为交往的促进条件。

（四）审美价值

体育舞蹈作为一种优美的人体动态艺术，有很高的审美价值，其自身特有的魅力能满足人们对美的追求和审美的需要。

第二节 体育舞蹈基本技术

一、摩登舞基本技术

（一）华尔兹

华尔兹的风格是动作如行云流水般顺畅，像云霞般光辉，潇洒自如，典雅大方，被誉为"舞中皇后"。华尔兹舞曲的节奏是 $\frac{3}{4}$ 拍，每分钟 28～30 小节，每小节有 3 拍。

1. 基本动作

（1）升降。此动作练习主要为了体会踝部、膝部的屈伸，加强脚及身体的控制能力，加强身体升降的稳定性。（图 19-2-1）

（2）手臂前后摆动的升降。随着膝部、踝部的屈伸身体，手臂前后摆转，掌握升降摆转的延伸动作。（图 19-2-2）

华尔兹

图 19-2-1

图 19-2-2

2. 握抱姿势

（1）闭式舞姿。男女舞伴相对站立，双脚并拢，脚尖对齐、正对前方。女士偏向男士右侧的 1/3，男女舞伴的右脚尖对准对方的双脚中线。男女舞伴的头都向左转，目光从男女伴右肩方向看去。女士从臀部以上向后上方打开，男士左手与女士右手掌心相握，虎口向上，前臂与上臂的夹角为 135°，高度与女士右耳相平。男士右手五指并拢，轻轻置于女士左肩胛骨下端。女士左手四指并拢，虎口放在男士右臂三角肌处。（图 19-2-3）

（2）开式舞姿。在闭式舞姿的基础上，男女舞伴的上身各向外打开 25° 角，头面向手的方向，目光从手的方向向远外延展，男士与女士的右髋部仍相靠不能打开。

3. 基本步法

（1）左脚并换步（图 19-2-4）。① 男士左脚前进；女士右脚后退。② 男士右脚经过左脚向侧步稍前；女士左脚经右脚向侧步稍后。③男士左脚并右脚；女士右脚并左脚。

图 19-2-3　　　　　　　　　　　　　　图 19-2-4

（2）右脚并换步。①男士右脚前进；女士左脚后退。②男士左脚经过右脚向侧步稍前；女士右脚经左脚向侧步稍后。③男士右脚并左脚；女士左脚并右脚。

（3）左转步（图 19-2-5）。共 6 步，节奏为 1、2、3、1、2、3。①男士左脚前进，开始左转；女士右脚后退，开始左转。②男士经右脚向侧横步，1～2 转 1/4 周；女士左脚向侧横步，1～2 转 3/8 周。③男士左脚并右脚，2～3 转 1/8 周；女士右脚并左脚，身体完成转动。④男士右脚后退，继续向左转；女士左脚前进，继续向左转。⑤男士左脚向侧横步，4～5 转 3/8 周身体稍转；女士右脚向侧横步，4～5 转 1/4 周。⑥男士右脚并左脚，身体完成转动；女士左脚并右脚，5～6 转 1/8 周。

图 19-2-5

（4）右转步（图 19-2-6）。共 6 步，节奏为 1、2、3、1、2、3。①男士右脚前进，开始右转；女士左脚后退，开始右转。②男士经左脚向侧横步，1～2 转 1/4 周；女士右脚向侧横步，1～2 转 3/8 周。③男士右脚并左脚，2～3 转 1/8 周；女士左脚并右脚，身体完成转动。④男士左脚后退，继续向右转；女士右脚前进，继续向右转。⑤男士右脚向侧横步，4～5 转 3/8 周身体稍转；女士左脚向侧横步，4～5 转 1/4 周。⑥男士左脚并右脚，身体完成转动；女士右脚并左脚，5～6 转 1/8 周。

图 19-2-6

（5）侧行追步（图19-2-7）。侧行追步有4步，3拍走4步。节奏为1、2、&、3。从开式舞姿上开始。① 男士右脚前进并交叉于反身动作及侧行位置；着地时先脚跟后脚掌；女士左脚前进并交叉于反身动作位置及侧行位置，着地时先脚跟后脚掌，开始左转。② 男士左脚横步，着地时用脚掌；女士右脚横步，着地时用脚掌，1～2转1/8周。③ 男士左脚并于右脚，着地时用脚掌；女士左脚并于右脚，着地时用脚掌，2～3转1/8周，身体稍转。④ 男士右脚横步稍后，着地时先脚掌后脚跟；女士右脚横步稍后，着地时先脚掌后脚跟。

图 19-2-7

（6）V字步（图19-2-8）。① 男士左脚前进；女士右脚后退。② 男士右脚向斜内侧前进；女士左脚斜退。③ 男士左脚在侧行位置交叉于右脚后；女士右脚在侧行位置交叉于左脚后。

图 19-2-8

（7）外侧右转步（图19-2-9）。节奏为1、2、&、3。在侧位上开始。① 男士右脚前进并交叉于反身动作及侧行位置；女士左脚前进并交叉于反身动作及侧行位置。② 男士左脚向侧；女士右脚向侧。③ 男士右脚在侧行位置交叉于右脚后；女士左脚并右脚。④ 男士左脚向侧且稍前进；女士右脚向侧并稍后退。

图 19-2-9

（8）右旋转步（图19-2-10）。右旋转步有6步，节奏为1、2、3、1、2、3。① 男士右脚前进开始右转；女士左脚后退开始右转。② 男士左脚向侧横步，1～2转1/4周；

女士右脚向侧横步，1～2转3/8周，身体稍转。③男士右脚并于左脚，2～3转1/8周；女士左脚并于右脚，身体完成稍转。④男士左脚后退，左脚保持在反身动作位置中（轴转）右转1/2周过渡到跟掌转；女士右脚前进（轴转）右转1/2周，跟脚。⑤男士右脚前进继续右转跟掌；女士左脚后退，并向左侧继续右转跟掌。⑥男士左脚横步稍后，5～6转3/8周，掌跟；女士右脚经左脚斜进，5～6转3/8周，掌跟。

图19-2-10

（9）蹉蹰步（图19-2-11）。①男士左脚前进开始左转，着地时先脚掌后脚跟；女士右脚后退开始左转，着地时先脚掌后脚跟。②男士右脚横步，1～2转1/4周，着地时用脚掌；女士左脚横步，1～2转1/4周，着地时用脚掌。③男士左脚并于右脚，不置重量，2～3转1/8周（掌跟中心在右脚）；女士右脚并于左脚，不置重量，2～3转1/8周（掌跟中心在左脚）。

（10）后叉形步（图19-2-12）。①男士反身动作位置中左脚后退；女士在反身位置及外侧中右脚前进。②男士右脚斜退；女士左脚向侧。③男士侧行位置中，左脚交叉于右脚后；女士侧行位置中，右脚交叉于左脚后。

图19-2-11   图19-2-12

（二）探　戈

探戈的风格是动静交织、潇洒奔放、头部左顾右盼和快速转动。舞曲为$\frac{2}{4}$拍，每分钟30～34小节。音乐的特点是以切分音为主，带有停顿。舞步分S（慢）和Q（快），其中，S占1拍，Q占半拍，跳探戈时，要求膝关节放松，微屈，身体重心下沉，脚下干净利落，不拖泥带水。

1. 握抱姿势

闭式舞姿：男伴的右脚回收半脚并到左脚内侧脚弓处，前后错开半个脚，身体重心下沉，膝关节弯曲并松弛。左手回收，肘关节上抬，前臂内收角度加大（接近90°）。男士右手略向下斜插到女伴的脊椎骨略靠近右肩胛骨的地方（不要超过脊柱）；女士的左手拇指贴向掌心，四指并拢，虎口处抵住男伴的上臂外侧靠近腋部。男伴右肘与女伴左肘部相重叠，即男伴右肘骨抵住女伴的左肘内窝。目视方向与华尔兹相同，时有闪回的动作。男伴与女伴位置是 1/3 微贴，接触点是膝关节、髋部到腹部的位置。（图 19-2-13）

2. 基本步法

（1）二常步（图 19-2-14）。二常步有两步，节奏为 S、S。① 男士左脚前进；女士右脚后退。② 男士右脚前进；女士左脚后退。

（2）直行侧步（图 19-2-15）。直行侧步有 3 步，节奏为 Q、Q、S。① 男士左脚前进；女士右脚后退。② 男士右脚向侧稍后退；女士左脚向侧稍前进。③ 男士左脚前进；女士右脚后退。

图 19-2-13　　　　　　图 19-2-14　　　　　　　　　　图 19-2-15

（3）并脚结束（图 19-2-16）。并脚结束有 3 步，节奏为 Q、Q、S。① 男士右脚后退；女士左脚前进。② 男士左脚横步稍前，左转 1/4 周；女士右脚横步稍后，左转 1/4 周。③ 男士右脚并于左脚；女士左脚并于右脚。

（4）右摇转步（图 19-2-17）。① 男士右脚前进；女士左脚后退。② 男士左脚向侧并稍后；女士右脚前进。③ 男士重心回立右脚，1～3 右转 1/4 周；女士左脚后退，1～3 右转 1/4 周。

图 19-2-16　　　　　　　　　　　　　　图 19-2-17

（5）基本左转（图 19-2-18）。基本左转有 6 步，节奏为 Q、Q、S、Q、Q、S。① 男士在反身位置中左脚前进；女士在反身位置中右脚后退。② 男士右脚向侧并稍后退；女士左脚向侧并稍前进。③ 男士左脚交叉于右脚之前；女士右脚并左脚并稍后退。④ 男士右脚后退；女士左脚前进。⑤ 男士左脚向侧稍前进；女士右脚向侧并稍后退。⑥ 男士右脚并左脚且稍退后；女士左脚并右脚且稍前进。

图 19-2-18

（6）行进连步（图 19-2-19）。行进连步有两步，节奏为 Q、Q。① 男士在反身动作位置中左脚前进；女士在反身位置中右脚后退。② 男士右脚向侧并在侧行位置中稍后退；女士左脚向侧并在侧行位置中稍后退。

（7）并式侧行步（图 19-2-20）。并式侧行步有 4 步，节奏为 S、Q、Q、S。在侧行位置上开始。① 男士在侧行位置中，左脚向侧；女士在侧行位置中，左脚向侧。② 男士右脚前进并交叉于反身动作位置与侧行位置中；女士右脚前进并交叉于反身位置与侧行位置中。③ 男士左脚向侧并稍前进；女士左脚向侧。④ 男士右脚向侧并稍后退；女士右脚交叉于左脚之后。

图 19-2-19

图 19-2-20

二、拉丁舞基本技术

（一）身体基本姿势

拉丁舞的基本姿势一般来说为身体为对抗重力所采用的位置。

拉丁舞姿势分为两种类型：静态姿势和动态姿势。身体处在静止位置下，且不考虑任何运动，为静态姿势；运动中身体的状态为动态姿势，动态姿势是由身体不同部位同时运动的组合结果，而且会不断变化。

拉丁舞中除了斗牛舞采用一种特别的姿势外，其他舞种基本保持不变。男士和女士的身体姿势根据舞种的内涵及特征略微不同，各舞种之间姿势也有些小的差异。

（二）髋部动作技术

1. 髋部路线

髋部路线是指在每步的运行中，髋部的大致运行轨迹。每一个髋部路线都是整个骨盆结构的一个或多个组合运动。

（1）额面横移：肩膀保持不动，髋部向左或右移动，髋部没有转动和倾斜。

（2）额面倾斜：肩膀保持不动，髋部向左或右倾斜，一侧髋比另一侧低。通过将身体重量转移到一条腿上，并弯曲另一侧腿的膝关节形成，髋部既无横移也不转动。

（3）横断面转动：肩膀保持不动，髋部向左或右的拧转，髋部在肩下转动，形成躯干的扭转。

（4）矢状面前倾和后倾：肩膀保持不动，髋部前倾和后倾，腰椎弯曲，胸椎背部区域被中和；胸椎被凸，腰椎区域脊柱前凸被中和。髋部的肌肉总是与腹部肌肉收缩相结合。

2. 常用髋部路线

髋部路线由额面横移、额面倾斜、横断面转动、矢状面前倾和后倾这些简单运动组合而成。理论上，有多种可能的髋部路线，高级舞者可以使用任何一种来达到编排或机体运转的目的。常用的髋部路线包括：8字胯、反8字胯、斜拧、画圈、前半圈、后半圈、左半圈、右半圈、骨盆倾斜、倾斜、扭转。

（三）通用动作

（1）回旋转动作（拉丁通用）。

（2）螺旋转动作（拉丁通用）。

（3）延迟（拉丁通用）。

（4）拉丁交叉（拉丁通用）。

（5）拉丁旋转和转动（拉丁通用）。

（6）步法（拉丁通用）。

（7）刷步（拉丁通用）。

（8）滑步（拉丁通用）。

（9）弹动动作（桑巴专用）。

（10）梅林格动作（桑巴/恰恰恰/牛仔）。

（11）前进走步（桑巴/恰恰恰/牛仔）。

（12）后退走步（恰恰恰/伦巴）。

（13）向侧走步（伦巴/恰恰恰/桑巴）。

（14）前进抑制步（伦巴/恰恰恰）。

（15）后退抑制步（伦巴/恰恰恰）。

（16）前进走步转（伦巴/恰恰恰）。

（17）后退走步转（伦巴/恰恰恰）。

（18）原地走步（伦巴/恰恰恰）。

（19）原地身体重心转换（伦巴/恰恰恰）。

（20）古巴摇滚动作（伦巴/恰恰恰）。

（21）古巴破碎动作（恰恰恰）。

（22）库克拉恰（伦巴）。

（23）行进步（斗牛）。

（24）踩步（斗牛）。

（25）跳跃动作（牛仔专用）。

（四）拉丁舞技术等级规定组合

1. 伦巴单人银牌组合

准备姿势：双脚分立，身体重心在右脚。（表 19-2-1）

表 19-2-1　伦巴单人银牌组合

序　号	中文名称	英文名称
1	基本动作	Basic Movement
2	向右前进且转步，向左前进且转步	Forward Walk to Turn to R,Forward Walk to Turn to L
3	库克拉恰	Cucaracha
4	前进且转步	Forward Walk to Turning
5	古巴摇滚	Cuban Rock
6	原地换身体重心，向前、向旁	Change Weight in Place Step, Side Step
7	向右定点转	Spot Turn to R
8	向左向右纽约步	Turn to L & R ,New York
9	向左定点转	Spot Turn to L
10	手接手	Hand to Hand

可循环

2. 恰恰恰单人银牌组合

准备姿势：双脚分立，身体重心在右脚。（表 19-2-2）

表 19-2-2　恰恰恰单人银牌组合

序　号	中文名称	英文名称
1	基本动作	Basic Movement
2	分列式古巴碎步	Split Cuban Break
3	左脚前进步转至锁步	LF Step Forward Turn to Lock
4	右脚前进步转至锁步	RF Step Forward Turn to Lock
5	前进抑制步至3个后退锁步	Forward Check to Backward Lock×3
6	原地换身体重心至3个前进锁步结束于向旁	Change Weight to Place to Forward Lock×3 Finish to Side Step
7	向右定点转	Spot Turn to R
8	向左向右纽约步	Turn to L & R , New York
9	向左定点转	Spot Turn to L
10	瓜帕恰节奏步	Guapcha Time Step

可循环

伦巴单人银牌组合

恰恰恰单人银牌组合

第二十章　有氧舞蹈

第一节　有氧舞蹈概述

一、有氧舞蹈的概念

有氧舞蹈是配合音乐有节奏地舞动的有氧运动。有氧舞蹈一方面能消耗较多热量；另一方面能把许多舞蹈动作健美操化，通过有氧健美操的锻炼形式，反复或进行组合练习。有氧舞蹈也称为"有氧体育舞蹈"，最早起源于美国，它是将具有代表性的舞蹈动作与健身操融于一体的有氧运动。有氧舞蹈动作不像健美操动作那样操化，呈现出多种风格，它既丰富了传统健身操的教学内容，也使其他舞蹈艺术更好地与大众舞蹈相结合，体现了娱乐性和健身性。其音乐与舞蹈结合紧密，锻炼时能达到愉悦身心，同时使人的创造、想象、表现和艺术修养等综合能力得到提高。

最早的有氧舞蹈都是带有拉丁舞风格的有氧舞蹈，如爵士舞风格的有氧舞蹈；之后又出现了萨尔萨有氧舞，这也是一种比较快的拉丁舞风格的有氧舞蹈，吸取了如曼波舞、恰恰恰、探戈、桑巴的风格，这些有氧舞蹈的特点就是髋部动作很多，动作优美；方克、街舞的有氧舞蹈与骤停打击乐、嘻哈音乐有很大的关联，这些音乐都比较欢快，使人都有一种跃跃欲跳的感觉，跳方克、街舞后使人精神非常愉快，因此这种有氧舞很受青年人的欢迎。街舞是带有自由舞和黑人舞风格的有氧舞蹈，动作放松，自由多变，能够提高锻炼者的协调性，达到健身的目的。有氧舞蹈在中国又出现了扇子舞等许多风格。

二、有氧舞蹈的特点

（一）有氧舞蹈的分类和各项目特点

1. 有氧舞蹈的分类

有氧舞蹈的内容非常丰富。按难度来分类，有氧舞蹈可以分为两大类：一类是容易入门的大众有氧健身操，这类有氧舞蹈主要以大众健美操的步法和手位为主；另一类是拥有各类舞蹈元素的有氧舞蹈，如爵士、街舞、现代舞、体育舞蹈，融入元素对身体的协调性、律动能力要求较高，因此这类舞蹈学起来较为困难。

按容易入门的大众有氧舞蹈分类可分为两大类：徒手有氧健身操、轻器械有氧健身操。这两类入门舞蹈也是为难度较高的有氧舞蹈打基础，使手位、步法、灵活性、协调性方面的舞蹈能力提高。

按融入元素难度性，有氧舞蹈可分为五类：爵士有氧舞蹈、街舞有氧舞蹈、现代舞有氧舞蹈、体育舞蹈有氧舞蹈、有氧搏击操。各类舞蹈元素的融入让有氧舞蹈在美观性、受欢迎程度上得到了大幅提高。

2. 与有氧舞蹈元素相关项目的特点与起源

（1）爵士舞。爵士舞是一种急促又富动感的节奏型舞蹈，是一种外放性的舞蹈，不像古典芭蕾舞或现代舞所表现的一种内敛性的舞蹈。爵士舞蹈是非洲舞蹈的延伸，由非洲人传到美国本土，而在美国逐渐演进形成本土化、大众化的舞蹈。爵士舞主要是追求愉快、活泼，是有活力的一种舞蹈。它的特征是可自由自在地跳，不必像传统的古典芭蕾一样必须局限于一种形式和遵守固有的姿态，但和迪斯科那种完全自我享受的舞蹈又不同，它在自由之中仍有一定的规律。

（2）街舞。街舞源于 1992 年初期，出现的一种"原地性的嘻哈"。它没有那些大幅度的动作和脚步移动，更没有霹雳舞中那些在地上类似体操的动作。它的独有风格在于注重身体的协调性，重视上体的律动和动作。我们在迈克·杰克逊、玛丽亚·凯利、后街男孩的音乐电视中都可看到这种新风格的舞蹈。 在专业健美操运动员的日常训练中，常用这种嘻哈来训练运动员的协调性、表现力等综合素质，有时也会做表演之用。健身房的街舞在动作的选择上更注重其安全性、锻炼价值、健康向上及个性表现力，练习者在消耗脂肪的同时，缓解了精神压力。

（3）体育舞蹈。体育舞蹈又称国际标准交际舞，起源于早期的人类生存活动，历经了原始舞蹈—公众舞—民间舞—宫廷舞—社交舞—新旧国际标准交际舞的阶段。

（4）现代舞。20 世纪现代舞起源于美国，20 世纪六七十年代盛行于纽约，20 世纪 80 年代，现代舞中心移至欧洲，20 世纪 90 年代巴黎成为焦点。随着 21 世纪的来临，中国经济腾飞，国际艺坛开始把目光投到亚洲地区，并认为中国将是未来现代舞蹈艺术发展的重要基地。

当代"现代舞之母"依莎多拉·邓肯，这位著名的芭蕾舞演员以"古典芭蕾一点儿都不美"为由，开始了新鲜舞种的尝试和探索。她丢弃了足尖鞋，扔掉束胸衣，赤着脚到任何一个可能的地方去跳舞。正是因为有了她的追求和探索，才有了现代舞这样一种流派和体系的建立。19 世纪以后在舞蹈界又陆续出现了玛莎、格莱姆、默斯、堪宁汉、保罗、泰勒、玛丽、魏格曼等多个体系。

随着现代舞在技术训练上的日益科学化和系统化，如今的现代舞已经不再是舞蹈演员的专属。在欧美以及亚洲的许多国家，现代舞已经深入到普通人中间。

（5）搏击操。搏击操是一种有氧操，是有氧舞蹈的又一创新，它结合了拳击、泰拳、跆拳道、散手、太极的基本动作，遵循健美操最新编排方法，在强有力的音乐节拍下完成的一种身体锻炼方式。有氧搏击操英文名为"Kick Boxing"，最早是由欧洲的搏击选手与职业健身操运动员推出的，其具体形式是将拳击、空手道、跆拳道功夫，甚至一些舞蹈动作混合在一起，并配合强劲的音乐，成为一类风格独特的健身操。

（二）有氧舞蹈的锻炼价值

1.教育性

随着国家对终身体育的号召，每名学生要掌握至少两项体育运动技能。从艺术类方面来说，有氧舞蹈具有简单易学、美观性强、受喜爱程度高、社会普及广等特点，符合国家对终身体育的要求与号召。

2.锻炼性

有氧舞蹈对场地的要求不高，随着网络时代的发展，有氧舞蹈在网络上备受推崇。学生可以在家打开自己的电脑进行体育锻炼。其对场地需求是 3 米 ×3 米的空地即可。

3.娱人性

有氧舞蹈融合各大舞蹈元素，有氧舞蹈在美观性和种类上适合各个年龄段的需求，具有较高的欣赏性与娱乐性。

4.群众性

有氧舞蹈既可在家中进行，也可出现在广场、公园、俱乐部等地，从而具有广泛的群众基础。

第二节　有氧舞蹈基础动作

组合一（2×8拍）

第1个8拍

1～4拍（图20-2-1至图20-2-4）：左脚开始 V 字步。五指分开的成掌，交替头上屈右臂和左臂，斜上举4次。

图 20-2-1　　　　　　图 20-2-2　　　　　　图 20-2-3　　　　　　图 20-2-4

5～8 拍（图 20-2-5 至图 20-2-7）：向前迈两步转体 180°，再转体 90° 迈步成屈腿弓步。双手在体后，弓步时左手头上敬礼姿势。

图 20-2-5　　　　　　图 20-2-6　　　　　　图 20-2-7

第 2 个 8 拍

2～4 拍（图 20-2-8 至图 20-2-11）：侧并步转体 180°。两臂侧平举，成五指分开掌，两手胸前握拳，握拳上举再到双手胸前握拳。

图 20-2-8　　　　　　图 20-2-9　　　　　　图 20-2-10　　　　　　图 20-2-11

5～8 拍（图 20-2-12 至图 20-2-14）：分腿跳至开立。两手斜下 45° 抖肩 3 次，转肩、头，右手叉腰，左手屈臂侧指。

图 20-2-12　　　　　　　图 20-2-13　　　　　　　图 20-2-14

第 3 个 8 拍同第 1 个 8 拍，方向相反。

第 4 个 8 拍同第 2 个 8 拍，方向相反。

组合二（2×8 拍）

第 1 个 8 拍

1～4 拍（图 20-2-15 至图 20-2-18）：右转 90° 开合跳两次，并脚小跳两次。两手胸前交叉扶肩，两手侧扶肩，左手叉腰，右手握拳向上振臂两次。

图 20-2-15　　　　图 20-2-16　　　　图 20-2-17　　　　图 20-2-18

5～8 拍（图 20-2-19 至图 20-2-22）：向前跨步转体 90°，接着转体 180°，再迈步两次，转体 180° 并拢。两手体侧并拢。

图 20-2-19　　　　图 20-2-20　　　　图 20-2-21　　　　图 20-2-22

第2个8拍

2～4拍（图20-2-23至图20-2-26）：左脚吸腿并拢，右脚踢腿并拢。胸前握拳、屈臂，还原；两臂体侧平举还原。

图20-2-23　　　　　　图20-2-24　　　　　　图20-2-25　　　　　　图20-2-26

5～8拍（图20-2-27至图20-2-29）：右脚侧并步一次，跳转体45°。右手侧摆上举，左手贴近身体，低头右手斜上花掌，左手扶右髋。

图20-2-27　　　　　　图20-2-28　　　　　　图20-2-29

第3个8拍同第1个8拍，方向相反。
第4个8拍同第2个8拍，方向相反。

组合三（4×8拍）

第1个8拍

1～8拍（图20-2-30至图20-2-36）：左脚侧并步，反方向侧并步，上步转头45°后屈腿。左手向外绕前臂，再向内绕两手扶头后，胸前两手叠掌平举，上扬。

图20-2-30　　　　　　图20-2-31　　　　　　图20-2-32　　　　　　图20-2-33

图 20-2-34　　　　　　　图 20-2-35　　　　　　　图 20-2-36

第 2 个 8 拍同第 1 个 8 拍，方向相反。

第 3 个 8 拍

3～4 拍（图 20-2-37、图 20-2-38）：屈腿单膝跪地，起立转头 45° 直立侧点。左手扶大腿，右手扶大腿，两手花掌侧上举转体。

图 20-2-37　　　　　　　图 20-2-38

5～8 拍（图 20-2-39 至图 20-2-41）：转体 90°，右上耸肩，向前扩胸。左手扶额头，右手花掌斜上举，两臂体侧随身体节奏上下动。

图 20-2-39　　　　　　　图 20-2-40　　　　　　　图 20-2-41

第 4 个 8 拍

4～4 拍（图 20-2-42、图 20-2-43）：交换跳成交叉步，右脚上步并脚右转 90°。花掌右臂上举左臂前平举，还原；两手握拳上举。

图 20-2-42   图 20-2-43

5～8 拍（图 20-2-44、图 20-2-45）：分腿开立体前屈，然后腿右转 90°，左手扶体后，右手撑地；还原。

图 20-2-44   图 20-2-45

组合四（2×8 拍）

第 1 个 8 拍

1～8 拍（图 20-2-46 至图 20-2-53）：右脚后屈腿跳还原，左脚跟侧点跳还原，右脚后屈腿跳，还原；右脚跟侧点跳，还原。双手握拳胸前屈臂相对，右手叉腰，左手成五指分开的掌在左肩上屈臂；双手握拳胸前屈臂相对，左手叉腰，右手指向侧上方。

图 20-2-46   图 20-2-47   图 20-2-48   图 20-2-49

图 20-2-50　　　　　图 20-2-51　　　　　图 20-2-52　　　　　图 20-2-53

第 2 个 8 拍

2～4 拍（图 20-2-54 至图 20-2-57）：交叉向前迈步两次，分腿开立顶髋。两手肩上击掌，左手叉腰右手上举并左右挥拳。

图 20-2-54　　　　　图 20-2-55　　　　　图 20-2-56　　　　　图 20-2-57

5～8 拍（图 20-2-58 至图 20-2-60）：原地后屈腿跑两次，并脚小跳两次。双手成五指分开的掌（掌心向后），胸前交叉晃动两次；双手握拳斜上方振臂两次。

图 20-2-58　　　　　图 20-2-59　　　　　图 20-2-60

第 3 个 8 拍同第 1 个 8 拍，方向相反。
第 4 个 8 拍同第 2 个 8 拍，方向相反。

结束动作

1～4 拍（图 20-2-61、图 20-2-62）：左脚侧迈步屈腿。左手成五指分开的掌侧下伸臂，掌心向前；屈腿时左手扶额头，右手花掌斜上举。

图 20-2-61　　　　图 20-2-62

第三节　有氧舞蹈提高动作

街舞基本套路组合：4×8 拍

第 1 个 8 拍 1～4 小拍

预备姿势：直立。

【步法】1～2 拍右腿向左后方撤步，左腿向左撤一小步，右腿向右侧迈一步，同时身体前倾。3～4 拍方向相反。

【手臂】手臂自然摆动。（图 20-3-1）

1～2　　　　　　　　　　3～4

图 20-3-1

第 1 个 8 拍 5～8 小拍

【步法】5 拍吸右腿，6 拍吸左腿。7 拍动作重复，8 拍重复 7 拍动作。

【手臂】5 拍左手侧上举，手肘与右腿膝关节相夹，含胸。6 拍手右侧上举，右手与左腿膝关节相夹，含胸。7 拍动作重复，8 拍重复 7 拍动作。（图 20-3-2）

5、7、8   6

图 20-3-2

第2个8拍1～4拍

【步法】1拍右腿向右迈步，双腿弯曲，2拍向右侧方45°吸左腿，含胸。3拍左腿向左侧迈步，两双腿弯曲，4拍向左侧方45°吸右腿，含胸。

【手臂】1拍双臂从下方打开，两肘自然弯曲，手掌向上。2拍前臂在胸前弯曲，手掌向下。3～4拍重复。（图 20-3-3）

1   2   3   4

图 20-3-3

第2个8拍5～8小拍

【步法】5～6拍右腿蹬直向后摆腿，脚底与地面摩擦，小腿以膝关节为轴向内侧绕，与大腿成90°角，身体转向左侧，左腿蹬直。7～8拍双腿由直立姿势变为开合蹲。

【手臂】5～6拍两臂自然贴于体侧。7～8拍两臂胸前打开，屈肘，同时胸部向上挺起，然后两臂从右侧方出拳伸直经前方回到胸前屈肘，同时，胸部经左后方做环绕动作，回到正面，含胸。（图 20-3-4）

5   哒   6   7   8

图 20-3-4

第3个8拍1～4拍

【步法】1拍左腿蹬直，脚跟抬起，顶左胯，上身同时挺直，并向右侧倾斜。2拍身体重心还原到两腿之间。3拍同1拍，方向相反。4拍同2拍。

【手臂】1拍两臂从胸前向下打开并伸直，右手在身体前面，左手在身体后面。2拍还原到胸前。3拍同1拍方向相反。4拍同2拍。（图20-3-5）

1   2   3   4

图20-3-5

第3个8拍5～8小拍

【步法】1～4拍双脚起跳，右腿在前交叉经左侧旋转360°。

【手臂】两手自然下垂于体侧。（图20-3-6）

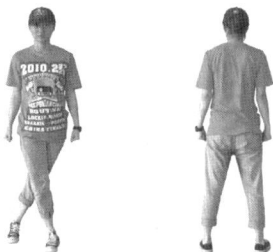

1～4

图20-3-6

第4个8拍1～4小拍

【步法】1拍吸右腿，同时身体向前倾斜；2拍右腿向下蹬直，同时身体挺直；3拍同1拍方向相反；4拍同2拍。

【手臂】1拍左手胸前屈臂，左手自然向后摆动；2拍同1拍；3拍右手胸前屈臂，左手自然向后摆动；4拍同3拍。（图20-3-7）

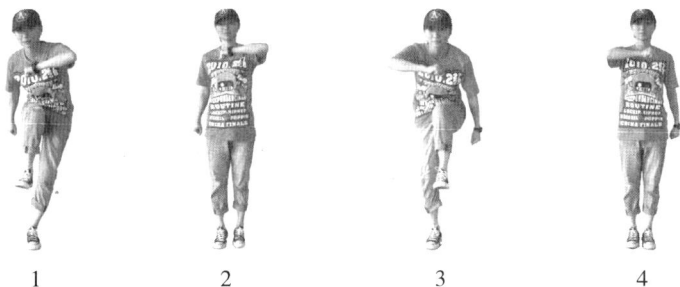

图 20-3-7

第 4 个 8 拍 5 ～ 8 小拍

【步法】5 ～ 8 拍以左脚为轴，身体重心保持平稳，右脚移动 4 步，身体方向变为面向右方。

【手臂】5 ～ 8 拍手肘与肩部平行，肘部夹角为 80° ～ 90°，做胸部起伏的动作。同时加上手臂的力量和胯部的力量，胸部的屈伸算一次动作，共做 4 次。（图 20-3-8）

5～8

图 20-3-8

第二十一章 瑜　伽

第一节　瑜伽概述

"瑜伽"一词，来自于印度古梵文，常见的解释有一致、结合和和谐。瑜伽能够改善人们生理、心理、情感和精神方面的能力，是一种使身心达到和谐统一的运动方式。

瑜伽起源于古印度，距今已有 5000 多年的历史。古印度修行者在大自然中修炼身心时，无意中发现各种动物与植物天生具有治疗、放松、睡眠或保持清醒的能力。古印度修行者根据动物的姿势观察、模仿并亲自体验，创立出一系列有益身心的锻炼系统，也就是"体位法"，即瑜伽。

现在，瑜伽已经是印度人民几千年来从实践中总结出的科学的人体修炼方法，已在全世界广泛传播。

第二节　瑜伽基本技术

一、瑜伽呼吸法

（一）腹式呼吸

仰卧或直背坐立，一手置于腹部。吸气时，把空气直接吸入腹部，如果吸气动作做得正确，手就会被腹部抬起，吸气越深腹部升起越高。随着腹部的扩张，横膈膜就会向下降。而呼气时，腹部会向内、向脊柱方向收缩。尽量收缩腹部，把所有气体呼出肺部，此时，横膈膜向上升起。

腹式呼吸

（二）胸式呼吸

仰卧或直背坐立，深深吸气，但不要让腹部扩张，把空气直接吸入胸部区域。在胸式呼吸中，吸气越深，腹部越向内、朝脊柱方向收缩。吸气时，肋骨向外和向上扩张；呼气时，肋骨向下并向内收。

（三）完全呼吸

这种呼吸是把以上两种类型的呼吸功法结合起来进行呼吸的方法。练习完全呼吸时，轻轻吸气，首先，吸向腹部区域，待腹部鼓起的时候，就开始充满胸部区域的下半部分，然后，充满胸部的上半部分。尽量将胸部吸满空气而扩张到最大限度——此时双肩略微升起，胸部也将扩大。在这种情况下，腹部向内收紧。接着，按相反的顺序呼气：首先放松胸部，然后放松腹部，用收缩腹部肌肉的方法结束呼气，然后，再次慢慢吸气，首先充满腹部，如此循环下去。

（四）口吸式呼吸

向内吸气一口，两手拇指按向鼻子两侧，口中充满气，仰头，屏住呼吸，低头，停住。抬头，放松拇指，通过鼻孔呼气。口吸式呼吸能增强肺活量，集中能量，刺激神经系统。它有站立、坐式、地面（仰卧）站立、前弯、后仰、侧弯和斜面等多种形式。

二、瑜伽冥想

（一）瑜伽冥想姿势

1. 简易坐

【方法】坐下，双腿前伸。左脚压在右腿下方或右腿压在左腿下方。挺直上体，紧收下颌。（图21-2-1）

【益处】柔软灵活两髋、两膝、两踝，补养和加强神经系统，减轻和消除风湿性关节炎。

2. 金刚坐

【方法】两膝跪地靠拢，两脚紧靠，使两脚跟向外指，臀部坐在两脚跟之间。挺上体柱，紧收下颌。（图21-2-2）

【益处】金刚坐是一种极好的冥想姿势，有助于使心灵和平宁静，特别是饭后练习5～10分钟。它是促进整个消化系统功能的极好姿势。

3. 半莲花坐

【方法】坐下，双腿前伸。屈左腿，让左脚跟顶紧右大腿内侧，再屈右腿，把右脚放在左大腿腹股沟处。挺直上体，紧收下颌。（图21-2-3）

【益处】具有和莲花坐相同的效果，但程度稍逊色。

简易坐

半莲花坐

4.莲花坐

【方法】坐下，双腿前伸。屈右腿，放在左腿腹股沟处，再扳过左小腿，把脚放在右腿腹股沟上方，两脚掌朝天。挺直上体，紧收下颌。（图21-2-4）

【益处】增加脑部、胸部和骨盆区域的血液循环，保护心脏从而使心律平稳，对患呼吸系统疾病的人有益处，使两髋、两腿变柔软，有助于预防及治疗风湿病。

莲花坐

图21-2-1　　　　　图21-2-2　　　　　图21-2-3　　　　　图21-2-4

（二）几种不同的冥想方式

1.音乐冥想

【方法】选择自己对其有特殊感受的音乐，或能很快使人进入平静的音乐，双目合上，让身体随旋律随意舞动。

【益处】此冥想可以有效地改善抑郁情绪，辅助摆脱自闭。

2.充电冥想

【方法】采用坐或卧姿，以舒服为主，开始观察自己的呼吸。吸气、呼气，脑中没有任何思绪，不断地观察自己的呼吸。

【益处】此冥想让练习者更接近自己身体的能量源，更有效地发掘和激活自身的潜层能量。

3.睡眠冥想

【方法】身体平躺在地面，让全身各部位保持放松状态，闭上双眼，从脚趾到头顶感受全身，越慢越好，然后再感受整个背部。

【益处】此冥想能帮助练习者在短时间内使身体和大脑进入极度放松状态。有效的练习能够保障人自如地进入深沉的睡眠。尝试工作之余，用30分钟的冥想补充3小时的睡眠。

4.烛光冥想

【方法】取一支蜡烛，将其置于距离一臂远的正面，高度与目光水平线一致，凝视黑色烛心1～3分钟，眼泪会慢慢渗出，然后，闭上双眼，试着用眉心继续凝视烛心。

【益处】能消除眼部疲劳，纯净双目，提高视力，并能使大脑得到平静。

三、瑜伽体位法

（一）下犬式

【方法】下犬式要使身体成倒V形，两臂前伸，头颈向腿部延伸看齐，能看到两腿中

间的上空，脚跟挨住地面不要抬起。（图 21-2-5）

【益处】消除疲劳，恢复精力，缓解脚跟的僵硬和疼痛，帮助软化脚跟的跟骨刺；增强脚踝，使腿部更匀称；有助于根除肩胛骨区域的僵硬，缓解肩周炎，使腹部肌肉得到增强。横膈膜被提升到胸腔，因此心跳速度减缓。

（二）上犬式

【方法】俯卧。双脚分开与髋同宽，屈手肘，双手向前置于胸两侧，胸腔上提，伸直手臂，向后伸展脊柱。（图 21-2-6）

提醒：在练上犬与下犬式的时候，往往会因为力度不够而做不到位。要记住，瑜伽是在舒展筋骨，应该把自己的筋骨舒展到最大限度。

【益处】使脊柱恢复活力，对于腰部疼痛、坐骨神经痛以及椎间盘突出的人有很好的效果，增强脊柱弹性，治疗背部疼痛。由于胸部得到完全扩张，因此增加肺部弹性，骨盆区域的血液也得到完全的循环，使其保持健康。

（三）骆驼式

【方法】做骆驼式时，身体应成 O 字形，头部仰到最大限度，双肩胛向后伸展，双手扶住脚跟，大腿与臀部垂直绷紧。（图 21-2-7）

【益处】伸展强壮脊柱，促进血液循环，使脊柱神经得到额外的血液滋养而受益，对于矫正驼背和两肩下垂等不良体态有极佳的效果。

（四）战士第二式

【方法】战士第二式讲究平衡感，上身一定要竖直，左腿弓步，右腿向后伸直，右脚回勾，弓步不能弓得太靠下，臀部要绷住劲，两臂伸平，头颈摆正。（图 21-2-8）

【益处】使腿部肌肉更为匀称、强健，同时也能缓解小腿和大腿肌肉痉挛，增强腿部和背部肌肉弹性，强化腹部器官。

图 22-2-5　　　　　　图 22-2-6　　　　　　图 22-2-7　　　　　　图 22-2-8

（五）树　式

【方法】树式讲究的是无限的延伸感觉，头颈挺直，胳膊伸直向上，想象身体将要冲上云霄，胯部同时向上提。（图 21-2-9）

【益处】补养和加强腿部、背部和胸部的肌肉；加强两脚踝，改善人体态的稳定与平衡，增强集中注意的能力；放松髋部，并对胸腔区域有益。

上犬式

骆驼式

战士第二式

树　式

（六）三角式

【方法】上身与下身的弧线要顺畅，胯部不能为省力挺起，双臂伸展成一字形。（图21-2-10）

【益处】增强腿部肌肉，消除腿部和臀部的僵硬，矫正腿部畸形；缓解背部疼痛及颈部扭伤，强健脚踝、胸部；治疗多种皮肤病，消除腰围区域的脂肪。

（七）后仰式

【方法】后仰时的臀部、胯部、腰部向前挺，可以用手臂支撑出力使臀部、胯部、腰部向前，注意逐步做后仰练习，千万不要用力过度。（图21-2-11）

【益处】有助于消除疲劳，使胸部得到完全伸展，伸展两腿、腹部和喉咙，强健两腕、两踝，增强骨盆的灵活性，改善肩关节的活动，使神经系统得到增强，血液循环得到改善。

（八）蝴蝶式

【方法】此时的两腿就好像是蝴蝶的双翅，要向两边伸展到最大，挺胸抬头。（图21-2-12）

【益处】对骨盆区域有益，使骨盆、腹部和背部得到足够的血液供应，有助于消除泌尿功能失调和坐骨神经痛，预防疝气，调理月经期不规律现象，孕期经常练习会使分娩更容易、顺利。

图22-2-9　　　　　图22-2-10　　　　　图22-2-11　　　　　图22-2-12

（九）犁　式

【方法】仰卧，手臂放在身体的两边。吸气，抬起两腿上举越过身体，呼气，将两腿向后放在头的上方。脚趾触地。（图21-2-13）

【益处】对整个脊柱神经极为有益；伸展背部，减轻和消除背痛、腰部风湿痛和背部关节痛；消除肩部和两肘的僵硬；补养增强腘绳肌；有助于消除腰围线、髋部、腿部脂肪，治疗手部痉挛；刺激血液循环，增强头部供血，滋养面部和头皮；调整甲状腺，身体新陈代谢得到改善；收缩腹部器官，促进消化功能，消除便秘和胃胀气；有助于调理月经失调。

（十）轮　式

【方法】仰卧，双手放在身体两侧。屈腿，脚跟紧贴大腿后侧。双手移到头的两侧，掌心贴地。吸气，拱起背部，髋部与腹部向上升起。（图21-2-14）

【益处】这一后弯的体式能增强背部肌群的力量，放松肩关节和颈部肌肉，使脊柱得到完全的伸展，使身体更加柔软，头部供血加强，有效地释放压力并感觉身体敏锐。

（十一）脊柱伸展式

【方法】双手抓住脚踝，身体尽量接近腿，最终双手手掌可平放在脚边的地面上。（图 21-2-15）

【益处】增强人体的弹性，伸展脊柱，脊柱神经得到补养、加强；身体前屈有助于强壮肾、肝脏和脾脏；有助于减轻月经期间下腹与骨盆部位的疼痛；是倒立练习必不可少的姿势，使头脑逐渐适应增加的血流和压力，可以克服精神和情绪的波动，情绪化严重的人可以在这个姿势上得到改善，使神经系统得到滋养，心率减缓。

（十二）脊柱扭转式

【方法】坐姿。屈左膝，左脚置于右膝外侧，足尖与右膝成一条线，脚掌踩实，右手臂经外侧向上延伸，身体向左扭转，使右手肘抵住左膝外侧，右手抱住臀部外侧，左手掌置于臀部正后侧，背部伸展，脊柱垂直于地面。（图 21-2-16）

【益处】挤压、按摩脊柱周围的肌肉，刺激、兴奋脊柱神经；使背部肌肉更富有弹性，预防背痛和腰部风湿痛的发生；强壮肝脏、脾脏，对双肾起到按摩作用；促进胃肠蠕动，有助于提高消化和排泄功能；调整肾上腺的分泌，胰脏活动增强，有助于治疗糖尿病和轻微脊椎盘错位。

图 22-2-13　　　　图 22-2-14　　　　图 22-2-15　　　　图 22-2-16

四、瑜伽休息术

（一）休息术

瑜伽休息术是一种简单而有效的放松身心的方法。

休息术包括瑜伽语音冥想、放松身体各部位、瑜伽场景冥想和精力充沛后起身。

我们在日间进行休息术时，最好保持清醒状态，将注意力集中到放松和场景冥想上，以达到放松的最佳效果。瑜伽休息术在夜间进行时，目的在于帮助人身心尽快放松，消除失眠的痛苦。临睡前躺在床上，进行全套的瑜伽休息术，不必从头至尾保持警醒状态，自然而然地做休息术直到睡着。如果能做到放松全身各部位后再睡着就更好了，这样次日早晨醒来会感觉轻松、舒畅、神采奕奕。

准备好瑜伽垫，开始瑜伽休息术。仰躺于垫子上，端正全身，使身体伸直、放平。伸直两臂，置于体侧 15° 的位置，双手手心向上，两脚分开约 33 厘米，全身以最舒适的状态保持不动，闭上眼睛。

1. 瑜伽语音冥想

静心关注自己的一呼一吸，开始瑜伽语音冥想。

选择好任意一个自己喜爱的语音，如Madana—Mohana（马丹那—莫汉那）。

每次吸气时，心里默念Madana—Mohana（马丹那—莫汉那）。

每次呼气时，嘴巴轻轻地出声念Madana—Mohana（马丹那—莫汉那）。

让这柔和、宁静的声音发自肺腑，由气息带出，感觉这声音飘得很远很远，每一个音节之间可以加大间隔，根据自己气息的长短合理安排，吸气与呼气的时间一样长。将语音反复10次左右，不要着急。

2. 放松身体各部位

放松意识力，不要思考，开始单纯地放松身体各个部位。

意识力在每一个需要放松的部位松动地注意一会儿，再转到下一个需要放松的位置。

放松右脚的5个脚趾，放松右脚心、脚跟、脚背、脚踝、右小腿胫骨、小腿三头肌、膝关节、腘窝、大腿前侧和大腿后侧。

继续放松右髋、右侧腰、右侧腋窝、右侧肩膀、右边上臂的内侧、外侧、右边前臂的内侧、外侧、右手腕、右手心、右手背、右手的5个手指，包括手指尖都完全放松了。

放松左脚的5个脚趾，放松左脚心、脚跟、脚背、脚踝、左小腿胫骨、小腿三头肌、膝关节、腘窝、大腿前侧和大腿后侧。

继续放松左髋、左侧腰、左侧腋窝、左侧肩部、左侧上臂的内侧、外侧、左边前臂的内侧、外侧、左手腕、左手心、左手背、左手的5个手指，包括手指尖都完全放松了。

放松整个臀部、骨盆、所有的肋骨，每一根都放松了，放松后腰和整个背部。

放松尾骨、骶骨、腰椎、胸椎、颈椎，整条脊柱全部放松了。

放松腹部、腹部的内脏器官，放松肾脏、胃部、肝脏、肺部和心脏，所有的内脏器官都放松。

放松肩胛骨，放松颈部的两侧、前侧、后侧。

放松后脑勺、头顶、头的两侧，整个头部完全放松，头皮、每一根头发全都放松。

放松前额、面颊、下巴、放松眉、眼球、眼眶、眼睑、睫毛。

放松耳朵、鼻子、上唇、下唇、牙齿、舌头、喉咙。

放松身体的每一个毛孔，每一寸皮肤，放松全身的肌肉。

感觉整个身体很重，沉到海底，沉到地底。随后感觉身体很轻，轻得像一片羽毛，飘浮到空中，飘落到地上。

3. 瑜伽场景冥想

随后，开始瑜伽场景冥想：想象每一个场景，这些场景都是自己最想看的简单而美好的场景。它们在眼前一一展现。

例如：

湛蓝的天空，白云飘过。

白色的浪花，金色的海岸。

椰树在风中幸福地摆动着枝叶。

和风煦日，让全身暖洋洋的，舒服极了。

山上奇松被雪覆盖着，屹然挺立。

优雅的白天鹅和高贵的黑天鹅在绿色湖面上舞蹈。

嫩绿、柔软的草地。晨雾皑皑的森林，透进缕缕晨光……

4. 休息术结束起身

动一动脚趾、手指，捏一捏拳，感觉到身体慢慢地变暖了。

用力搓热双手，掌心轻轻覆盖在面颊、前额、太阳穴上，轻轻地按摩，按摩鼻子的两侧。

用手掌向上推送下颌，用手指尖轻轻敲击眼眶四周，搓揉耳郭、耳垂。

将身体向右侧卧，右手支撑头部，左手轻轻按摩并敲打百会穴，使头脑清醒。

闭着眼睛，盘腿坐起，调息 3 次后，睁开眼睛，感觉到明亮的视线。

缓缓起身，直立，完成整套瑜伽休息术。

（二）瑜伽休息术注意事项

（1）放松身体各部位，可以按照不同的顺序，反复进行，直到彻底放松。

（2）注意保暖，不要躺在冰凉的地面上；寒冷处休息需要铺上保暖的毯子。

（3）不习惯平躺的人，可以在后脑勺处放个小枕头或柔软的东西，甚至可以坐着进行。

（4）不要饱餐后做休息术，尤其是在晚上。

第二十二章　高尔夫球 ✏

第一节　高尔夫球概述

高尔夫球是英文"Golf"的中文英译名词。有一种通俗的说法是"Golf"这个单词的四个字母被分解成四个基本要素，分别是：G—Green（绿色）、O—Oxygen（氧气）、L—Light（阳光）、F—Foot（步履）、Freedom（自由）、Friendship（友谊）。也就是说，在明媚的阳光下，踩着绿色的草地，呼吸着清新的空气，进行最休闲惬意的健身运动。它的基本方法是用长短不等的球杆，从开球台上把一个高尔夫球击入球洞。比赛时球手间互不干扰、争抢。高尔夫球起源于苏格兰，相传古时的一位苏格兰人在放牧时，偶然用棍子将一颗石子击入兔子洞穴，由此发明了高尔夫球，并逐渐形成了一定的规则。

一、高尔夫球的健身价值

高尔夫球运动有很强的健身价值。因为高尔夫球场是回归自然的好方法，是"氧吧"，是获得日光浴和空气浴的良好场所，打高尔夫球可以舒缓心理压力、松弛精神及休闲放松，使身心的疲劳得以快速恢复。

很多成功人士往往都选择高尔夫运动作为健身方式。打高尔夫球的过程就是不断迎接考验和挑战，不断战胜自我的过程。高尔夫球比赛是一场斗智斗勇的竞争，需要勇气、技巧、策略和自我控制。无论是青少年，还是中老年人，都可以尽情地享受高尔夫球带来的乐趣。

二、高尔夫球的场地及装备

（一）高尔夫球场地

高尔夫球场各球洞因地形变化而无统一标准，通常建在风景优美的丘陵地带的缓坡草坪上。标准高尔夫球场设有 18 个球洞，标准球场的总长为 5943 ～ 6400 米。其中，长、短距离的球洞各有 4 个，中等距离的球洞有 10 个。每个洞球场由发球台、球道、果岭和球洞组成，设计师再加上树林、水塘、沙坑、长草区和山坡等障碍，以增加难度。以开球台为起点，中间为球道，果岭上的球洞为终点。（图 22-1-1）

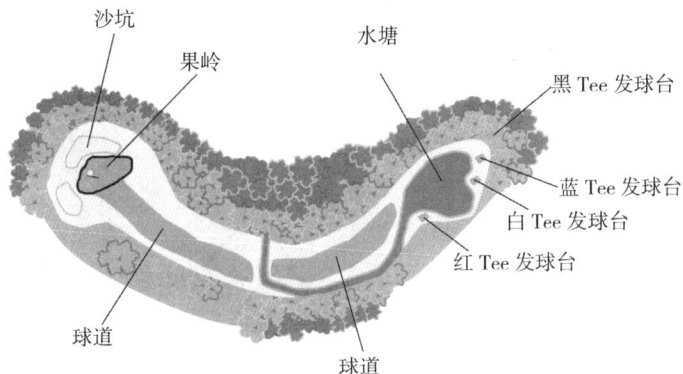

图 22-1-1

1．发球台

发球台是开球用的，略高于地面，上面铺设阶梯状修剪平整的细草皮。一个果岭有几个发球台可以使用，用不同颜色来区分到果岭的距离，一般红色距离果岭最近，多供女士或老年人使用，还有是白色、蓝色，以及男士职业球员的黑色，但有的球场有自己的颜色标识系统。发球区应高于四周地势，以利于雨天排水。

2．球　道

球道紧连开球台，是球场中面积最大的一部分，也是通往果岭的最佳草坪和路线。球道两侧是起伏的草丛或树丛，在这里击球难度较大。根据运动员的击球距离，常在落球区和果岭周围有计划地设置沙坑、水塘和小溪等障碍物，用于惩罚运动员不正确的击球，并提高比赛的刺激性和激烈程度。

3．果　岭

果岭是每个球道的核心，是球洞所在地。球被打入球洞后，也就是该球道的结束。果岭的面积为 111 ～ 2545 平方米，形状有圆形和椭圆形等，高度比四周地势高 30 ～ 100 厘米。

（二）高尔夫球杆

高尔夫球球杆可分为木杆、铁杆和推杆三大类。击远距离球时通常用木杆。（图 22-1-2）

木杆按长度可以分为 1 号、2 号、3 号、4 号、5 号木杆，1 号木杆最长，击球距离最远，一般在发球时使用。

铁杆可以使球的落点更准确，分为 1 ～ 9 号杆、劈起杆和沙滩杆。

推杆常在离球洞较近且地面较平整时使用。

初学者若想熟悉挥杆的话，推荐使用 6 号、7 号铁杆。有的练习场教练会从沙坑挖起杆学起，也有人想尽情享受挥杆，所以在一开始就选用开球杆。从杆身长度介于开球杆和沙坑挖起杆之间的 6 号、7 号铁杆开始练习，对初学者而言会比较容易上手，也较容易掌握杆的基础技巧。

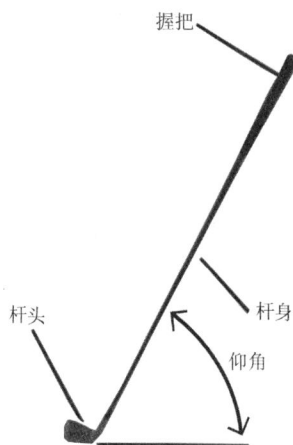

握把

杆头   杆身

仰角

图 23-1-2

（三）高尔夫球

1. 单层球

这种球也可以叫作一体球或一件头球，一般仅用于练习或用于练习场。球体由硬橡胶压制而成，并且涂漆。（图 22-1-3）

2. 双层球

这种球也叫作双体球或两件头球，是最常用的球。球心外面为硬橡胶或塑料，或者是其混合物（配方通常保密）制成的外壳。球的飞行距离较长，速度较高，球手击球时有硬实的击球感。

3. 三层球

三层球只供水平较高的球手使用。在由橡胶或塑料或混合物做的大约相当于榛子大小的球心外面包围着充满液体的胆，像线团状般缠绕着薄橡皮条，外壳为橡胶制品巴拉塔（树胶），它非常软，使高尔夫球杆的凹槽很容易抓紧它，而且能做出很快的旋转。巴拉塔树胶球很容易被刮伤，且非常昂贵。高水平球手喜欢使用这种胶核液体球心球，因为击球时可以找到感觉，容易控制。（图 22-1-4）

图 22-1-3

图 22-1-4

4.多层球

击球越有力，球越容易变形。多层球就是根据这个道理设计和制造的，目的在于任何击球力度都能产生最佳结果。球心的设计是为了便于使用开球杆能将球打得尽可能远；中间层适应铁杆大力击球；外壳适合获取最佳击球感觉以及半挥杆切击球和推杆时的回旋球。

（四）高尔夫专业运动服饰

舒适的高尔夫附属配件产品同样可以帮助提高击球成绩。

（1）高尔夫运动服：高尔夫对礼仪有严格要求，在服装方面要求款式端庄大方，舒适而适宜身体动作，同时，要注重服装的舒适以及防雨、防风和排汗的功能。（图22-1-5）

（2）高尔夫运动鞋：鞋底一般带钉，可以防滑，保持挥杆时脚步的稳定。（图22-1-6）

（3）高尔夫击球手套：大部分的人击球时都会戴手套便于充实手与球杆间的空隙，雨天防滑，冬天防寒。（图22-1-7）

（4）高尔夫球帽：高尔夫球帽的选择也不容忽视，选择帽子时既要遮挡光线，又不能妨碍挥杆。（图22-1-8）

（5）高尔夫球具包：球具包是球员的必需品，由聚酯合成的球具包方便实用，便于在球场上移动。（图22-1-9）

图22-1-5　　　　图22-1-6　　　　图22-1-7　　　　图22-1-8　　图22-1-9

第二节　高尔夫球基本技术

一、握　杆

握杆是指球员手握住球杆的位置和方法。可以说握杆的正确与否，取决于杆面瞄准的方向，而球击出后飞行的方向取决于杆面瞄准的方向，因此，想要拥有精准的击球，就一定要建立正确的握杆方式。90%的业余球手握杆都存在着问题，初学高尔夫球者绝对不可忽视握杆。

目前常用的握杆方式有以下三种。

（1）棒球式握杆：左手拇指对着球杆握柄上的标志，右手并排握在左手上方，右手拇指和食指之间的虎口对着握柄上的标志。（图 22-2-1）

（2）重叠式握杆：将右手小指和左手食指重叠的握杆方法。（图 22-2-2）

（3）互锁式握杆：将右手小指和左手食指钩住。（图 22-2-3）

图 22-2-1　　　　　　图 22-2-2　　　　　　图 22-2-3

【重点】必须将左手食指和右手中指、无名指关节放在同一直线上。

【练习方法】将球杆举到胸前，双肘弯曲。握杆时，两手分开，但两手手指必须保持平行。

【贴士】握杆正确的时候感觉手腕灵活，相反，握杆错误手腕会感觉比较吃力。

二、击球准备姿势

（1）侧面动作：① 抬头挺胸，两脚打开，垂直拿着球杆；② 慢慢放下球杆，在腋下碰到身体时停止动作；③ 慢慢倾斜髋关节以上的身体；④ 维持手臂的角度，身体再更往前倾，双膝轻松舒适地弯曲。保持腋下经过膝关节到前脚掌成一条直线。（图 22-2-4）

（2）正面动作：① 左臂保持放松，自然下垂握住球杆；② 右手从旁握出，轻松地握杆；③ 双脚的宽度因杆而异，球杆越短，两脚距离越小。例如，握 7 号铁杆时，两脚与肩同宽。（图 22-2-5）

图 22-2-4　　　　　　　　　　　图 22-2-5

三、挥　杆

挥杆分为以下 6 个部分。（图 22-2-6）

图 22-2-6

（1）起杆：开始拉动球杆的动作是挥杆的关键。须注意运用肩部的力量带动左腕挥杆。

（2）上杆顶点：在做该动作时，左脚、左膝和左肩成一条直线。注意要大幅度转动上半身。注意挥杆的节奏，不可突然变快和用手挥杆。脸稍微右转，大幅旋转上半身，用开始挥杆时的速度将球杆带到上杆顶点。感觉像将左肩从左脚拉开般大幅旋转。

（3）下杆：在回转点时不要转动腰部保持平行移动。上杆顶点是挥杆的回转点。接下来要做下杆，但这时不能用手臂的力量挥杆。先让腰平行移动到目标方向，左膝回到准备动作的位置，让身体重心移到左脚后再挥杆。

（4）击球瞬间：集中精神将速度传到目标方向。在身体往左移动的过程中，想象把球笔直地击到目标方向是一种有效提高球杆动作效率的方法。这和理想的击球姿势与杆头的加速感有关。如果是想象将球杆推到锐角或是想象把球打高会使速度分散。

（5）送杆：将球杆加速挥向因腰部转动而产生的左边空间。击球瞬间后，杆头会像是要超越双手般加快速度，腰部持续保持转动，这时身体在左侧会产生空间，使球杆在击球后继续向内侧挥动，但是不能过度挥动造成左腋下产生空间。在右手不勉强的情况下，将右手放在左手前挡住左手的力量，肩膀便会顺畅地跟着转动。

（6）收杆：左脚站立，身体重心全放在左脚上。收杆是挥杆的终点，这时是否保持身体平衡将会决定击球的效果。身体重心放在左脚上，右脚脚尖着地，胸部、右膝和右脚背朝向目标方向做动作。收杆的动作稳定，挥杆也会跟着稳定。

四、开　球

开球不仅要将球打远，同时要因地制宜地根据赛场的情况，采取不同的方法击球入洞。对于高尔夫球爱好者来说，开球杆杆身最长，能够增加杆头速度，将球击得更远，但也最

开　球

277

难控制。开球可以使用 1 号至 4 号木杆，许多职业选手都会选用 1 号杆来开球，但 1 号杆杆头最小，几乎没有倾斜面，容易出现失误，因此，初学者可以选用 2 号木杆来开球。

（1）左脚的位置是决定能否准确击中球的关键。在做准备动作时，注意身体和球之间的间隔。保持前倾姿势，右手持球杆，球杆保持自然的角度，之后再依左脚、右脚的顺序决定好站姿。不论任何人，左脚一定要保持不动，根据要打的球路调整右脚的位置。

（2）用身体承受球杆的加速度。1 号开球杆是球杆中最长、离心力最大的球杆，换句话说，就是最能表现出速度的球杆。铁杆的开球速度不如开球杆，因此需要注意转动身体。使用开球杆时，身体必须承受力量，用身体来承受球杆的运动能量是很重要的，球杆是主，身体是从（只注意转动身体会导致挥杆变慢）。

（3）开球的站姿：两脚分开比肩稍宽，保持下身的稳定。在扭转身体的时候，右膝保持微屈，要有弹性。挥杆转肩的幅度比铁杆大。

（4）梯架高度：正确的梯架高度是杆面上缘与球的中线等高。

五、铁　杆

铁杆是进攻目标的球杆，想要打好铁杆必须要建立稳定的击球准备姿势，然后找出每只铁杆的站姿及球位。

（1）铁杆的站姿：理想的双脚站立位置须取决于所使用球杆的杆身长度。使用 3 号铁杆时，双脚与球的距离最远，背部较挺直。相比之下，6 号铁杆由于杆身长度比 3 号铁杆短，所以站立位置离球近些，腰身弯曲的幅度也相对较大一点。至于杆身更短的 9 号铁杆，脚则须站得离球位更近，腰身也必须弯曲以营造出陡直的高挥杆轨道。

（2）铁杆的球位：使用击远距离球效果最好的 3 号铁杆时，球位和使用木杆相似。9 号铁杆触击时的击球面倾斜角度须较小，球位要往后移一些，才能扎实地击出球。至于 6 号铁杆需要的击球面倾斜角度介于两者之间，球位的选择也位于两者之间。参考上述步骤，也能找出其他铁杆的最佳球位。

六、劈起球

劈起球

劈起球是进攻果岭的高飞球，落地后滚动幅度不大。劈起杆使用的范围距果岭 20～60 码（18.288～54.864 米），适用于旗杆在沙坑前，或是果岭太陡想把球打在旗杆附近时使用，可以使用高抛挖起杆、沙坑挖起杆、劈起杆，甚至 9 号铁杆，但根据杆面角度的不同，距离会有所改变。使用角度大的杆击球，球会飞得高且落地柔和，但是距离比不上角度小的杆击出来的球远。

劈起球要正确地判断目标的远近，以适当的挥杆幅度及力量来控制距离。

（1）击球准备动作：站姿窄于两肩，采取开放式站姿，右脚尖要打开 30° 左右。左脚后移 5 厘米左右，球位在中间，杆身和左手手臂成一条直线，但要对准目标，握杆稍短。

（2）上杆：采用陡峭上杆的方式，注意屈腕时机，视上杆幅度而定，一定要完成屈腕动作。

（3）击球与送杆：下杆击球，保证平顺地加速以维持良好的击球节奏，击球后，顺势送杆，注意轻松握杆。

（4）落点选择：一般从球位至目标，被击起的球飞行70%的距离，滚动30%的距离。不同情况下有不同的选择；地面硬落点可距目标远些，地面软则近些；下坡落点应距目标远些，上坡则近些。

七、起扑球

起扑球是先低飞再滚动的球，通常适用于球洞在果岭边缘地区，同劈起球不同的是，起扑球在空中停留的时间相对较短，之后在地面上向球洞方向滚动的距离比较长。（图22-2-7）

（1）击球准备动作：球杆要握短，杆身和左臂成一条直线，杆面对准目标，开放式站姿，60%的身体重心在左脚上，球位偏右后移，身体重心向前。

（2）上杆：以杆头上杆的幅度来控制距离，上杆幅度较低。上杆幅度低时，球低飞，滚地距离长。上杆幅度稍大时，球往上飞，滚地距离短。如果想让球飞得更高，可用开球杆击球。

（3）击球与送杆：击球时手腕伸直，用肩膀的旋转来挥杆，上杆的角度和收杆的角度要一致。身体要随着手臂的摆动跟着转动，这样才能保证动作的协调。

图22-2-7

（4）练习方法。

① 培养距离感：以窄的站姿打约9米的距离；两脚距离稍开一些，打出约28米的距离；再将两脚距离拉开些，打出约46米的距离；反复重复以上练习。② 培养方向感：缩短两脚之间的间隔，两脚尖朝向正面；右手拿球杆，杆面保持方正；以两脚跟为中心，将两脚尖移向左边；用以上姿势做准备动作。

八、沙坑球

沙坑球是高尔夫球场专为球员击球时设置的障碍，一般都设在果岭的周围和球道途中，这些沙坑被故意设置成大小不一、沙质各异、深浅不同的样子。打沙坑球用的是沙坑挖起杆。（图 22-2-8）

沙坑球

图 22-2-8

（1）击球准备动作：眼睛瞄准球后方 2～5 厘米的点，把杆面打开，可以少挖一些沙，握短球杆。在身体的正面用两手握杆，以开式杆面进行握杆。双脚稳固地站在沙中。

（2）击球与送杆：击球时用比起扑球 2～3 倍的力量挥杆。在击球的瞬间要充满力量，把周围的沙一起打起来。

（3）练习方法：在沙上画线击球。在练习沙坑球时，打沙也会有很好的效果。① 在沙上画一条直线；② 以线为中心做准备动作；③ 打沙练习；④ 重复以上练习。应注意不论是在线上还是在线的前方挖沙，如果杆头下去的地方不一致，则实际在打沙坑球时也会出现打不出球的现象。

九、推 杆

推杆

推杆是将球送入球洞的关键技术，得分约 40% 是推杆得来的，也是球杆中使用频率最高的。

（1）击球准备动作：眼睛看球的正上方，杆面与目标线垂直。将手腕固定，用肩膀的旋转来击球。

（2）击球与送杆：保持肩膀、手臂和推杆成为一体，然后以匀速击球。自上而下会让球路不稳定，降低准确率。推杆的动作像钟摆一样，水平移动，匀速击球。

第二十三章 轮 滑

第一节 轮滑概述

一、轮滑的特点和锻炼价值

轮滑运动是一项集健身、竞技、趣味、娱乐、技巧、休闲、惊险于一体的全身性运动，从 20 世纪 80 年代开始风靡世界，尤其在欧美国家更加流行。轮滑运动中要求练习者灵活变换身体重心，维持动态平衡。轮滑的腿部用力有侧蹬的特点，在学习过程中必须克服陆地上走或跑时后蹬用力的习惯，建立向侧用力的概念，掌握正确的用力方法。轮滑运动的锻炼价值有：提高心肺功能，改善和加强系统代谢，对增强臂、腿、腰、腹肌肉的力量和各关节的灵活性效果显著，并具有表现自我、挑战自我、增强自信心、培养审美情趣和艺术美感的作用。

二、轮滑的装备

（一）轮滑鞋

轮滑鞋根据形式的不同，分为双排轮滑鞋和直排轮滑鞋两种。双排轮滑鞋主要应用于花式表演和轮滑球运动；直排轮滑鞋主要应用于速度比赛、轮滑球运动和室内外休闲运动，是目前轮滑鞋的主流。（图 23-1-1）

直排轮滑鞋　　　　　双排轮滑鞋

图 23-1-1

（二）护 具

护具是最容易被忽视但又很重要的一项装备，包括头盔、护肘、护腕和护膝。穿戴护具不仅能保护自己，还能让自己保持良好的练习心态。

第二节　轮滑基本技术

一、站立、平衡和移动

丁字形站立

八字形站立

（一）站立姿势

（1）丁字形站立：将左脚跟紧靠在右脚的内侧（或将右脚跟紧靠在左脚的内侧），使双脚形成丁字形。双膝微屈，身体重心稍偏于位置居后的脚上，上体略前倾，抬头，目光平视前方，两臂在体侧自然打开，以控制身体平衡。（图23-2-1）

（2）八字形站立：双脚成八字形自然分开，两脚脚跟靠近，两膝微屈。上体微屈，身体重心放在两脚之间，保持身体平衡。（图23-2-2）

（3）平行站立：两脚分开，与肩同宽。两脚尖稍内扣，上体微前倾，两膝微屈。身体重心放在两腿之间，保持身体平衡。（图23-2-3）

图23-2-1　　　　　图23-2-2　　　　　图23-2-3

原地移动
身体重心

（二）原地移动身体重心

【方法要点】在两脚平行站立的基础上，上体向一侧移动，并逐步将身体重心完全移至一侧支撑腿上，待平稳后，上体再向另一侧腿上移动，并将身体重心完全移到该腿上。反复练习。

【易犯错误】在练习时，易使两脚变成八字站立，这样在身体重心移动时，会造成身体重心不能完全移到支撑腿上。

【纠正方法】保持两脚并行站立。

（三）原地踏步

【方法要点】在八字站立的基础上，身体重心移到一脚上，另一腿微屈上抬，使脚离地面 5 ～ 10 厘米再落下，身体重心移至另一脚，交替练习。

【易犯错误】步幅过大，身体重心不稳。

【纠正方法】抬腿要低，速度要慢，当身体重心完全移到一条腿上时再进行交换。

原地踏步

（四）原地蹲起

【方法要点】在两脚平行站立或八字站立的基础上，做下蹲、起立动作，身体重心放在两腿之间，两臂自然打开以保持平衡。（图 23-2-4）

【易犯错误】在起立时身体向前屈，再直立，只做腿的蹲伸动作。

【纠正方法】在开始时可以先做半蹲，速度稍微慢些，然后再逐渐过渡到深蹲，快速完成，保持身体的垂直升降，注意动作的协调性。

原地蹲起

（五）两脚原地前后滑动

【方法要点】在平行站立的基础上，做一脚向前、一脚向后的前后滑动练习，两臂前后摆动，像走路一样配合两腿运动。

【易犯错误】在滑动过程中，身体重心落在一条腿上，两脚不能保持平衡。

【纠正方法】保持两脚平衡，两腿伸直，大腿发力做前后滑动练习，或手扶栏杆、扶同伴进行练习。

两脚原地前后滑动

（六）向前八字走

【方法要点】在丁字步或八字步的基础上，一脚向前迈出一小步，脚尖向外侧，成八字形落地，同时身体重心迅速跟上，当身体重心完全落到前脚上时，后脚再抬起向前迈，两脚交替进行，移动身体重心。（图 23-2-5）

【易犯错误】先迈脚，后移身体重心，前脚会被移动身体重心的惯性推动向前滑走，使身体重心无法落在前脚上。

图 23-2-4　　　图 23-2-5

【纠正方法】小步幅、慢节奏练习。身体重心随迈出的脚同时前移，脚落地，身体重心跟上。

（七）横向迈步移动

【方法要点】在平行站立的基础上，一腿向侧迈出一步，随之身体重心迅速跟上，另一腿收回，在内侧靠拢着地，并承接身体重心，然后换腿练习。

【易犯错误】移动时脚尖向外，身体重心在两腿之间。

【纠正方法】开始练习时步子要小，在向右移动时，左脚适当加大蹬地的力量，向左移动重心时，右脚适当加大蹬地的力量。可在同伴的帮助下完成，也可以通过语言进行提示。

二、滑 行

（一）双滑行练习

【方法要点】在学会八字走的基础上，连续走几步，然后双脚迅速并拢，两脚由八字形变为平行，借助惯性向前滑行。动作的关键是身体重心保持在两脚之间。

（二）低姿交替蹬地滑行

【方法要点】两脚八字形站立，膝踝微屈，两脚同时向外侧蹬地，使双脚同时开始向前滑行，身体重心随之偏向右脚，右腿成支撑腿。左脚在稍加蹬地后迅速收回，向右脚靠拢，脚尖向外侧，落地自然成八字步，同时身体重心向左腿上移，右脚开始蹬地，如此交替进行。

【易犯错误】身体重心处于两腿之间，滑行的步子较小，收腿较快。

【纠正方法】做横向迈步移动练习，逐渐提高单腿支撑能力。

图 23-2-6

（三）高姿交替蹬地滑行

【方法要点】在低姿势交替蹬地的基础上，右脚侧蹬地，身体重心随之移向左脚，成左脚支撑滑行。右脚蹬地结束后放松收腿，当右脚靠近左脚时，身体重心开始回移，左脚开始蹬地。右脚落地后成右腿支撑滑行，然后收左腿，两脚交替蹬，交替滑行。

【易犯错误】蹬地后收腿困难。

【纠正方法】尽量在短促的蹬地动作结束后，马上回收，膝、踝全屈，身体重心落在前脚掌处。

（四）向前直线滑行

【方法要点】原地两脚成丁字形站立，左脚在前，右脚在后，两腿稍弯曲，用右脚内侧蹬地，身体重心慢慢移至左脚；右脚蹬直后右腿蹬离地面，成左脚向前滑行，然后右脚在左脚的侧面落地后，左脚重复上述动作，成右脚向前滑行。两脚交替向前直线滑行，整个滑行过程中，两手自然向侧分开，帮助维持身体平衡。

【易犯错误】身体重心在两脚之间，不能形成单脚支撑。

【纠正方法】在双脚滑行的基础上，身体重心逐渐移至单脚上，成单脚滑行，另一脚在滑行脚后抬起。

（五）蛇形向后滑行

【方法要点】平行站立开始，两脚分开约一脚距离，两腿弯曲。用右脚内侧蹬地，身

向前直线滑行

体重心移向左侧，成左脚向后滑行；右腿在体前伸直，随即右脚放在左脚侧面，恢复成开始姿势，然后用左脚蹬地，重复上面的动作。做蛇形向后滑行时，要注意在滑行中上体始终保持前倾姿势，两膝保持弯曲，两手在体侧分开侧举。

【易犯错误】在滑行的过程中身体直立或后仰。

【纠正方法】在完成后葫芦滑行并获得一定速度后，进行蛇形后滑行。左右脚各蹬地滑行一次，依靠滑行的惯性两脚平行站立滑行一次，身体保持正确的滑行姿势，反复练习。

三、滑行停止法

（一）八字停止法

【方法要点】在获得一定向前滑行速度后，两脚平行分开站立，随后脚尖内转，两脚以内侧轮柔和地压紧地面。两腿弯曲，上体稍前倾，臀部下蹲，两臂前伸以维持身体的平衡。

【练习方法】

（1）在向前滑行时，两脚平行分开站立，先使右脚脚尖内转，以内侧轮柔和地压紧地面，身体重心稍向左移，反复练习。

（2）在能够完成前面动作的基础上，再按照内八字停止方法进行练习。速度可由慢到快，循序渐进。

八字停止法

（二）T形停止法

【方法要点】左脚向前滑行开始，右脚在左脚后跟处成T形放好后，将右脚慢慢放在地面上，以内侧轮柔和地压紧地面，减缓向前滑行速度，直到停下来为止。（图23-2-7）

【练习方法】

（1）原地左脚在前，右脚在后成T形站立，右脚以内侧轮蹬地，左脚向前滑行，随后右脚在左脚后做T形停止动作，速度可由慢开始，以便体会动作。

（2）在完成（1）的动作基础上，加快向前滑行速度，按照T形停止动作进行练习。

图23-2-7

T形停止法

（三）双脚急停

【方法要点】在向前滑行时，两脚同时向顺时针（或逆时针）方向急转，左脚以内侧轮、右脚以外侧轮滑行方向成90°角压紧地面，同时身体向右急转，身体重心移到右腿上，两膝弯曲，两臂前侧伸，滑行即可停止。

【练习方法】

（1）原地两脚平行分开，按上述动作要领，随后在低速向前滑行中完成动作。

（2）保持一定的向前滑行速度，两脚平行向前滑行，做两脚急停练习，直至熟练掌握后，就可以随意使用两脚急停动作。

（四）倒滑停止方法

【方法要点】在向后滑的过程中，将两脚变为前后开立，身体重心移到前脚的前方，同时抬起两脚脚跟，后轮离地，制动脚着地与地面摩擦而停止下来；停止时，身体稍前倾，两臂侧举以维持平衡。

【练习方法】

（1）手扶栏杆或在同伴扶持下，原地抬起脚跟，身体稍前倾，以制动器支撑站立。

（2）向后慢速滑行，两脚平行站立滑行，随后抬起脚跟，以制动器压紧地面至停止。

四、弯道滑行

弯道滑行技术跟直道滑行技术有很大的区别，弯道滑行技术的特点在于练习者用交叉步滑行，向心力的作用，上体不仅前倾，而且要向后侧倾。

（一）走步转弯

【方法要点】在向前做八字走或半走半滑时，如向左转弯，在每一次脚落地时脚尖都向左转动，身体也随之向左转动，逐渐成弧形的走滑路线，如向右转，则动作方向相反。

（二）惯性转弯

【方法要点】在滑行获得了一定的速度后，两脚平行稍靠近些，如向左转，则左脚略靠前，右脚靠后，身体重心落在两脚之间靠近前脚 1/3 处，前腿略弓，后腿蹬直，身体重心压在左脚和右脚的左侧，利用惯性向左侧滑一较大的弧线，如向右转，动作相反。

（三）短步转弯

【方法要点】在学会慢的转弯技术的基础上，身体姿势较低，身体重心完全落在左腿上，甚至超出左腿的支点，右脚向右侧蹬后迅速收回，靠近左脚落地做非常短暂的支撑；此时左脚迅速向左稍转脚尖，右脚再迅速向侧蹬出，双臂微屈，自然摆动，以维持平衡，连续做此动作就可以加速转弯。如向右转，则动作相反。（图 23-2-8）

（四）左脚支撑，右脚连续蹬地滑行

【方法要点】从站立姿势开始，左脚用外侧蹬地后迅速与右脚并拢，接着右脚再做一次蹬地动作，左脚继续做前外曲线滑行。

图 23-2-8

（五）在圆弧上不连贯的交叉步滑行

【方法要点】在圆弧上用直线滑行方法，中间插入弯道交叉步，当左脚有稳定的平衡时，右脚向左脚左侧前方迈一小步。只要右脚有短暂的滑行之后，左脚就迅速从右腿后方收回，同时右脚蹬左脚直线滑行，反复练习。

第二十四章　定向运动

第一节　定向运动概述

一、定向运动的起源及发展

（一）定向运动的起源

定向运动起源于瑞典。"定向"二字在 1886 年被首次使用，意思是在地图和指北针的帮助下，越过不为人所知的地带。真正的首次定向比赛是 1895 年在瑞典斯德哥尔摩和挪威奥斯陆的军营区举行的，距今已有 120 多年历史。

1897 年 10 月 31 日，第一次面向民众的定向比赛在挪威组织了起来（仅有 8 人参加）。1919 年 3 月 25 日，一次影响深远的定向比赛（有 217 人参加）在斯德哥尔摩南部的林中举行，它的组织模式与规格标志着定向运动作为一个独立的体育项目结束了它在准备时期的长期探索。

从此以后，这个项目得到了迅速的发展，并很快地传播到世界各地。定向运动也由初期单一的一种比赛形式逐步演变为包括各种各样的比赛或娱乐项目在内的综合性群众体育运动。

（二）定向运动的发展

1961 年 5 月，在丹麦首都哥本哈根成立了国际定向越野联合会（IOF）（以下简称"国际定联"），科学地划分、确定了全世界统一的正式专业项目、主要赛事、主要比赛项目，并制定了一系列的比赛规则与技术规范等。国际定联成立时有成员国 10 个，总部设在芬兰。1995 年，世界公园定向运动组织（PWT）成立，人们对定向运动产生了全新的概念，推进了定向运动的发展与普及。最大型的一次比赛是 1998 年在瑞典举行的瑞典 5 日赛，当时有 3.9 万人参加了比赛。

中国香港是中国开展定向运动最早的地区。1983 年 3 月，中国人民解放军体育学院在广州白云山组织了定向越野试验比赛。从此，定向运动在中国内地迅速发展起来。1994 年，在北京举办了第 1 届全国定向锦标赛。2004 年，在南京举办了首届全国定向冠军赛。2004 年 8 月，在上海举办的第 7 届全国大学生运动会上首次设置了定向越野项目的比赛。2012 年 9 月，第 9 届全国大学生运动会定向越野项目比赛在天津蓟县举行，天津队摘取了 10 金 6 银 6 铜，湖南队夺得 5 金 3 银 3 铜，山东队取得 3 金 2 银 1 铜，广东队获得 2 金 3 银 1 铜。

2012 年 10 月，第 3 届亚洲定向锦标赛在江苏无锡举行，这是中国首次举办的洲际定向赛事。中国选手包揽了精英组全部 10 枚金牌，创造了亚洲定向锦标赛的新纪录，奠定了在亚洲的领先地位，日本、哈萨克斯坦分列其后。

二、定向运动的分类

定向运动按运动工具的不同，可分为徒步定向和工具定向。

（1）徒步定向：如传统定向越野、接力定向、积分定向、夜间定向、五日定向和公园定向等。

（2）工具定向：如滑雪定向、山地车定向等。

定向运动按性别的不同，可分为男子组定向和女子组定向。

定向运动按年龄的不同，可分为老年组定向、青年组定向和少年组定向。

定向运动按技术水平的不同，可分为初级组定向（体验组定向和家庭组定向）、高级组定向和精英组定向。

定向运动按参加人数的不同，可分为个人单项定向、个人双项定向和集体项定向。

三、定向运动的价值

（一）定向运动是一项竞技体育项目

它不仅仅是体力的竞争，也是智力和技巧等方面的竞争。奔跑的速度靠体力，方向的判断和路线的选择正确与否，要靠地图与指北针的运用以及大脑的分析判断，是智力的较量。定向运动就是这样一个带有强烈的对抗竞争性的体育运动。

（二）定向运动是一项大众体育项目

从普及地形学的角度看，普及全民识图和用图知识，可以培养人们在野外活动和陌生城市中的自我生存能力。

（三）定向运动是一项颇具商业价值的体育项目

它是一项适应性强、参加人群广泛、绿色环保的项目。对于运动者来说，只要一张定向地图，一个指北针，就可以参加了。

总之，定向运动作为一项个人体验型项目，参与性极强，除了亲身体验，旁人很难体会到其中的挑战、刺激和乐趣。

四、定向地图

定向地图强调在确保地图清晰易读的前提下，详细描述所有可能影响读图、路线选择及对导航有重要意义的特征，特别是强调描述奔跑时可以观察到的明显特征、妨碍奔跑或通行的特征和植被的易跑性与通视度。

（一）定向地图的基本内容

1. 比例尺

定向地图比例尺包括数字比例尺和直线比例尺两种。定向地图的比例尺通常在1：2500～1：15000。比例尺的选择主要取决于比赛的类型和参赛者的年龄特点，百米定向地图的比例尺一般在1：500～1：1000。短距离定向地图的比例尺主要在1：3000～1：5000，中距离和长距离定向地图比例尺主要为1：7500～1：15000。

2. 地理要素

定向地图的地理要素主要包括地貌、岩石和石头及其可通过性，植被及其易跑性和居民地、交通网等人造地物及其可通性。它们既提供了地面的可跑性和危险性信息，又为读图和寻找检查点提供导航特征。

（1）地貌。主要有棕色的等高线和一些专用符号，并辅以黑色的岩石符号来描绘。

（2）岩石和石头。黑色的岩石和石头是特殊的地貌特征。

（3）水体。蓝色的水体包括水域和沼泽。

（4）植被。植被符号主要反映地表的可跑性、可通行性及通视度情况。

（5）人造地物。主要包括以黑色为主的各级各类易辨和不易辨的交通网以及人造物体特征。

3. 地图装饰要素

定向地图的装饰要素是为方便地图使用而在地图上附加的文字和工具性资料，如图名、图例、比例尺、制图单位、制图时间和依据等。

4. 等高线和等高距

等高线是定向地图中表示地貌的最基本方法，也是唯一的方法。

（1）等高线。① 等高线的特征：位于同一条等高线上的各点高度相等。等高线是一条封闭连续的曲线。等高线图形与实地保持几何相似的关系。在同一幅定向地图上，等高线愈密，坡度愈陡，等高线愈稀，坡度愈缓。② 等高线的类型。从构成等高线的原理看，等高线可以反映地貌的高程、地貌的走向（山脊）山背、谷地、鞍部、坡形、坡度等地貌基本形态的变化。为了既保证地图的清晰易读，又能详细地描绘地貌起伏的细微变化，定向地图中设计了基本等高线（首曲线）、计曲线、间曲线和助曲线四种等高线。

首曲线。首曲线又称基本等高线，是地图上按注明的等高距所描绘的细实线，用以显示地貌的基本形态。

计曲线。计曲线又称加粗等高线，是地图上加粗描绘的基本等高线，根据等高距的不同，通常是每隔 3 条或 4 条首曲线描绘一条计曲线，用以简化高度计算过程。

间曲线。间曲线又称辅助等高线，是在相邻的两条首曲线之间补充测绘的细长的虚线，通常用来显示位于两条首曲线之间重要的局部地貌特征。由于间曲线只用于显示局部地貌特征，故除了显示山顶和洼地时各自闭合外，其他情况下都是开放的。

助曲线。助曲线又称辅助等高线，是按四分之一等高距描绘的细短虚线，用以显示间曲线仍不能显示的某段微型地貌。

（2）等高距。等高距是指地形图上相邻两条等高线的高差。等高距的大小是随地图比例尺的大小而定的。大比例尺的地图，缩小的程度小，地貌表示详尽，等高线间距可以很小；而在小比例尺地图上，地貌表示粗略，等高线间距必须加大。另一方面，地图的比例尺虽然相同，等高距的大小又可因地图所表示的内容和地形的起伏情况而定不同的标准。

5. 地图的颜色

在定向地图中有以下七种颜色。

（1）棕色。用于描绘地貌和人工铺砌的地表。

（2）黑色和灰色。用于描绘岩石和石头、人造地物，包括磁北线和套印标记在内的技术符号。

（3）白色。用于描绘开阔易跑的林地。

（4）蓝色。用于描绘水系。在黑色占较大面积，而蓝色所占面积较小的情况下，也常用蓝色表示磁北线。

（5）绿色。用于描绘植被。

（6）黄色。用于描绘空旷地。黄色和绿色结合而成的黄绿色用于描绘禁止进入的居民地和植被区域。

（7）紫色。用于描绘比赛线路和点标说明表。

（二）定向地图中特征符号的意义

1. 点状符号

定向地图中点状符号主要用来表达不能依比例尺表达的明显的点状特征，具有以下特点。

（1）所有点状符号所表达的点状特征在地图上的精确位置定位于点状符号的中心。

（2）通过不同颜色的组合，同一符号可分别地貌（棕色）、岩石（黑色）、植被（绿色）和人造物（黑色）。

（3）具有两个黑色的特殊人造特征符号，可以根据实地人造特征的实际情况进行定义，并在图例中进行说明。

2. 线状符号

定向地图中线状符号用来表达线状特征，它将线状特征分为三类：可快速奔跑的交通网、有导航作用的空中缆线、妨碍通行的地貌和地物特征。其表达形式具有以下特征。

（1）为交通网提供了详细的分类表达形式。

（2）对可能妨碍通行的地貌和地物特征分为可通行和不可通行两类，如可通行和不可通行的土崖、悬崖、水道、土墙、围墙、栅栏和树篱等。在定向比赛中如果强行通过在地图中被标示为不可通行的障碍物，将被取消比赛成绩。

3.面状符号

定向地图中面状符号用来表示呈区域性分布的特征，可分为可通行和不可通行的区域两大类来表达。可通行的面状符号又在开阔地、林地（包括下层丛林）、水体、地貌的基础上进一步按易跑性与通视度来分类表达，表达形式有以下特征。

（1）开阔地按易跑性与通视度被依次分为开阔地、半开阔地、凌乱开阔地、凌乱半开阔地及耕地（耕地是季节性可通行区域）。

（2）开阔地符号可以与表达下层丛林的符号（慢跑灌木林和难跑灌木林）组合起来对地面易跑性与通视度进行表达，如带有慢跑灌木林的凌乱开阔地、带有难跑灌木林的凌乱开阔地、带有慢跑灌木林的凌乱半开阔地和带有难跑灌木林的凌乱半开阔地。

（3）林地（含下层丛林）按易跑性和通视度，以相同地貌中小路上的奔跑速度为标准（100%），分为开阔地能以80%～100%标准速度奔跑的易跑林；开阔易跑林地中通视度好的，能以60%～80%标准速度跑的慢跑灌木林；开阔易跑林地中通视度好的，能以20%～60%标准速度通行的难跑灌木林；通视度一般的，能以60%～80%标准速度跑的慢跑林地；通视度差，能以20%～60%标准速度通行的难跑林地；通视度更差，只能以1%～20%标准速度通行的难通行林地；通视度差不能通行的林地。

（4）水体按可通行性分为不能通行的水体、能通行的水体，不能通行的沼泽、可通行的沼泽和可通行的不明显的沼泽。

（5）地貌按易跑性分为可奔跑的露岩地、砾石地、坑穴地、开阔的沙地和石块地。

第二节　定向运动器材及设备

一、个人装备

（一）服　装

定向运动对服装没有特殊的要求。一般来讲，个人对衣裤的选择应该是紧身而又不至于影响呼吸和肢体自如活动为宜，为防止草木的刺碰以及虫蚁的侵袭，最好穿面料结实的长袖衣、长腿裤等。

专业的定向运动选手普遍选用一种有弹性的轻质化纤服装，它能防止草籽钩粘，减少丛林羁绊，在被浸湿的情况下依然能保持身体动作的最大灵活度，并且会很快风干。

（二）鞋

鞋要求合脚、轻便而又结实，鞋底的材料和造型能牢牢地抓住所有类型的地面，包括湿滑的泥泞地和坎坷坚硬的岩石地面。

（三）指北针

目前常用的指北针分为两类：基板式和拇指式。（图24-2-1）

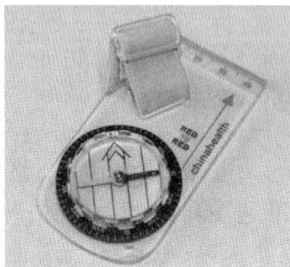

基板式定向专业指北针　　拇指式定向专业指北针

图 24-2-1

二、赛会需准备的器材

（一）地　图

地图是定向运动最重要的器材，它的质量好坏直接关系到比赛过程是否安全、结果是否公正。因此，国际定向联合会专门为定向运动比赛制定了《国际定向运动图制图规范 2007》，规定比例尺通常为 1：15000 或 1：10000，等高距为 5 米。

（二）比赛路线

由活动组织方印刷或手绘在地图上，与地图一起发给参赛运动员使用。

定向运动比赛路线通常设计成环形，其难度、长度主要根据参赛者的水平、比赛预定时间来确定。

（三）检查卡

为了证明参赛人员找到并到访了每个检查点，赛事组织人会在比赛前发给每位参赛者一种验证成绩的设备——检查卡或电子指卡。（图24-2-2）

检查卡是传统的成绩验证装置，用厚纸片制成。有的比赛需要回收地图，这时的检查卡也可能会直接印在地图的空白处。

电子指卡是最近几年兴起并使用的一种基于电子点签系统的成绩验证装置。

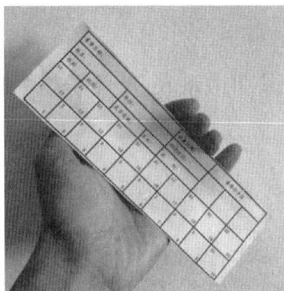

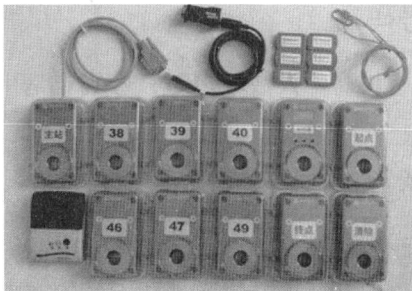

定向运动检查卡   定向运动电子指卡

图 24-2-2

（四）检查点

检查点是工作人员于比赛前在比赛场地中摆放的标志。严格意义上的检查点是由三个部分组成：点标、点签、地物及其特征。

1. 点　标

点标是用三面标志旗围成的"三角形灯笼"，每个面的标志旗呈正方形，沿对角线分开，左上为白色，右下为橙红色，尺寸为 30 厘米 × 30 厘米。点标上编有代号，以便在比赛时根据此代号来判断是否找到了正确的检查点。（图 24-2-3）

图 24-2-3

2. 点　签

点签是提供找到检查点的凭据。传统的点签是夹钳式的，用弹性较佳的塑料或金属材料制成，顶端装有钢针。每个检查点的点签钢针以不同的方式排列，这使点签可以夹出不同的图案印痕，以证实找到了这个检查点。

电子式的点签，我们称其为"卡座"。它的前端有一个圆洞，在插入电子指卡时，会把当时的时间写入指卡。当完成比赛，携带指卡返回终点时，指卡上不但记录了比赛总用时，而且还记录了达到每个检查点的具体时间。

3. 地物及其特征

地物是现地存在，并在图上正确标示的地面物体。有的地物较大或者较长（如湖泊和道路等），其明显的弯部、转角处就是特征。

（五）号码布

比赛的规格较高、人数较多时，号码布是用来识别运动员的必需物品的，以利于裁判工作的进行。

（六）检查点说明符号

检查点说明符号是一种以表格形式在赛前发给参赛者的一套全世界统一的符号和文字系统。它可以使参赛者在进入地图上的检查点圆圈之后，不必再为寻找点标的位置而东奔西走，以保证参赛者的主要精力和时间都用在比赛的途中。

第三节　定向运动基本技能

一、识图及用图技能

在定向运动中，必须首先标定地图，即保持地图的方位与实际地形的方位一致，这是给地图定向，它是定向运动中最重要的技能。定向地图时应边走边对照，随时确定自己在地图上的位置，做到"人在路上走，心在图中移"。

（一）概略标定地图

在定向运动中，地图的方位是上北，下南，左西，右东。只要将地图的上方与现地的北方同向，地图即被标定。

（二）指北针标定地图

指北针是定向运动中最重要的仪器，是找到正确方向的最有用的工具。它也是定向运动中可使用的唯一合法工具，在定向运动中，指北针的红色指针永远指向北。

使用指北针给地图定向的方法有两种。

（1）将地图与指北针都水平放置。

（2）佩带的指北针水平放置不动，转动地图直到地图上的指北线与指北针红色的指针平行，此时地图即被定向。具体方法如下：① 把指北针套在左手拇指并水平放置在地图上，接着将指北针上右侧的蓝色箭头从自己所在的位置指向你要行进的位置；② 然后水平转动指北针和地图（身体也随着转动），直到指北针上红色的指针与地图上表示南北线的北箭头同方向；③ 此时指北针上蓝色箭头所指的方向就是你要行进的正确方向。

（三）利用直长地物标定地图

利用直长地物（如道路、土垣、沟渠和高压线等）标定地图，首先应在图上找到这段直长地物，概略标定地图后，使图上的直长地物符号与现地直长地物方向一致，地图即已被标定。

（四）利用明显地形点标定地图

在明显地形点上使用地图时，首先确定站立点在图上的位置。方法是：选择一个地图上与现地都有的"远"方明显地形点作为目标点，并转动地图，使地图上的站立点至目标的连线与现地的站立点至目标的连线相重合，此时地图即已标定。

（五）确定站立点

标定地图后，就应立即确定站立点在图上的位置，这是在现地使用地图的关键。方法有：直接确定法、目估法和交会法等。

1. 直接确定法

当自己所站的位置在明显地形点上时，只要从地图上找出该地形点，站立点即可确定。现地可称得上明显地形点的地物包括房屋、塔、桥梁、围栏和输电线等；可称得上明显地形点的地貌包括山地、谷地、洼地、鞍部、冲沟、陡崖、山脊和陡坡等。

2. 目估法

利用明显地形点，采用大致估计的方法确定站立点在地图上的位置。

3. 交会法

常用的方法有90°法、截线法和后方交会法。

（1）90°法。是指当待测点位于线状地形（如道路、沟渠、山背线、谷地和陡坡交换线等）上时，如果在与运动方向相垂直的方向上能够找到一个明显地形点，线状地形符号与垂直方向线的交会点即为站立点。

（2）截线法。测点位于线状地形上，但在其与运动方向相垂直的方向上没有明显地形点时，可以采用此法。其步骤如下：① 在线状地形的侧方选择一个图上与现地都有的明显地形点；② 利用指北针的直长边缘切于图上明显地形点的定位点上；③ 然后转动指北针，使其直长边照准该地形点；④ 沿指北针的直长边向后画方向线，该方向线与线状地形符号的交点，即是站立点在图上的位置。

（3）后方交会法。测点上无线状地形可利用，而且地图与现地相应地都有两个以上的明显地形点时可采用此法。通常要求地形较开阔，视野良好。其步骤如下：在图上找到选定的方位物之后，标定地图，然后按照截线法的步骤分别向各个方位物瞄准并画方向线，图上方向线的交点就是站立点。

二、选择路线的原则

什么是最佳行进路线？简单来说是最安全、最省时间、省体力，且便于发挥运动技能及体能优势的路线。路线选择应遵循的原则如下。

（1）有路不越野原则。运动员容易确定站立点，且路面易奔跑，更能增强运动员的信心。

（2）走高不走低原则。从上到下法，运动员站得高、看得远，有利于确定站立点和保持行进速度。

（3）提前绕行法原则。在定向比赛中，运动员必须超前读图，提前思考，明确下一个目标点，要通观全局，提前选择好最佳的迂回运动线路。

三、保持正确行进方向的技能

选择最佳路线后，运动员必须采取相应的方法，才能确保正确的行进方向，安全到达目的地。常见的方法有记忆法、拇指压法、"扶手"法和简化法等。

（一）记忆法

采用此法一般是按线路行进的顺序，分段地记住路线的方向、距离、要经过的地形点、周围的参照（辅助）物。运用记忆法时，运动员应做到"人在地上跑，心在图中移"。这样可以减少读图时间，提高运动成绩。

（二）拇指压法

在定向运动中运动员常把拿图手的拇指想象为自己（即缩小到地图中的自己），当运动员向前运动时，其拇指也在地图上做相应的移动，此方法被称为拇指压法。拇指压法可以随时帮助运动员确定自己在地图中的位置。

（三）"扶手"法

在定向运动中，"扶手"是指运动员把现地中的线形、地形，如各种道路、溪流、输电线、地类界等地貌，比喻为人们上下楼梯时的安全扶手作为行进的"引导"。利用这种方法运动员能较为容易和安全地到达目的地，也能增强比赛的信心。

（四）简化法

运动员在读图时要学会概括地形和简化地图。尤其是在一些零碎而杂乱的地域时，更要注意概括该地域的地形结构，突出主要的地形特征，从而把复杂的地图在脑袋中描绘成一幅新的简化了的地图。

四、正确寻找检查点的技能

运动员到达检查点附近后，如何正确捕捉目标点是十分关键的。掌握以下方法能有助于迅速捕捉目标点。

（一）偏向法

如果运动员要穿越一块没有明显特征的地带而要寻找一个交叉口、一条路的尽头或面状地物的侧顶点时，不能正对着这一目标点直接去找，而是采用稍微偏离目标点的方向瞄准，然后再顺着找到目标点，如图所示。（图24-3-1）

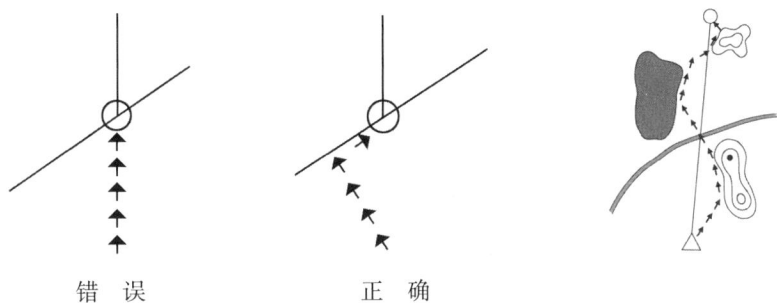

错　误　　　　　　　正　确
图24-3-1

（二）"放大"法

"放大"法要求运动员在寻找检查点时尽可能地扩大视野，并从目标点附近大的、明显的地形点找起，然后再找检查点。在目标点所在地较小的情况下，如果运动员只是看很小的一点地形，是很难找到目标点的。（图24-3-2）

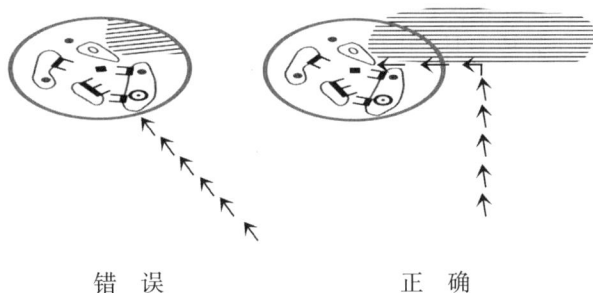

错　误　　　　　　　正　确
图24-3-2

（三）借点法

如检查点周围有高大的、明显的地形点或地物时，可采用此方法。运动员在行进之前，必须先将地图中的目标点（地形或地物）辨认清楚，行进中先找到这些目标点，然后再利用它来判断检查点的具体位置。

第二十五章　攀　岩

第一节　攀岩概述

一、攀岩概述

攀岩运动是从登山运动中派生出来的新项目，也是登山运动中的一项竞技体育项目。它集健身、娱乐、竞技于一体，要求运动员既具有勇敢顽强、坚忍不拔的拼搏进取精神，又需要良好的柔韧性、节奏感及攀岩技巧，这样才能熟练地在不同高度、不同角度的陡峭岩壁上轻松、准确地完成身体的腾挪、转体、跳跃等惊险动作，给人以优美、流畅、刺激、力量的感受。攀岩运动可分为难度攀岩、速度攀岩和室内攀岩。岩壁分为人工岩壁和天然岩壁。人工岩壁是人为设置点和路线的模拟墙壁，可以在室内和室外进行攀岩技术的训练，难易程度可随意控制，训练时间比较灵活，但高度和真实感有限。天然岩壁是大自然在地壳运动时自然形成的悬崖峭壁，挑战性较强，可自行选择攀岩的岩壁、攀岩路线和攀岩地点，而且天然岩壁的路线变化丰富，如凸台、凹窝、裂缝、仰角等，能让人有"山到绝处我为峰"的感受。（图 25-1-1）

图 25-1-1

二、保护性装备

（一）攀岩绳

攀岩绳主要分为动力绳、静力绳和路绳。

（1）动力绳：直径为 8 ～ 12 毫米，常用的直径为 10 毫米或 10.5 毫米，延展性是 6%～ 8%，主要用于攀登；种类分为单绳（直径为 9.6 ～ 11 毫米，一般长度 50 米，用于竞技攀登）、双绳（直径为 8 ～ 8.5 毫米，常用的是 8.2 毫米，标准长度为 60 米，用于攀冰、大岩壁攀登、器械攀登、登山结组）和孪生绳。

（2）静力绳：可承受的静拉力可达 2000 千克，延展性为 2%～ 3%，最多两种颜色，主要用于垂直操作、下降、探洞、救援。

（3）路绳：小细绳、彩色，不能受力，只起辅助作用。

（二）安全带

安全带能为攀岩者和保护者提供一种舒适、安全的固定方法。它方便与绳子连接，而不用把绳子直接绑在腰上，从而可以把坠落的冲击力分散到腰和腿上而不单集中于腰上。安全带可分为可调式（用于登山、攀冰、攀岩场馆）和不可调式（用于个人攀岩），也可分为坐式安全带和全身安全带。

（三）绳套、扁带套

绳套、扁带套在保护系统中做软性连接，主要有两种：机械缝（抗拉力达 22000 牛）和手工打结（抗拉力随扁带的性质及打结的方式不同而不同，一般很难达到 22000 牛）。

（四）铁 锁

铁锁用来连接绳子与保护点、安全带与保护（下降）器，以及携带器材等。在保护系统中铁锁做刚性连接。

1. 分 类

（1）丝扣锁：用于相对永久的保护点（半自动锁、弹簧锁、螺旋锁）。

（2）简易锁：用于临时性的保护点。

2. 性能指标

可承受的纵向拉力大于 20000 牛，横向拉力大于 7000 牛，开门拉力大于 7000 牛。

（五）保护（下降）器

在保护和下降过程中通过保护（下降）器与绳子产生的摩擦力来减小操作者所需的握力。常用的保护（下降）器有："8" 字环，这是最早、最常见的下降器，也是国际攀岩比赛指定使用的下降器；ATC，是深受攀岩者喜爱的下降器，可用于单绳或双绳；GRI—GRI（机械制动类保护器），可以自锁，只能用于单绳。此外，还有一类只用于下

攀岩装备

降，不用于攀登保护的下降器，如STOP是可做长距离下降的下降器，可以自锁，价格较贵，自重较大，只能用于单绳。

（六）上升器

上升器在攀登过程中起借力和保护作用。它分为左式与右式两种，适用于不同用手习惯的攀岩者。须用铁锁把上升器上端的串口锁起来。

（七）头　盔

头盔在攀登过程中能避免头部受落石、冰块或上方抛下的装备的伤害，起到保护头部的作用。

第二节　攀岩基本技术

一、绳结技术

利用打结使绳索之间、绳索与其他装备之间相互连接的方法称为结绳技术。在攀登过程中，绳子要与其他保护装备、固定点及绳子自身发生各种连接，以解决实际需要。绳结技术是攀登、保护技术中最重要的技术。

绳结有各种不同的打法，各种打法有不同的用途，以下举例说明。

（一）连接固定点的绳结

1. 双 8 字结

在攀岩比赛中，保护绳必须用 8 字结直接与安全带连接。其优点是简单易学，容易辨认错误，强度相对较大，拉紧后不易松开；缺点是大强度受力后不易解开（图 25-2-1）。此绳结有如下注意事项。

（1）受力绳圈要尽量与安全带连紧。

（2）绳结连接的部位是安全带的攀登环，并非保护环和其他部位。

（3）打好后一定要将各部位调整平整，高强度下受力均匀。

（4）一定要做末端的绳尾处理，处理后还要留 10 厘米左右的距离。

图 25-2-1

2. 布林结

布林结又称系船结，易结易解，但绳结也易松动。（图 25-2-2）

图 25-2-2

3. 蝴蝶结

蝴蝶结又称中间结，结组时可用蝴蝶结直接套在中间队员的安全带上起保护作用。可三方受力，不易变形，便于调节两端绳子长度。（图 25-2-3）

图 25-2-3

4. 双套结

双套结又称丁香结，可用于固定，也可用于攀登和下降。其优点是打好结后在不解开的前提下，易于调整保护者和保护点之间的绳索长度。（图 25-2-4）

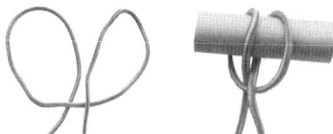

图 25-2-4

（二）连接安全带用结

（1）双 8 字结：同前。

（2）布林结：在顶绳攀登中可选的连接方式。其优点是方便快捷，缺点是不受力时容易松动。

（三）绳子间的连接

1. 平　结
平结又称连接结、本结、陀螺结，用于粗细相同的绳索之间的连接。（图 25-2-5）

2. 8 字结
8 字结用于做粗细相同的绳索之间的连接。（图 25-2-6）

3. 渔人结
渔人结适用于结两条质地、粗细相同的绳索或扁带。

4. 水　结
水结又称防脱结，可将两条扁带连接在一起，用于连接扁带。但此结易松，必须用力打紧并经常检查。（图 25-2-7）

图 25-2-5 　　　　　　　图 25-2-6 　　　　　　　图 25-2-7

5. 混合结

混合结用于不同直径绳索之间的连接。（图 25-2-8）

6. 交织结

交织结又称渔翁结、水手结、紧密结、天蚕结，用于直径相同的绳索之间的连接。
（图 25-2-9）

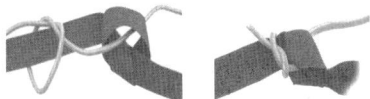

图 25-2-8 　　　　　　　　　　　图 25-2-9

（四）特殊用途

1. 抓　结

抓结又称普鲁士结、移动结，用于行进、上升中的自我保护。抓结不受力时可沿主
绳滑动，受力时在主绳上卡住不动。（图 25-2-10）

2. 意大利半扣

意大利半扣用于沿主绳快速下降时的速度控制，一般在 8 字环遗失的情况下使用。
（图 25-2-11）

图 25-2-10 　　　　　　　　　　　图 25-2-11

二、攀岩技术

攀岩运动是一项实践性很强的运动项目，其技术的掌握、经验的积累主要来自平时
大量的实践和钻研摸索，并无定式。

（一）攀岩的手法

在攀登中用手的根本目的是使身体向上运动和贴近岩壁。岩壁上的支点形状很多，
常见的也有几十种。攀岩者对这些支点的形状要熟悉，知道面对不同支点，手应抓握何
处，如何使力。根据支点上突出（凹陷）的位置和方向，用抠、捏、拉、攥、握、推等
方法，但也不要拘泥，同一支点可以有多种抓握方法。例如，有一种支点是一个圆疙瘩
上面有个小平台，一般情况是把手指搭在上面做垂直下拉，为了使身体贴近岩壁，攀岩
者完全可以整个捏住、平拉。又如，要两只手抓同一支点时，前手可先放弃最好的抓握

处，让给后手，以免换手的麻烦。抓握支点时，尤其是水平用力时，手臂位置要低，利用向下的拉力加大水平摩擦力；要充分使用拇指的力量，尽量把拇指搭在支点上，对于常见的水平浅槽的支点，把拇指扭过来，使指肚一侧扣进平槽，或把拇指横搭在食指和中指指背上，都可增加很大的力量。休息地段要选择在没有仰角或仰角较小，且手上有较大支点处。休息时双脚踩稳支点，手臂拉直（手臂弯曲时很难得到休息），上体后仰，但腰部一定要向前顶出，使下身贴近岩壁，将身体的重量压到脚上，以减小手臂负担，做活动手指、抖手的动作放松，并擦些镁粉，以免打滑。

（二）学会掌握重心

在攀登中，应明确地意识到自己重心的位置，灵活地控制重心的移动。移动重心的主要目的是在动作中减轻双手负荷，保持身体平衡。初学者一开始学动作时大都十分盲目，不知道体会动作，一心只想提升高度。其实初学者最好不要急于爬高，先做一段时间的平移练习，即水平地从岩壁一侧移到另一侧，体会重心、平衡、手脚的运用等基本技术。在最基本的三点固定中，单手换点时，一般把重心向对侧移动，使手在没离开原支点之前就已经没有负荷，可以轻松地出手。横向移动时，要使重心向下沉，使双手吊在支点上而不是费力地抠拉支点。

在一般情况下，应把双脚踩实，再伸手够下一个支点，而不要脚下虚踩，靠手的上拉使身体上移。一定要注意体会用腿的力量使重心上移，手只是在重心上移时维持平衡。

（三）掌握侧拉

侧拉是一项很重要的技术动作，它能极大地节省上肢力量，使一些原本困难的支点可以轻易通过，尤其在过仰角地段时被大量采用。其基本技术要点是身体侧向岩壁，以身体对侧手脚接触岩壁，另一只腿伸直用来调节身体平衡，靠单腿力量把身体顶起，抓握上方支点。以左手抓握支点不动为例，此时身体朝左，右腿弯曲踩在支点上，左腿用来保持平衡，右腿蹬支点发力，右手伸出抓握上方支点。由于人的身体条件，膝关节是向前弯的，若面对岩壁，抬腿踩点时必然要把身体顶出来，而改为身体侧向岩壁就可以很好地解决这一问题，使身体更靠墙，把更多的身体重量转移到脚上，而且可利用全身的高度，达到更高的支点。

（四）手脚同点

手脚同点是指当一些手点高度在腰部附近时，把同侧脚也踩到此点，身体向上向前压，把重心移到脚上，发力蹬起，手伸出抓握下一个支点，这期间用另一只手来保持平衡的一种技术动作。手脚同点需要的岩壁支点较少，且身体上升幅度大，做此动作时有以下几点需要注意：① 若支点较高，应使身体稍侧转，面向支点，腰胯贴墙向后坠，腾出空间抬腿，不要面向岩壁直接抬腿；② 脚踩实后，另一脚和双手发力，把重心前送，压到前脚上，单腿发力顶起身体，同点手放开原支点，从侧面往上抓握下一个支点，另一只手固定不动调整身体平衡。手脚同点技术主要用在支点比较稀少的线路上。

（五）注意节奏

攀岩讲究节奏，讲究动作的快慢和衔接。每个动作做完，身体都有一定的惯性。如果上一动作正确到位，身体平衡就不成问题，便可以利用这一惯性直接冲击下一个支点，两个动作间不做停顿，此时会发现原来很困难的一些支点，不知不觉间就通过了。如果过分求稳，一个动作停顿一次，每个动作前都要先移动重心、调节平衡，然后重新开始发力，必然导致体力消耗过大。动作要连贯但不能毛糙，各个细节要做到位，上升时一定要用脚发力，不能用手拉加脚蹬。手主要负责保持平衡和把身体拉向岩壁。动作不要求太快，要连贯，每个动作须做实。一般做一两个连贯动作要稍稍停顿一下，调整重心，观察选择路线，困难地段快速通过，容易地段稳定、调整。连贯—停顿—连贯—停顿，间歇进行，连贯动作时手脚和重心调整一定要到位，冲击到支点后要尽快恢复身体平衡。必要时，可选择好的地段稍事休息，放松双手。进行练习时可以把各个动作分解成几个步骤，细细体味各处细节，分析如何才能节省体力。这样做熟练之后，实际攀登时可做到不需考虑，犹如条件反射般地就能做出正确动作。

（六）三点固定法

这也是基本的攀登方法，一次只移动一只手或一只脚，其他三点不动。

（七）线路规划

一面岩壁安装着众多的支点，选择不同支点可以形成多条攀登线路。各人身体条件不同，也就有各自不同的最优路线。练习时可以先看别人的攀登路线，根据自己的身体条件选择一条最优路线，并锻炼自己的眼力，发现、规划新的线路。在正式比赛时，不能观看其他人的路线，必须自己规划，这就要对自己的身高臂长、抬腿高度、手指力量等有较好的了解。在练习当中，一面岩壁，在已经能够登顶后，往往还有其他的利用价值。攀岩者可以通过规划不同的线路来增加难度，一般是自觉地限制自己，放弃一些支点。例如，放弃某几个大点，或故意绕开原线路上的某个关键点，或只使用岩壁一侧或中间的支点，或从一条线路过渡到另一条线路。

第二十六章　龙　舟

第一节　龙舟概述

端午节龙舟赛、元宵节舞龙及二月二龙抬头是中国重要的民间活动。龙舟就是船上画着龙的形状或做成龙的形状的船。赛龙舟是中国民间传统水上体育娱乐项目，多在喜庆节日举行，是多人集体划桨竞赛。赛龙舟最早兴起于汉代，它不仅是一种体育娱乐活动，更体现出我国悠久的历史文化和人们的集体主义精神。

一、龙舟的起源

提起龙舟的起源，人们自然就会想起纪念屈原。其实，龙舟的出现比屈原所处的年代要早得多。据专家考证，进行龙舟竞渡必须是在产稻米和多河港的地区，这正是我国南方地区的特色。古代典籍有关龙舟起源的记载，最早出现在东汉。据此可以推测，端午的习俗最初可能只在长江下游吴越民族中流行，后来吴越文化逐渐与中原文化交流融合，这种习俗才流传到长江上游和北方地区。

二、中国龙舟的发展

1984 年，赛龙舟被列为全国正式体育竞赛项目，同年全国第 1 届屈原杯龙舟赛开始举办。1985 年，中国龙舟协会成立，结束了长期以来中国龙舟群龙无首的时代，开始了中国龙舟运动发展的新纪元。几十年来，中国龙舟运动由我国长江以南的省市地区，不断向北方省市区扩展，"南舟北移"使龙舟运动得到了长足的发展。

第二节 龙舟基本技术

一、划手技术

（1）选桨：桨以重量轻、韧性强、桨杆细的碳铝合金材质制成，握桨感觉舒适，握桨处以前后成椭圆状为佳。通常以队员的形态决定划桨长度，以下数据仅供参考。（表26-2-1）

表26-2-1 选 桨

身高 / 米	桨长 / 米
1.80以上	1.25
1.75～1.80	1.20
1.70～1.75	1.15
1.65～1.70	1.10

（2）坐姿：髋关节紧贴船舷，外侧腿紧蹬前隔舱板底部，采用转体技术法，在划高桨频时，内侧腿放前、放后、放内侧均可，这样可充分发挥腿部大肌肉群的力量。

（3）握桨：右手握桨即为拉桨手，通常低位手握于桨颈处上一个把位。双手不要握得太紧，稍稍放松。

（4）插桨：双手松弛握桨，桨从前方队员腋下伸出，低位手尽量向前伸直，向左转体。高位手屈肘握桨于头正前靠右上方，外侧腿弯曲，从侧面看，桨杆紧靠船舷与水平面成45°角入水。

（5）拉桨：发力应从腰开始，高位手应保持稳定支撑，用适度的力往下压，使桨稳稳抓住水。低位手的中指、无名指、小指开始紧握桨杆，直臂拉桨。拉桨发力时桨叶与水平面的角度成50°～52°。

（6）出桨：桨拉至膝关节后结束出水，不应再往后拉。双手向上提桨出水的同时，高位手向上、向内、向前随着身体转动提桨出水。

（7）回桨：出桨之后，双手松弛握桨，腿、腰、背、肩、臂都要放松，桨下缘贴近水面，桨叶外侧边朝侧前方，向前成小弧形到达插桨位置。回桨不要提得太高或弧度太大，如遇风大浪高，可适当提高桨的高度。

二、鼓手技术

鼓手是全队最重要的人物，比赛时，一个队的实力是否能够正常发挥，在很大程度上取决于鼓手。有一个好鼓手，全队就有希望划出好成绩，增加必胜信心。鼓声应一声重、一声轻，鼓声重时桨入水，鼓声轻时桨出水。鼓声力度大、节奏快能有效刺激划手中枢神经的兴奋性，调动其情绪，使其奋力划进。反之船速则会降下来。

三、舵手技术

舵手对一个队的成绩有重要影响，一个好的舵手，有助于提高全队的自信心。

舵手技术是龙舟技术的重要组成部分。船能否走得直、船速是否快与舵手都有关系。舵手应明确一点，船在水里会产生摩擦阻力，对速度有影响。

（一）舵手年龄与形态要求

舵手年龄应以 25 ～ 40 岁为宜。年龄太小，心理素质难以承受大赛的刺激；年龄太大，难以满足训练与比赛的需要。年龄小，如果心理素质突出，或有比赛经验，头脑灵活反应快，也可予以考虑。形态以下表为参考。（表 26-2-2）

表 26-2-2　舵手形态要求

项　目	男　子	女　子
身高 / 米	1.65～1.70	1.55～1.60
体重 / 千克	50～55	45～50

（二）舵手专项技术

（1）点式技术：舵入水中很快就提出水面称为点式。这种技术适用于龙舟在行进过程中方向改变较小时采用。舵手应全神贯注，能非常敏锐地感觉到船体方向微小的变化，当船稍微有点偏航时采用点式技术效果较好。

（2）拨式技术：当船偏航较大时，选中水中一个点，迅速下桨朝相反方向横向拨桨打舵称为拨式。水中这个点的选择，应视偏航大小灵活掌握。此技术主要应用于在风平浪静情况下的龙舟掉头、靠岸，以及龙舟进入航道时摆正航向。

（3）拖式技术：船在行驶中，舵叶始终在水中控制方向称为拖式。当船体方向改变较大时采用此技术，民间龙舟普遍采用。这种技术能有效控制方向，比较稳定，但因舵长时间拖在水中，对船的速度影响较大，故建议在比赛中尽量少采用。

原则上，不论舵手采用何种技术都应尽可能小地影响船速。

（三）舵手要求与注意事项

起航前应将龙舟对直航道，起航时不要下舵桨；比赛时、起航前控制好船与船之间的距离，避免串道；熟知训练场与赛场水域情况；注意风向，要有良好的辨别风向和风力等级的能力，要熟知不同的风向对龙舟泊船与行进时的影响力。

（四）龙舟偏航的原因

左右桨手总体重、总力量的差别太大；左右桨手在技术上的差别；桨手重心控制不好，重心在外，导致船不稳定；左右桨手没有靠近船舷边下桨，产生分力；受风向、水流、暗流、漩涡、侧浪的影响；舵桨支点松弛，舵叶吃不住力。

四、配合技术

（一）核心人物

一支龙舟队应有位核心人物，没有核心人物的龙舟队如同一盘散沙，缺乏战斗力。教练员在组队初期，就应选择一位有威信、有凝聚力、能准确理解教练员意图、能协助教练员完成训练任务和比赛任务的得力助手。

（二）领桨手的形态与素质要求

1. 形态要求

邻桨手的形态要求见表26-2-3。

表26-2-3 领桨手的形态要求

项 目	男 子	女 子
身高 / 米	1.70～1.75	1.65～1.70
体重 / 千克	70～80	60～70

2. 素质要求

领桨手通常是全队最出色的队员，是全队的顶尖人物。领桨手的力量素质、耐力素质要突出，节奏感、速度感要强，水感要好，能有效地控制桨频。

（三）桨位安排

任何一支龙舟队，在刚下水训练时，都面临着桨位安排的问题。桨位安排得好坏对一个队的成绩具有重要作用。在桨位安排的问题上教练员应注意以下几点。

（1）在桨位安排前，应进行一次形态、素质和机能测试。

（2）熟知每个桨位需要什么形态、素质、机能的人胜任。

（3）如果队员是左撇子就划左桨。但左撇子毕竟少，所以右桨技术差的队员可划左桨。左桨手与右桨手在划分桨位后，在总体重、总力量方面差距越小越好，前5个桨位与后5个桨位重量接近，或者后5个桨位重量稍大于前5个桨位，这样可减少偏航因素。

（4）1号桨位要安排力量大、耐力素质好、节奏感突出、速度感强但拉桨速度并不一定很快的、个头稍矮的队员。

（5）4号桨位安排拉桨速度快、插桨抓水比较稳的队员。

（6）5号桨位可安排技术较差、水感较差、体能方面较差，尤其是下桨带入气泡较多的队员。

（7）如果竞赛规程不要求上锣手的话，桨位安排应尽量紧凑，中间不留空桨位，这样可使动力更为集中。

（8）5号桨位与6号桨位之间是锣手，因而空一个桨位，6号桨位是第二领桨手，故6号桨位应安排手臂较长、体重大、技术好、拉桨速度快的队员。7号桨位可安排各方面条件和技术稍次于6号桨位的队员。

（9）9号、10号桨位是非常重要的桨位，应安排手臂较长、坐高较矮、力量较大、技术不一定很好，但头脑灵活、反应快、能够善于帮助舵手控制方向的队员。

（四）划手间的整体配合技术

一个队若是个个队员都很出色，但是配合技术较差，仍然是一支没有希望的队。

（1）从上往下看，所有桨手均应靠船舷发力，除1号、2号、10号桨手的划水路线不在一条直线上外，其他桨手的划水路线均应在一条直线上，成为两条并行前进的直线。

（2）从侧面看，应下桨同时（图26-2-1），出桨同时，下桨角度一致，不拍水，出桨一致，不带水花。

图26-2-1

（3）从前往后看，插桨时，全体队员重心在船舷边；回桨时，全体队员重心在舱内。整个插桨、拉桨、出桨、回桨过程桨弧一致，桨杆角度一致。

（4）7号、8号、9号、10号桨位队员要把力量送上去。

（5）前面的划手桨入水时不要拍水，桨出水时桨叶不要往上挑，不然桨叶扬起的水花会使后面的队员睁不开眼。

（6）注意力集中，眼睛盯住前方下桨位置。

（7）桨与人应合为一个整体，贯穿于整个技术动作；人与船应合为一个整体，贯穿于整个训练与比赛之中。

（五）鼓手与划手的配合技术

鼓手对于击鼓信息的传递，事先与划手应有约定，如平桨、举桨、停桨、预备、冲刺、进入航道时的手势与鼓声、提高与降低桨频、转向与掉头等。1 号划手要与鼓手密切配合，随时保持信息的传递与沟通。对于体力分配、速度快慢、用力大小、桨频快慢，1 号划手感觉最敏锐，1 号划手应时时将感觉反馈给鼓手，提醒鼓手击鼓频率是升还是降。每个划手心里要有鼓点声，下桨抓水要恰好落在鼓点上。

（六）舵手与划手的配合技术

龙舟在行驶中如遇横浪和大风大浪等特殊情况时，仅靠舵手一人难以使船处于理想状态，这时就需要舵手与划手之间协助配合。目前有两种常用技术。

（1）向左转：当船向右偏而使船向左行进时，左前桨 1 号、2 号、3 号桨手，右后桨 8 号、9 号、10 号桨手同时由外向内拉，舵手可同时采用拨式技术。

（2）向右转：当船向左偏而使船向右行进时，右前桨 1 号、2 号、3 号桨手，左后桨 8 号、9 号、10 号桨手同时由外向内拉，舵手可同时采用拨式技术。

五、起航技术

良好的开端是成功的一半。每次比赛，起点是出问题最多的地方，因此起航技术尤为重要，特别是短距离赛。起航是否成功，取决于全队的配合技术和比赛经验。

（一）无风浪时的起航技术

（1）鼓手应指挥与控制龙舟进入航道的速度和方向，由 1 号、2 号划手控制进入航道的速度，使龙舟处于航道正中。

（2）鼓手应注意和指挥与相邻的龙舟保持适当的距离，由 1 号、2 号、3 号划手控制好船，使龙头处于起点线后。

（3）起航前全体队员切不可看热闹、东张西望、分心分神。

（4）当听到枪响后，充分运用腰、躯干、背、肩大肌肉群的力量，配合蹬腿。直臂拉桨。

（5）起航时前五桨划距要大，拉全桨。

（二）有风浪时的起航技术

（1）顺风：在顺风情况下起航，所有的划手可适当减少前倾的幅度，舵手可站立打舵，以身体为帆，利用风力起航，增加动力。

（2）逆风：逆风时起航，运动员身体应尽量前倾，舵手坐低身子打舵，以减少风的阻力。

（3）侧风：在遇有左前侧风或右后侧风的情况下，泊船时应把船向右摆。由左后 8 号、9 号、10 号三位桨手严格控制泊船的角度和方向。

第二十七章　拓展运动

第一节　拓展运动概述

一、起　源

拓展运动，又称外展训练，起源于第二次世界大战期间的英国。当时英国的商船在大西洋里屡遭德国潜艇的袭击，许多缺乏经验的年轻海员葬身海底，针对这种情况，汉思等人创办了"阿伯德威海上学校"，训练年轻海员在海上的生存能力和船触礁后的生存技巧，使他们的身体和意志都得到锻炼。战争结束后，许多人认为这种训练仍然可以保留。于是，拓展运动的独特创意和训练方式逐渐被推广开来，训练对象由最初的海员扩大到军人、学生、工商业人员等各类群体，训练目标也由单纯的体能、生存训练扩展到心理训练、人格训练、管理训练等。

二、发　展

创始于 20 世纪 40 年代的体验学习方式，迅速在世界范围内得到传播。1960 年，美国引进 Outbound School，通过学员在高山大海的户外实践，影响其态度改变，这无疑是给嬉皮士盛行期的美国教育打了一剂强心针，也使越战后人们的消极心理得到修复。在亚洲地区，新加坡最早建立 Outbound School，此后日本引进了体验式培训方式。20 世纪 90 年代初期，中国引进了这种体验式培训方式。由于体验式培训适应了时代完善人格、提高素质和回归自然的需要，因此受到了很多人的青睐，成为素质教育的新时尚。目前，在世界许多国家和地区，已有百余所从事此类培训的机构。总部设在英国的户外培训学校 Outbound School 已在全球五大洲设立了 40 多所分校，受训人员包括学生、家长、教师、企业员工和各级管理人员。

三、健身价值

拓展运动的所有项目都以体能活动为引导，引发出认知活动、情感活动、意志活动和交往活动，有明确的操作过程，要求学员全身心投入。拓展运动的项目都具有一定的难度，表现在心理考验上，需要学员向自己的能力极限挑战，跨越"极限"。拓展运动实行分组活动，强调集体合作。力图使每名学员竭尽全力为集体争取荣誉，同时从集体中获取巨大的力量和信心，在集体中显示个性。在克服困难，顺利完成课程要求以后，学员能够体会到发自内心的胜利感和自豪感，获得人生难得的高峰体验。教员只是在课前把课程的内容、目的、要求以及必要的安全注意事项向学员讲清楚，活动中一般不进行讲述，也不参与讨论，充分尊重学员的主体地位和主观能动性。即使在课后的总结中，教员也只是点到为止，主要让学员自己来讲，达到了自我教育的目的。

四、安全原则及注意事项

（一）拓展运动的安全原则

拓展运动因其选择的场地、器材的特殊性，活动内容的未知性以及特有的心理挑战等，决定了拓展运动具有一定的风险性，如何获得最大的安全保障，如何让参训学员在身体、心理上获得安全保障，是拓展运动课程更好地发展甚至进入学校教学课程中至关重要的一环。

为了消除隐患，降低风险，以下拓展运动的安全原则需要遵守。

1. 双重保护原则

课程设计时所有需要安全保护的训练项目，都必须进行双重保护演练，其中任意一种保护方法均足以保证实施过程中学生的安全。

2. 器械备份原则

需要器械保护之处，都必须安置备份器械。

3. 多次复查原则

所有的安全保护器械合理使用，完成后必须再复查一遍，操作中部分保护要多次检查，消除操作失误的可能性。

4. 全程监护原则

拓展教师对项目进行中可能遇到的安全问题进行全程监护，将隐患消除在萌芽状态中。

除此之外，还有一些原则性要求是必须做到的，比如在高空换锁必须遵循"先挂后摘原则"，项目进行中遵循"相互保护原则"等。

只有在活动过程中，认真讲解、规范操作，将安全问题落到实处，我们才能享受到拓展运动带给我们的快乐与收获。

（二）参加拓展运动的注意事项

（1）积极主动参与各项活动，以取得成功为目标。

（2）愿意尽自己最大的努力接受各种新考验，具有不屈不挠的进取精神。

（3）维护良好的团队士气，诚意助人，敢于负责。

（4）悉心体察组员的情感，主动沟通和交流训练感受。

（5）适合季节的运动衣、运动鞋、运动袜。

（6）应尽量避免佩戴首饰，服饰上不应有尖锐物品，长发者应用软发带束发。

（7）严禁喝酒后参加训练，患有心脏病、高血压、哮喘、急性传染病、恐高症等病症的人不适合参加高空和低空项目。

（8）在无学校教练指导的情况下，不得擅自攀爬训练架、下水游泳或做其他任何危险运动。

（9）保护自然环境。

第二节　拓展运动基础班

一、雷　阵

（一）概　述

这个项目既可以室内进行也可以室外进行，是一个以团队挑战为主的项目，挑战我们突破定式思维与团队的有序协作的能力。

（1）时间：90 分钟。

（2）人数：至少 12 人，越多越好。

（3）场地器材：6 米 ×6 米的雷阵图一块；每队参赛者蒙眼步一块、硬皮夹、笔和教师用图一张。（图 27-2-1）

OUT

<table>
<tr><td>109</td><td>110</td><td>111</td><td>112</td><td>113</td><td>114</td><td>115</td><td>116</td><td>117</td><td>118</td><td>119</td><td>120</td></tr>
<tr><td>97</td><td>98</td><td>99</td><td>100</td><td>101</td><td>102</td><td>103</td><td>104</td><td>105</td><td>106</td><td>107</td><td>108</td></tr>
<tr><td>85</td><td>86</td><td>87</td><td>88</td><td>89</td><td>90</td><td>91</td><td>92</td><td>93</td><td>94</td><td>95</td><td>96</td></tr>
<tr><td>73</td><td>74</td><td>75</td><td>76</td><td>77</td><td>78</td><td>79</td><td>80</td><td>81</td><td>82</td><td>83</td><td>84</td></tr>
<tr><td colspan="3" rowspan="4">警戒</td><td>67</td><td>68</td><td>69</td><td>70</td><td>71</td><td>72</td><td colspan="3" rowspan="4">警戒</td></tr>
<tr><td>61</td><td>62</td><td>63</td><td>64</td><td>65</td><td>66</td></tr>
<tr><td>55</td><td>56</td><td>57</td><td>58</td><td>59</td><td>60</td></tr>
<tr><td>49</td><td>50</td><td>51</td><td>52</td><td>53</td><td>54</td></tr>
<tr><td>37</td><td>38</td><td>39</td><td>40</td><td>41</td><td>42</td><td>43</td><td>44</td><td>45</td><td>46</td><td>47</td><td>48</td></tr>
<tr><td>25</td><td>26</td><td>27</td><td>28</td><td>29</td><td>30</td><td>31</td><td>32</td><td>33</td><td>34</td><td>35</td><td>36</td></tr>
<tr><td>13</td><td>14</td><td>15</td><td>16</td><td>17</td><td>18</td><td>19</td><td>20</td><td>21</td><td>22</td><td>23</td><td>24</td></tr>
<tr><td>1</td><td>2</td><td>3</td><td>4</td><td>5</td><td>6</td><td>7</td><td>8</td><td>9</td><td>10</td><td>11</td><td>12</td></tr>
</table>

A组进口　　IN　　B组进口

图 27-2-1

（二）学习目的

（1）建立小组成员间的相互信任。

（2）促进沟通与交流的能力。

（3）使小组充满活力。

（4）善于利用工具与资源。

（三）学练方法

（1）教师告知学员不回答任何问题。

（2）所有学员从雷区的入口开始，依次通过雷阵，成功地到达雷区的另一边，活动时间为40分钟。

（3）雷区内只允许有一人进入。

（4）每走一步只能迈进相邻的格子里，不准跳跃及试探。

（5）雷区中每走一步未被确认的新格子要听拓展教师的口令，口令有两种："请继续"（示意学员继续前进）和"对不起有雷，请按原路返回"（学员退出雷区，换另一个人进入）。

（6）全队按时完成为100分，每次违例扣1分，违例现象有四种：重复触雷、未按原路返回、踩线或未进入相邻的格子、进入雷区的人数多于1人。

二、同心鼓

（一）概　述

这是一个以团体挑战为主的团队共同挑战项目，挑战我们团结协作的能力。（图27-2-2）

（1）时间：90分钟。

（2）人数：不多于21人。

（3）场地器材：平整开阔地；带有绳子的鼓。

图27-2-2

（二）学习目的

（1）提示全体学生取长补短、团结协作完成共同目标的能力。

（2）培养学生不怕挫折、不断进取，争创佳绩的意识。

（3）感受互相鼓励对完成任务的积极作用。

（4）感受团队成长与团队绩效的提高过程。

（三）学练方法

（1）每人牵拉一根鼓上的绳子，用鼓将球颠起。

（2）颠球时学生必须握住 30 厘米以内的地方，绳头有把手只能握住把手。

（3）颠球开始后鼓不得落地，球飞离鼓面后，可以安排专人捡球。

（4）球颠起的高度不低于鼓面 20 厘米，否则此球不计数或从头计数。

三、盲人方阵

（一）概　述

这是一个以团体挑战为主的项目，活动中每一名学生都可以获得一次非同寻常的经历，它将让我们得到一次全新的反思和认知。

（1）人数：20 人左右。

（2）时间：90 分钟。

（3）场地器材：平整开阔无障碍场地；长绳、眼罩。（图 27-2-3）

图 27-2-3

（二）学习目的

（1）培养团队成员的沟通意识，提高沟通技巧和决策能力。

（2）了解团队领导者的领导风格对完成任务的影响和重要作用。

（3）培养学生做事时的方法和知识的结合与运用能力。

（4）使学生理解角色定位及尽职尽责地完成本职工作的重要性。

（5）理解"失与得"的辩证关系。

（三）学练方法

（1）由于活动要求，所有的人须戴上眼罩。

（2）40分钟内在一定区域内寻找一堆绳子，找到后将它围成一个最大的正方形。

（3）所有人站在正方形里举手示意老师完成任务。

（4）学生要以足够的理由证明正方形的精确度。

（5）整个活动中任何人不得摘去眼罩，完成任务后按照教师的要求摘下眼罩。

（6）按照不同障碍区的要求，引导者采用不同的方式来引导队友。

四、信任背摔

（一）概　述

信任背摔是最为经典的拓展训练项目之一。它表面上看起来很吓人，但是如果队员动作规范，实际上是十分安全的。

（1）时间：1个小时以上，取决于参加人数的多少。

（2）人数：12～20人。

（3）场地器材：一个1.5～1.8米高的平台（如果没找到平台，可以用梯子或者桌子等代替）。（图27-2-4）

图 27-2-4

（二）学习目的

（1）建立小组成员之间的相互信任。

（2）使队员挑战自我。

（3）发扬团队精神，互相帮助。

（三）学练方法

（1）项目开始之前，所有队员摘下手表、戒指以及带扣的腰带等尖锐物件，并把衣兜掏空。

（2）两个志愿者都站在平台上，一个由高处跌落，另一个作为监护员，负责管理整个游戏进程。

（3）其余队员在平台前面排成两列，队列和平台形成一个合适角度，例如，垂直于平台前沿，这些人负责承接跌落者。他们必须肩并肩从低到高排成两列，相对而立，向前伸直胳膊，交替排列，掌心向上，形成一个安全的承接区。他们不能和对面的队友拉手或者彼此攥住对方的胳膊或手腕。这样承接跌落者时，很有可能会相互碰头。

五、电 网

（一）概 述

这是一个典型的穿越型团队合作项目，这个活动中每个人都需要做最大的努力，否则某人的放松将会给别人造成更大的麻烦，甚至会让所有人的努力前功尽弃。

（1）时间：90分钟。

（2）场地器材：室外宽阔的平坦场地，专用电网设施或利用固定立柱（树桩）临时编、挂一张3～4米宽1.6米高的绳网，网内设有用于学员通过的网眼，数量为学员的10%～12%，在较低处留两个相对好通过的网眼。（图27-2-5）

图 27-2-5

（二）学习目的

（1）培养学员合理计划、有效组织、统一行动、亲密协作的意识。

（2）增强学员充分利用资源和对资源的合理配置能力。

（3）认识合理分工与服从组织安排的重要性。

（4）培养团队的科学决策方法和严谨细致的工作作风。

（5）合理节约时间的意义和作用。

（三）学练方法

（1）按要求所有人在40分钟之内，从网洞中穿过，到达电网的另一边。

（2）每个网眼只能通过一个人，通过后封闭。

（3）任何人、任何物品不可以触网，否则触网部位所在的网眼将封闭，正在通过的人退回，重新选择网眼通过。

（4）过网唯一的通道就是未封闭的网眼，两边学员不可以从网外来回换边。

（5）身体的任何部分触网均视为违例，包括头发、衣服。

（6）活动过程中出现危险动作或拓展教师叫停时活动停止。

第三节　拓展运动提高班

一、巨人梯

（一）概　述

这是一个以 2 人共同挑战和团队配合相结合的项目。项目具有一定的难度和心理冲击力，相对需要消耗较大体力。想要获得新高，就需要相互帮助，既要有甘为人梯的精神，也要做到"吃水不忘挖井人"。

（1）人数：10 人以上，最好不要超过 16 人。这里以 14 人完成六根横木为例。

（2）时间：140 分钟。

（3）场地器材：高 8 米的"天梯"设施一处；保护绳、全身安全带。（图 27-3-1）

图 27-3-1

（二）学习目的

（1）考验个人胆量与技巧，身体的灵活性。

（2）只有通力协作，相互提携，我们才能一起达到共同的目标。

（3）珍惜别人的帮助，懂得感恩是能够继续前进的无形助力。

（三）学练方法

（1）穿好保护护具，经拓展教师检查并连接主锁，接受对训激励。

（2）两人一组，向上攀登，两人共同站在第五根横木上手抱第六根横木即宣告任务完成。

（3）在攀登过程中，可以利用的只能是横木和两人的身体，不允许拉拽胸前的保护绳及两边的钢缆。

（4）保护者适当收紧保护绳，但是不得提供拉力帮助队友完成任务。

二、高空断桥

（一）概 述

这是一个高空类心理冲击的项目，整个过程需独立完成。"断桥一小步，人生一大步"浓缩了这个活动的精华。

（1）时间：120分钟。

（2）场地器材：室外组合训练架，高7～12米；保护绳、全身安全带、安全帽。（图27-3-2）

（二）学习目的

（1）克服恐惧，勇往直前，认识自我，战胜自我。

（2）自我说服与自我激励，鼓励他人和获取鼓励的重要性。

（3）面对困难的互助精神，培养团队意识。

图 27-3-2

（三）学练方法

（1）学习安全带的使用方法，掌握头盔、主锁与上升器的使用方法。

（2）观看教师地面演示在桥面上的完整动作并做模拟练习。

（3）穿戴好保护装备，在地面上进行试跳，记得自己的起跳腿。

（4）利用上升器爬上距离地面8米高空，空中有个断开的桥面，走到桥板的一端，两臂侧平举，然后大声问队友："准备好了吗?"当听到"准备好了"的回答之后，自己大声喊"1、2、3"，同时跨步跳到桥板的另一端，单脚起跳，单脚落地，然后按同样的要求再跳回来。

三、毕业墙

（一）概 述

这个项目可以让我们懂得个人目标与团队目标的关系，只有团队获得胜利才是真正的胜利。

（1）人数：全体成员。

（2）时间：80分钟。

（3）场地器材：拓展区（4米）、秒表、保护垫。（图27-3-3）

图 27-3-3

（二）学习目的

（1）提高危机时刻的生存技能。

（2）培养团队内部及团队之间的凝聚力。

（3）认同差异，合理分工，学习最优配置资源。

（三）注意事项

（1）有高血压、心脏病、骨质疏松以及脚伤、腿伤、手伤、臂伤等病症者不参与项目中的攀爬，可作为观察员观察整个项目的操作过程。

（2）所有人必须将眼镜、手表、手链、发卡、钥匙链、耳饰品、假牙等硬物摘下防止碰伤自己及队友，衣服的各口袋尽量不装任何物品。

（3）在攀爬过程中只有两个部位是最安全的借助点，即大腿根部和脖颈根部。严禁蹬踏膝关节和肩关节以及背部，严禁在蹬踏时向上跳跃。

（4）在整个项目进行中只有队员的身体可以借助，其他任何物品都不得借助，包括衣服、裤子、腰带、领带和鞋带等。

（5）基座人员的身体要和逃生墙保持1尺距离，未攀爬的队员应在外围做保护，防止攀爬者向后方倾倒造成伤害。

（四）保护方法

（1）外围保护人员动作：两腿前后岔开站立，前腿顶住基座人员的臀部，双手扶住基座人员的腰部，防止他们前后晃动扭伤腰椎，如基座人员力气不足时，保护人员可用双臂插到基座人员的双臂下用力上提，以减小对下方的压力。最外圈的保护队员两腿前后交叉站立，向斜上方伸展双臂，右臂拱起作为主支撑，左手握右手做辅撑。

（2）基座人员动作：基座人员应是体力好身体结实的队员，在站立时与攀爬人员做好沟通，防止攀爬者未做好准备而摔倒。

（3）上方保护队员动作：一只手与攀爬者相互缠握手腕，另一只手托其腋下上提，不得向后拖拽。若队员俯身向下时，一定要把腹部挂在逃生墙的边缘部分，仰身时，一定要把膝关节挂在边缘部分，两者都要有专人保护。不得在墙体上站立。

（4）攀爬者动作：攀爬者在队友的肩膀上站立时，双手应向上伸直成45°角，十指张开，慢慢地站直身体，膝关节向后绷直。

（五）学练方法

（1）全体人员都要在 40 分钟内爬上这面高墙。

（2）在爬墙过程中不允许借助任何可以延长肢体的工具，如衣服、腰带等。

（3）不得助跑起跳，上爬不可采用蹬走上墙动作。

（4）所有其他学员必须参与保护。

（5）没有上去的人不能事先从旁边上去，已经上去的人不能再从旁边帮忙，允许已上去的学员从原路退下。

四、七巧板

（一）概　述

这是一个利用资源互相整合获得最大绩效的活动，这个活动和身边发生的许多事情极其相似，能给我们带来一些反思和启示。

（1）时间：90 分钟。

（2）人数：14～28 人。

（3）场地器材：平整安静的场地；专用七巧板 5 套、图纸 7 套、任务书 7 套。

（二）学习目的

（1）培养团队成员的沟通意识，提高沟通技巧和沟通能力。

（2）了解团队领导者的角色定位和领导作用。

（3）了解团队目标与个体目标之间的关系，并通过实践分析两者之间的关系。

（4）学习竞争、合作与共赢之间的内在关系和学习价值。

（三）学练方法

（1）全班同学分成 7 个组，按照场地要求坐在固定的地方。

（2）活动中不得走动，不许离开固定的区域，不许随意抛接七巧板。

（3）活动中的任务书必须留在自己组中，不能传递。

（4）按照任务书要求完成规定的任务，每完成一项任务及时通知老师进行检查，确认完成后可以获得相应的分数。

第二十八章 射 艺 ✎

第一节 射艺概述

一、射艺的起源及发展

弓箭是人类伟大的文明成果之一，产生于距今约五万年的旧石器时代晚期。世界上所有的民族都有自己的弓箭文化。弓箭文化是中国历史悠久、内容博大的一项传统文化，而射箭为中国弓箭文化的结晶，是弓箭文化最直接的体现，是构成中国国术的一个重要组成部分。据考古发现，早在约两万八千年前，中华先民就已经使用石箭镞。弓箭是冷兵器时代最具杀伤力的武器，是古代"君子六艺"的主要内容，更是十八般武艺之首，留下了后羿射日、李广射虎、一箭双雕等成语典故和"将军夜引弓""西北望，射天狼"等绚丽诗篇，以及《射经》《武经射学正宗》等数十部射艺古籍。

在中华民族漫长的历史岁月里，射箭这项古老的人类活动见证了中华文明的发展和演变。《礼记》中的《内则》里记载："国君世子生，告于君，接以大牢，宰掌具。三日，……射人以桑弧蓬矢六。射天地四方，保受乃负之，……使食子。"其中的"射天地"是为了沟通神界，求人世的平安；"射四方"则是想通过射箭的力量实现对四方的控制。尽管有些神幻色彩，但充分表现了射箭不仅是狩猎和战争的工具，而是成为一种期冀社会和谐有序的精神象征，同时对于后世射礼文化的发展具有重要作用。随之而来的周礼则将"神圣性"进一步理性化为"道德性"，从而将射箭从祈神的仪式行为转为个人的德性修炼。随着周公制定礼乐制度，射礼趋于完善，一种典型的体育赛会登上中国历史的舞台。在两周时期，上至大射礼，下至乡射礼，都有其教育意义，而在孔子等思想家眼中，射礼竞赛已经成为培育君子的良方。"礼"的社会制度，"德"的精神要求，勾画出了中华射艺的精神起源。

到了西周时期，"礼"作为涵盖政治、社会、道德等全方位的社会规范得以确立。周礼对于祭祀的超越在于世俗和神圣的融合，这种融合将精神上的道德要求灌输到制度性的人际礼仪中。西周时期的"乡饮酒礼""乡射礼"等社会活动通过明显带有"礼"的实施将道德要求通达于整个社会的教育之功用。

由"礼"所规范、"德"所指引的射礼竞赛是中国古代最具积极意义的"争"。以射礼为代表的体育之争，不仅超越了负面意义上的"争"，而且创造出了在"德"的引导之下的"君子之争"。"以德引争"是将原始意义上争夺的概念，约束为规范有序的竞争，将其对象从物质利益层面引导到精神道德层面。因为这种"争"不是无序之争，孔子将射纳入"六艺"，成为教育贵族子弟的重要手段。在中国文化"崇礼尚德"的背景下，"以德引争"成为中华射艺特有的文化内涵。

二、中国传统射艺简介

中国是世界上最早拥有弓箭的国家之一。弓箭是我国传统文化的标志性内容，是"礼乐文明"的制高点，也是中华"尚武精神"的象征，它流传千载，生生不息，随着历史的发展和变迁，弓箭作为武器和生产工具的功能逐渐消退，但它在漫长岁月中积淀下来的人文教化的内涵，却一直被人们所珍惜，并世代相传。商周时代，弓箭作为一种身份的象征，被贵族所持有。特别是西周时期，射箭是每一位贵族男子必须掌握的基本技能，也是当时学校最主要的教育课目，那时的学校，即庠、序、学、校等，其实都是学习射箭的地方。通过学习射箭，不只是为了精通射法，更主要的是提升个人的修养，掌握贵族礼仪，进而强化个人品节和等级观念。在周代，围绕着"习射"开展了各式各样的射箭活动，逐渐形成了大射、宾射、燕射和乡射等一整套"礼射"活动，成为礼乐体制中最重要的组成部分之一。

春秋时代，在周礼体制频临崩溃的历史背景下，古老的礼射传统被热衷于维护周礼体制的孔子所积极传承，经过这位"文化巨人"的总结、改制与倡导，"射"被吸纳为儒文化的重要组成部分，被涵纳在"礼"的范畴中，成为"六艺"之一，并通过儒学价值的普世化进程，"射"在其强大军事价值之外，承担起社会教化的功能，在孔子的教育系统中占有突出位置，如《论语·八佾》云："君子无所争，必也射乎！揖让而升，下而饮，其争也君子"，这句话表达了孔子对修身的重视。他把射箭看成是学习礼仪和培育个人道德规范的重要手段，即"射者，以观盛德也"。但鉴于射箭者个体体能差异，他又提出了"射不主皮""射不贯革"等竞技理念，就是不以射靶的命中度或射穿革质箭靶的层数为唯一评判标准，而是更加注重对射箭活动的实际参与和表现出的礼仪水平。这体现了儒家思想中"和为贵"的理念，折射出中华民族浓厚的传统文化特色。孔子的这些思想对中国射艺的发展，特别对以射箭为主的我国古代竞技活动产生了深远影响，并延传至今。因此，中国传统弓射箭的发展经过儒家的写意洗炼，已不再是单纯的兵器，而被赋予了更多文化气质，代表着中国传统文化中的一种地位、心态、风度以及哲学意境，在中国人心中占据着远非其他兵器所能望其项背的崇高地位。同时，在漫长的历史进程中，经过多民族射箭技术与理论的不断交流和融合，中国形成了具有中华文化特色的"射艺"文化体系，其内容极为丰富，不仅包括制作、礼仪、训练、施放等一系列技术，而且从射箭活动中衍生出教育、体育、游艺、交流等社会功能，产生了许多相关的理论和著述等，从而构成了一个缤纷多彩的射艺文化。

三、射艺的特点及价值

中华射艺不仅是一项传统运动，而且是一种文化现象。早在西周，射箭已成为一门"艺"，构建起一整套的"射礼"制度。在"贯革之射、力穿数札"的高超技艺同时，又提出了"射不主皮、射以观德"的理念，给射艺赋予了教育功能和人文教化的内涵。孔子、孟子等纷纷著书立说推广寓射于教的修行教育方式，将射艺奉为"君子六艺"之一。因此，将射艺课程引入到高校体育教学中，可以培养学生"立德树人"的品质，更好地发展体育的德育功能。

射箭运动是锻炼身体的一项有效手段，经常而又科学地从事射箭运动，可以促进人体产生良好的变化，不仅可以增强肩、臂、腰、腿部的力量，还可以发展胸、背肌肉，锻炼眼力，提高注意力，对工作和学习都会起到积极的推动作用。射箭运动还可以考验人们的意志力，培养人的顽强、果敢、勇于克服困难的意志品质。经常参加射箭运动可以促进运动器官的发展，加强新陈代谢，使骨骼的血液供应得到改善，骨骼变得更加粗壮坚固，同时提高了骨骼的抗阻和支撑的能力，使骨骼结构和性能都得到增强。肌肉本身由于血液供应增加，对蛋白质等营养物质的吸收与贮存能力增强。通过系统训练还可以使大脑皮质的兴奋和抑制过程更加集中，提高神经系统对肌肉的控制能力，具体表现为对肌肉的反应速度、准确性和动作的协调性都有所提高。

第二节　射艺基本技术

一、上下弓弦（单人上弦）

单人上弦的方式通常有回头望月和怀中揽月两种，适用于玻片弓和层压弓。以下为回头望月的方式。

（一）区分上下，套弦入彄

将弓分出上下，通常弓柄（弝）上箭枕的位置为上；将弦分出上下。弓与弦的上下一一对应后，将弦上侧的弦耳（扣）套入弓上侧弓弰上的弦槽（彄）内。（图28-2-1）

图 28-2-1

（二）两脚开立，弓弰靠腿（右手为例，以下同）

两脚分开，将上侧套好弦的弓弰，放在左脚脚踝的位置处；将弓弰和弓臂连接处，靠在左小腿正面。弓弰不要接触到地面，以免扭弰。（图 28-2-2 至图 28-2-4）

图 28-2-2　　　　　　　　图 28-2-3　　　　　　　　图 28-2-4

（三）左手持弦，右手握弓

左手捏住弦耳的根部，右手握住弓，握在弓弰与弓臂结合部。

（四）右腿跨弓，大腿抵弝

右腿跨过弓，用右腿大腿根部抵住弓柄（弝）中间，产生两个相反的力，形似回头望月。

（五）回头望月，套弦入弴

利用身体转体的力量，臀部向后，右肩前探，右手贴近身体将弓向前推。将弦耳套入弦槽内，确认另一侧弦耳仍在弦槽内，慢慢还原，抽出右腿。（图 28-2-5、图 28-2-6）

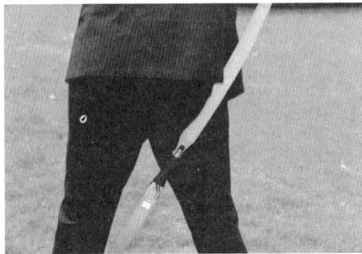
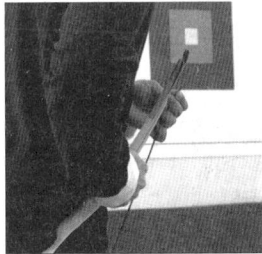

图 28-2-5　　　　　　　　图 28-2-6

（六）检查上下，轻拉确认

检查上下弓弦的位置是否上好，轻微拉弓，检查确认。（图28-2-7、图28-2-8）

图28-2-7   图28-2-8

注：下弦的方式与上弦的方式相反。

二、搭箭正笴

搭箭是进入射箭基本技术动作之前的准备工作。有效的搭箭是射好一支箭的必备基础条件。从取出箭支开始，就要静心与专注，按照一套固定的流程来完成后续的所有动作。（图28-2-9至图28-2-11）

图28-2-9   图28-2-10

图28-2-11

三、站姿脚位

站立是射手基本的身体姿势。中华射艺讲求内志正、外体直。站立是正与直的基础，射箭时许多身体角度的变化同站立的姿势息息相关，也是射好一支箭的基础。基础改变了，会使身体姿势产生一系列的变化，影响最终的动作质量。徐开才先生在《射艺》中讲："射手体型和特点不同，在站姿上会有一些差别。对射手来说，在学习射箭的初始阶段，最重要的是要掌握一个准确和基本的平行站立姿势。"因此，初学者必须严整步位，庶根本立足。站姿脚位的训练目标是建立一个一致的、稳定的、坚固的身体姿势。

（一）两脚开立，与肩同宽

两脚自然开立，脚尖连线与脚跟连线相互平行，且垂直于靶面。脚外侧与肩的外侧同宽或略宽，身体重心落于两脚之间，达到立足而稳。（图28-2-12、图28-2-13）

图 28-2-12

图 28-2-13

（二）身体中轴，保持正直

身体站直，挺拔山立，中轴线从此时开始，始终保持正直，切勿弯曲。为保证前、后用力均衡，身体重心必须平均落于两脚之上。

（三）两肩放松，平行地面

两肩放松下沉，平行于地面，两腿自然伸直，两膝稳固不动，身体重心前压，眼睛平视前方，身体形成一个十字结构。

四、持弓之法

持弓是指前手的握弓或者叫推弓，持弓的主要目标是要保持每次手与弓接触面的一致性，且做到最大限度的放松。持弓手和臂的位置，关系到后续撒放时是否会打到臂。

（一）先找上下，虎口对枕

持弓时，前手虎口对准弓柄与箭枕的连接线。

（二）再寻左右，中心相对

持弓时，用虎口中心对准弓柄中心。持弓位置不能左右滑动，做到中心相对。（图 28-2-14）

（三）前臂伸直，直线前推

持弓手的中部，主要是大羽肌接触弓柄。前臂肘关节不要弯曲，后续整个动作，前臂都是伸直的，便于形成骨骼支撑。（图28-2-15）

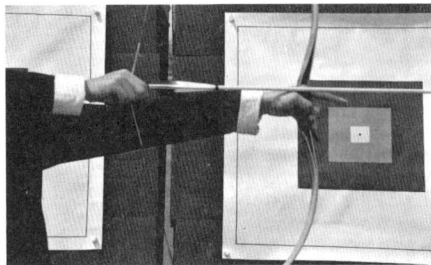 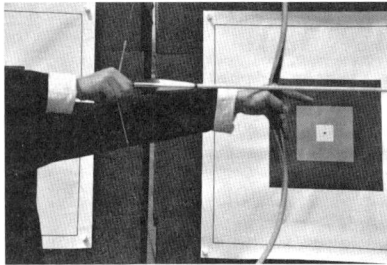

图 28-2-14 图 28-2-15

五、勾弦要义

拇指勾弦是中国传统射法的特点之一，也是古时较为主流的勾弦方式。其在射法应用上可以适应各种静态或移动的情形，尤其是在骑射时，不容易因晃动而掉箭。勾弦最主要的目标是每次勾弦位置一致，并做到手指充分的放松。

（一）拇指勾弦，紧而不僵

勾弦手的拇指弯曲勾在弦上。拇指是主要受力点，勾弦时应做到指紧腕松，用力不僵。勾弦手勾的牢固，才能最大限度地达到放松状态。（图28-2-16）

（二）食指压大，形成凤眼

大拇指勾弦后，食指第二指腹，压住拇指第一指关节位置（指甲跟部），形成凤眼状锁扣。此时食指的指尖应在弦的外侧，不参与勾弦，以防被弦划到。（图28-2-17）

（三）余指握拳，切勿碰弦

其余三指放松握拳，不要去扰弦和用力，以免撒放时产生分力。（图28-2-18）

图 28-2-16 图 28-2-17 图 28-2-18

六、头转体备

转头和身体准备是开弓前的重要准备动作，其动作质量的优劣会影响后续的其他动作。前手持弓，后手钩弦，头部自然转向靶面，身平体直，两肩自然下沉，呼吸均匀、眼睛平视前方。身体姿态的准备是为后续用力做好充分的准备。（图 28-2-19）

图 21-2-19

（一）头转身直，中轴不变

转头时，身体中轴保持正直，不可歪头、耸肩、扭腰、斜胯。

（二）上松下紧，预先对齐

身体后背平直，头部向上，胸部下沉。上体相对放松，尤其是两肩要放松。收紧腰腹和腿部，以保持髋关节朝向于靶面，将身体与射箭面对齐。

（三）目注心凝，调匀呼吸

转头时目光随头而动，勿斜视他物。转头后眼睛专注于目标，心无杂念，调整呼吸。

七、举弓锁肩

举弓是前期所有准备环节的结束，举弓之后的引弓是将开始用力的环节。举弓是一个承上启下的重要技术动作，首先要求保持前面所有的动作不能变形，同时要为后续的用力做好充足的准备。（图 28-2-20、图 28-2-21）

（一）两臂缓举，两手齐眉

两臂匀速上抬，两手平行于地面，举弓高度要求两手与眉齐平。前臂与地面的夹角不超过 30°，后臂与地面的夹角约为 45°。

（二）沉肩举臂，身正体直

举弓时，前臂手臂伸直，两肩放松下沉。保持身体中正位，身体中轴线不能弯曲。

（三）预拉锁肩，沉胸收腹

举弓后，进行预拉，将前肩下沉并趋近于射箭面，以固定住前肩。同时，不要挺胸，保持沉胸平背的情况下，略收腹为后续用力做好准备。

图 28-2-20

图 28-2-21

八、引弓入彀

引弓也称开弓、引弦，是主要肌肉用力的第一个环节。引弓的用力主要是靠身体肩、背部的力量，而不是手臂的力量。在开弓用力的过程中，持弓臂保持前撑，拉弦臂由肘带动向后牵引，将弓拉满。古人所称入彀，也就是将弓拉满的意思。力量产生的前提是需要学会放松。

（一）肩背开弓，前撑后拉

引弓的主要力量来自肩部三角肌和背部的斜方肌、背阔肌、岗下肌、小圆肌等肌肉，表现为两个肩胛骨向脊柱靠拢。前撑主要靠骨骼支撑，预拉时基本已经完成。后拉主要靠肌肉牵引。前撑力和后拉力各占50%，身体中轴线保持不变。（图28-2-22）

（二）力足彀满，固定靠位

开弓要力雄而引满，足力开弓，平缓靠弦，一气呵成形成满弓状态。后手的靠位根据拉距不同而不同，但每次一定要固定一致。（图28-2-23）

图 28-2-22

图 28-2-23

（三）塌肩抬肘，三点一线

拉弓臂沉肩，后肘高于后肩。开弓后，从俯视角度看，推弓点、勾弦点、后肘中心点形成一条直线，构成射箭面。（图28-2-24）

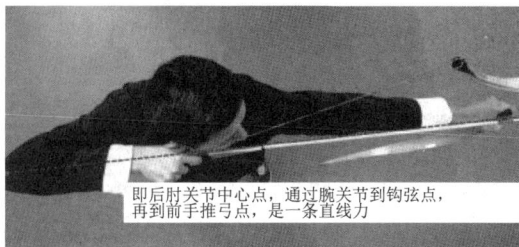

即后肘关节中心点，通过腕关节到钩弦点，再到前手推弓点，是一条直线力

图 28-2-24

九、瞄准审固

靠弦的结束，是瞄准动作的开始。瞄准是射箭能否命中目标的关键技术。传统弓较之现代反曲弓，没有那么明确的瞄准点，需要射手经过长时间的训练来找到自己的瞄准点或者瞄准感觉。瞄准审固时，不单是在视觉上瞄准，技术动作上的稳定性和一致性更为重要。

（一）单眼瞄准，三点一线

靠位以后，眼睛、弓臂上的某个参照瞄准点或箭头、靶子中心点，形成三点一线。单眼瞄准适合刚开始接触射箭时，容易找到瞄准点，但不适于后续的练习，射箭通常采用双眼瞄准。（图 28-2-25）

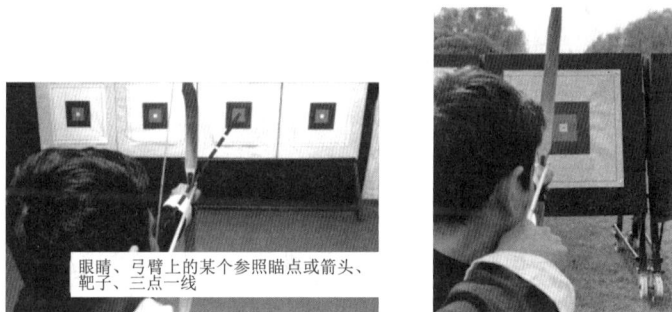

眼睛、弓臂上的某个参照瞄点或箭头、靶子、三点一线

图 28-2-25

（二）双眼瞄准，靶实星虚

瞄准时，两眼都要睁开，聚焦到目标上。此时，用眼睛的余光，可以看到两个虚的弓，透过两个虚的弓可以看到实的靶面。在两个虚的弓臂的中间某个位置，可以选作瞄准点，对准靶心。通过多支箭的训练，可以逐步找到瞄准点。（图 28-2-26）

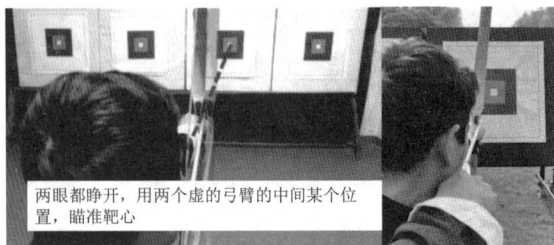

两眼都睁开，用两个虚的弓臂的中间某个位置，瞄准靶心

图28-2-26

（三）专注目标，控制节奏

找到瞄准点以后，不要瞄准点一到靶心就撒放。两眼盯住靶心，继续保持审固的状态，感受身体的用力扩张，通常稳定在 2 ~ 3 秒左右，再撒放。

十、前撒后放

前手为撒，后手为放。撒放是整个射箭技术动作中的关键环节，是射手主动进行的身体对称用力的延续。在这一环节中，前期所有的技术环节都是在进行延续，只有勾弦手手指的屈指肌用力减少。

（一）前手指靶，后手滑弦

前臂用力前推，指向靶子方向，手指自然放松；后手拇指、食指的屈指肌退让，放松，让弦从拇指处滑出，也称为滑弦撒放。前手和后手共同完成撒和放。撒放过程中前手、后手动作不分先后，必须高度统一。

（二）惯性使然，后肘后移

由于引弓后身体的持续对称用力，撒放后，弓回弹的对抗力消失，惯性的作用会将身体向前后方向打开。前手由于是支撑力，幅度极小；后肘会以后肩为轴，发生后移。（图 28-2-27）

（三）肘平臂紧，手藏颈后

撒放后，后肘与肩齐平，前后臂保持角度不变，以免外撒；后手顺势停于颈后，手指、手腕自然放松。（图 28-2-28）

图 28-2-27 图 28-2-28

十一、动作暂留

动作暂留是撒放的延续动作。撒放后的动作暂留阶段，射手保持与瞄准时基本一致的状态，包括身体、心理、视觉、呼吸等方面。

（一）力不能停，势不能丢

撒放后，为保证箭的运动轨迹不受影响，需要保持撒放后的用力和姿势不变，目送箭至靶心。主要是指身体用力不能马上停顿，需要保持对称用力的平衡状态 1～2 秒。无论射箭的起始与结束，必须保证在射每一支箭的过程中都保持身体处于正中位，不能有任何变化，特别是撒放动作之后。（图 28-2-29）

（二）保持瞄准，面容不变

动作暂留阶段，眼睛应始终盯着箭靶上的目标，保持面部的表情不变、眼神不变。呼吸的节奏也需要与之前保持一致。

图 28-2-29

（三）前手放松，指向不变

前手是唯一在发射过程中，还与弓有接触的点。因此，放松可以避免产生干扰的分力，而且最容易做到动作的重复一致。

十二、敛弓收势（平展双臂，藏弓静息）

动作暂留结束后，后手向后打开，两手于身体两侧打开放平后，向下画圆，从身体两侧还原至胸前持弓，调整呼吸，回归静息状态，准备下一支箭的发射。（图 28-2-30、图 28-2-31）

图 28-2-30

图 28-2-31

《弓箭学大纲》中指出，敛弓即收势，做好下一轮习射的准备。正如徐开才先生所说："每一支箭都必须从零开始，回归无为状态、准备状态、本源状态。"

第三节 射艺基本礼仪

一、上射位礼

"上射位"的意思为运动员持弓走到相应的射箭位置开始射箭的行为过程，而"上射位礼"就是射前礼，行执弓礼（或者叫执弦礼）。

（一）上射位礼基本上有三层含义

（1）运动员对比赛、射箭运动项目的尊重。

（2）告知其他比赛选手和其他人员："我要开始射箭了"。

（3）假如是在赛场上，还意味着比赛开始。

（二）上射位礼在赛场上主要包含三个口令

（1）发令长发出"准备"令后，射手藏弓（手持弓，弓放于身体一侧）站在候射线后等待。（图 28-3-1、图 28-3-2）

图 28-3-1　　　　　　　　　　图 28-3-2

（2）发令长发出"就位"令后，由藏弓转为双手执弓于身前，然后执弓向前鞠躬行礼，礼毕后执弓进入射位。（图 28-3-3）

图 28-3-3

（3）发令长发出"起射"令后，运动员才可以从箭筒中取箭，开始射箭。（图 28-3-4、图 28-3-5）

图 28-3-4

图 28-3-5

二、下射位礼

下射位为从射位退回候射线的礼仪过程。下射位礼为射毕礼，行藏弓礼，表示对习射之事的尊重，比赛结束。四矢射尽，双手执弓面向箭靶方向，后退至侯射线后，由执弓改为藏弓，再行藏弓礼（藏弓于身体一侧向前鞠躬行礼）后等待"验靶"口令。（图 28-3-6）

图 28-3-6

三、验靶礼仪

验靶即为到靶前检验该轮所射分数以及将射出的箭支收回。验靶礼仪为礼侯礼，听到"验靶"口令后，行至靶前两米处行礼后，方可上前报分。

礼侯礼行藏弓礼或鞠躬礼均可，该礼仪表示对计分人员和侯靶的尊重。（图 28-3-7）

图 28-3-7